机动车维修技术人员
从业资格培训考试丛书

机动车维修价格结算员培训考试教材

机动车维修技术人员从业资格培训考试丛书编委会 ◎编

人民交通出版社股份有限公司
China Communications Press Co.,Ltd.

内 容 提 要

本书依据《机动车维修从业人员从业资格条件》(GB/T 21338—2008)的相关要求组织编写,主要介绍了汽车维修企业价格结算员应该掌握的相关知识。主要内容有:机动车维修相关法律法规与职业道德、汽车基本知识、汽车维修知识、汽车维修财务知识、汽车维修管理软件、汽车维修价格结算。

本书内容翔实、条理清晰,语言通俗、易懂便学,源自实践、客观实用。本书是汽车维修企业价格结算人员从业资格培训的专门教材,也可作为大专院校汽车专业的教学用书,还可作为汽车维修企业管理人员的参考读物。

图书在版编目(CIP)数据

机动车维修价格结算员培训考试教材 / 机动车维修技术人员从业资格培训考试丛书编委会编. --北京:人民交通出版社股份有限公司, 2014.7

ISBN 978-7-114-11547-9

Ⅰ.①机… Ⅱ.①机… Ⅲ. ①机动车－车辆修理－价格－结算－资格考试－自学参考资料 Ⅳ.①U472.4

中国版本图书馆 CIP 数据核字(2014)第 154248 号

Jidongche Weixiu Jiage Jiesuanyuan Peixun Kaoshi Jiaocai

书　　名: 机动车维修价格结算员培训考试教材
著 作 者: 机动车维修技术人员从业资格培训考试丛书编委会
责任编辑: 林宇峰　李　洁
出版发行: 人民交通出版社股份有限公司
地　　址: (100011)北京市朝阳区安定门外外馆斜街3号
网　　址: http://www.ccpress.com.cn
销售电话: (010)59757973
总 经 销: 人民交通出版社股份有限公司发行部
经　　销: 各地新华书店
印　　刷: 北京鑫正大印刷有限公司
开　　本: 787×1092　1/16
印　　张: 10.5
字　　数: 269千
版　　次: 2014年7月　第1版
印　　次: 2014年7月　第1次印刷
书　　号: ISBN 978-7-114-11547-9
印　　数: 0001－3000册
定　　价: 30.00元

机动车维修技术人员从业资格培训考试丛书
编委会

机动车维修技术人员从业资格考试范围

模块 适用人员	模块 A	模块 B	模块 C	模块 D	模块 E	模块 F	模块 G	模块 H
机修人员	★			★				
电器维修人员	★				★			
车身修复人员	★					★		
车身涂装人员	★						★	
车辆技术评估(含检测)人员	★							★
机动车维修技术负责人	★	★		(D、E、F、G 模块必须选考其一)				
机动车维修质量检验员	★		★	(D、E、F、G 模块必须选考其一)				

注:★适用人员必考模块。

模块 A:职业道德和法律法规

模块 B:技术质量管理

模块 C:维修检验技术

模块 D:发动机与底盘检修技术

模块 E:电器维修技术

模块 F:车身修复

模块 G:车身涂装

模块 H:车辆技术评估

前言

FOREWORD

交通运输部颁布实施的《道路运输从业人员管理规定》，规定了机动车维修技术负责人、质量检验员、机修人员、电器维修人员、车身修复（钣金）人员、车身涂装（涂漆）人员、车辆技术评估（含检测）人员实行从业资格考试制度。《中华人民共和国机动车维修技术人员从业资格考试大纲》明确了考试内容、合格标准及考试范围。机动车维修技术人员从业资格考试制度的实施，对于加强我国机动车维修技术人员从业资格管理、提高机动车维修技术人员素质和车辆维修质量具有十分重要的意义。

为了配合交通运输部机动车维修技术人员从业资格考试，帮助广大应考人员系统地学习相关知识，在较短时间内掌握考试内容，顺利地通过考试，我们按照《机动车维修技术人员从业资格培训技术要求》（JT/T 698—2007）、《中华人民共和国机动车维修技术人员从业资格考试大纲》的要求，组织编写了《机动车维修技术人员从业资格培训考试丛书》。本套丛书共有十册：

1.《技术质量管理培训考试教材》（模块 A、B）

模块 A：职业道德和法律法规，模块 B：技术质量管理。

2.《维修检验技术培训考试教材》（模块 A、C）

模块 A：职业道德和法律法规，模块 C：维修检验技术。

3.《发动机与底盘检修技术培训考试教材》（模块 A、D）

模块 A：职业道德和法律法规，模块 D：发动机与底盘检修技术。

4.《电器维修技术培训考试教材》（模块 A、E）

模块 A：职业道德和法律法规，模块 E：电器维修技术。

5.《车身修复培训考试教材》（模块 A、F）

模块 A：职业道德和法律法规，模块 F：车身修复。

6.《车身涂装培训考试教材》（模块 A、G）

模块 A：职业道德和法律法规，模块 G：车身涂装。

7.《车辆技术评估培训考试教材》（模块 A、H）

模块 A：职业道德和法律法规，模块 H：车辆技术评估。

8.《机动车维修业务接待员培训考试教材》

9.《机动车维修价格结算员培训考试教材》

10.《机动车综合性能检测从业人员培训考试教材》

本套丛书根据现代机动车维修服务的实际需要,按照理论和实践相结合的原则而编写。根据从业人员在职学习的特点,理论部分重点介绍与实际工作紧密相关的基础理论和机动车维修发展的前沿技术;实操部分旨在提高机动车维修技术人员的检测诊断技能及综合分析能力。

《机动车维修价格结算员培训考试教材》为《机动车维修技术人员从业资格培训考试丛书》之一,由王庆东主编。作为汽车维修企业价格结算员职业资格培训的专用教材,本书具有“内容翔实、条理清晰,语言通俗、易懂便学,源自实践、客观实用”的特点,主要介绍了机动车维修相关法律法规与职业道德、汽车基本知识、汽车维修知识、汽车维修财务知识、汽车维修管理软件、汽车维修价格结算。

由于编者水平有限,加之编写时间仓促,书中难免存在疏漏和不妥之处,诚请广大读者批评指正。

机动车维修技术人员从业资格培训考试丛书编委会

2014 年 1 月

目录

CONTENTS

第一章　法律法规与职业道德

学习目标

通过对本章内容的学习，您需要：

1. 了解与机动车维修行业有关的法律法规和规章；
2. 熟悉机动车维修行业的职业道德规范；
3. 掌握机动车维修价格结算员岗位职责和行为规范。

第一节　机动车维修从业人员职业道德及行为规范

一　道德概述

1. 道德的定义和含义

道德是依靠人们的传统习俗、内心信念和社会舆论来调整人与人之间，以及人与社会之间关系的行为准则和行为规范的总和。

道德的定义包含三方面的含义：

(1)道德是人们的一种行为准则和规范。人们的行为准则和规范很多，法律、规章制度、道德等都是人们的行为准则和规范。道德与法律、规章制度有共同之处，也有许多不同之处。道德规范比法律规范更为广泛。法律只对有明确规定的违法行为起作用；而道德起作用的范围要比法律大得多。道德能调节许多不违反法律或无法可依的不良行为。

(2)道德是通过人们的传统习俗、内心信念和社会舆论对人起作用的，它与其他行为规范对人们起作用的方式不同。道德对人们来说是一种内在约束，而且这种约束是建立在自觉自愿、没有外在压力的基础上的。道德是建立在人们高度自觉基础上的，不同于法律的强制性。如果说道德也有外在压力的话，那么这种压力就是社会舆论，且不直接对人起作用，而是以良心谴责的方式对人起作用。在许多时候，人们可以在自己内在信念的支配下，调整自己的行为，使之符合道德要求。这种不是建立在强制基础上的道德调整，在规范人们的行为方面，比法律的作用更为深刻和持久。

(3)道德具有调整人与人之间以及人与社会之间关系的社会作用，这与其他行为规范的社会作用相同。有人类社会，就有道德存在。道德是和人类社会共存亡的。道德遍及社会各个领域，还渗透于各种社会关系中。只要有人和人的关系存在，就有调整人和人相互关系的道德。道德是人们最熟悉的一种社会现象，是做人的根本，也是社会文明进步的基本标志之一。道德在个人成长与成才、社会的安定与团结、国家的繁荣与富强中发挥着独特的作用。

2. 我国公民的基本道德规范

我国公民应当遵守，并需要在全社会大力倡导的基本道德规范是：爱国守法、明礼诚信、团结友善、勤俭自强、敬业奉献。这个规范是由《公民道德建设实施纲要》在公民道德建设的指导思想中，以广大人民群众耳熟能详、喜闻乐见的凝练的语言概括出来的。大力倡导这些规范，是当前公民道德建设的一个重点工程。

20 字的基本道德规范，言简意赅，科学准确，易懂易记，切实可行，既继承和发扬了中华民族传统美德的精华，包含了我们党领导人民在长期革命斗争和建设中形成的优良传统道德建设的内容，又从社会主义初级阶段广大人民群众的一般道德水准出发，符合社会主义市场经济发展的需要，具有鲜明的时代特色。这是道德建设方面取得的新的重大成果，是我们党对建设与社会主义市场经济体制相适应的道德体系的最新认识成果，标志着我国公民的道德建设进入一个新的发展阶段。

道德作为社会的一种行为准则，主要是以规范的形式发挥作用的。20 字的基本道德规范的提出，必将对我国公民道德建设产生极大的推动作用。历史和现实都表明，道德在一个社会中的作用大小，并不一定取决于道德规范数量的多少，而往往取决于作为基本道德规范在社会成员中的知晓度、信奉度和践行度。因此，在公民道德建设中既要对不同方面、不同层次的道德规范作通盘考虑，又要在全社会大力倡导，使之家喻户晓，人人皆知，人人皆信，人人皆行。

3. 道德和法律的关系

道德和法律一样，都是社会的上层建筑组成部分，都是由物质生活条件决定的。在一个社会中，法律和道德都是调整人们行为的社会规范，但两者又有所不同：法律是国家制定或者认可的，具有强制性，只有一个有效的法律体系，而道德则是人们自发形成的，靠社会舆论和人们内心信念执行的。因此，法律是他律，道德是自律，两者相互作用，相互补充，其中自律比他律的范围和效果要大得多。

二 职业和职业道德

职业就是人们由于特定的社会分工而形成的、具有专门业务和特定职责并以此为主要生活来源的社会活动。自古以来，人类社会的职业生活就随着社会的发展而日趋复杂，经过无数次的分化和组合，以致形成现代社会的各种职业和行业，在政治、经济、科学、教育、文化艺术等各个领域，形成错综复杂的职业关系。

由于职业固有的社会性质和地位，集中联系着社会关系的三大要素：责、权、利。每种职业都承担着一定的社会责任，享受一定的社会权利，体现一定的利益关系。为了保证职业活动的正常进行，自古以来，各行各业就对从业人员提出了各自特殊的要求，逐渐形成了不同职业的道德规范和行为准则，如为官有官德，经商有商德，执教有师德，行医有医德等。

因此，所谓职业道德就是人们在一定的职业活动中所应遵守的行为规范的总和，涵盖了从业人员与服务对象、职业与职工、职业与职业之间的关系。职业道德不仅是从业人员在职业活动中的行为要求，而且是本行业对社会所应承担的道德责任和义务。作为一个从业人员，首先要想到自己是社会的一员，应该立足本职，为社会承担更多的责任和义务。

1. 职业道德的构成要素

职业道德由职业理想、职业纪律、职业责任、职业义务、职业态度、从业技能、职业荣誉和职业作风构成。以上几个要素相辅相成，互为补充，构成一个统一整体。

(1)职业理想：是伴随人生观的确立而逐渐形成的，职业理想是客观决定和主观选择的辩证权衡中确定的。

(2)职业纪律:是一种行为规范,要求从业者在职业生活中遵守秩序、执行命令、履行责任,是调整从业者与职业、从业者与社会及职业生活中局部与全局关系的重要方式。

(3)职业责任:是人们履行义务过程中形成的道德责任感、向善的意念和自我评价能力,是一定道德观念、道德情感、道德意志和道德信念的统一。

(4)职业义务:是职业团体和从业者被赋予的职权、职责及对社会、对人民所承担的责任和义务要求。

(5)职业态度:是指从业者对所从事的职业的评价和表现出的行为倾向,是从业者对其他职业和广大社会成员履行职业义务的基础。

(6)从业技能:是指从业者完成本职工作、承担职业责任所必须具备的科学文化知识、专业技术能力。

(7)职业荣誉:是指从业者对职业行为社会价值所做的公认的客观评价和正确的主观认识。

(8)职业作风:是指从业者在其职业活动中表现出来的,体现其职业特点的态度和风格,是社会对职业特定的共同要求。

2. 社会主义职业道德及其特点

在社会主义国家,只要为了国家富强、为了人民的需要作出了贡献,不管从事的职业是什么,都会受到国家和人民的尊重。所以,热爱自己的职业,树立职业的责任感和荣誉感,对职业充满情感,坚定信念,是社会主义道德的重要内容。

首先,社会主义职业道德是建立在以公有制为主体的经济基础之上的、以共产主义道德为指导的新型职业道德。为人民服务是社会主义道德的集中体现,是社会主义各种职业活动的出发点,也是社会主义职业道德的核心内容,各行各业都应把为人民服务落实到自己所服务的工作对象中去。

其次,社会主义职业道德体现了个人利益、集体利益和社会整体利益的一致性。

再次,社会主义职业道德体现公民权利与义务相统一的精神和"我为人人,人人为我"的原则,因而易于从业者接受和实践。在社会主义条件下,每个劳动者既是服务的对象,又是服务的提供者,生产和服务的目的都是为了满足人们日益增长的物质生活和文化生活的需要。在调节各种利益关系时,奉行集体主义原则,提倡全心全意为人民服务,同时也鼓励在增进社会利益的基础上合法经营、勤劳致富。

最后,社会主义职业道德把平等互利作为基本的道德要求,有利于建立和发展各从业者之间平等、团结、互助的新型社会关系。

随着现代社会分工的发展和专业化程度的增强,市场竞争日趋激烈,整个社会对从业人员职业观念、职业态度、职业技能、职业纪律和职业作风的要求越来越高。我国《公民道德建设实施纲要》提出要大力倡导以"爱岗敬业、诚实守信、办事公道、服务群众、奉献社会"为主要内容的职业道德,鼓励人们在工作中做一个好的建设者。因此,"爱岗敬业、诚实守信、办事公道、服务群众、奉献社会"就是我国各个职业共同的职业道德要求。

3. 加强社会主义职业道德建设的作用与意义

一个社会职业道德的高低,是衡量其文明程度的显著标志。社会主义职业道德建设的社会作用与意义表现在以下几个方面。

(1)加强职业道德建设,能够促进人的自我完善、提高从业人员的职业素质、提高全民族的思想道德素质。

在现实生活中,职业生活是人们社会生活的主要内容。人一生大约三分之一的时间是在职业生活中度过的。人们的职业道德品质主要是在各种职业活动中得到培养和锻炼,并通过职业活动不断提高的。在此过程中,通过职业道德训练和约束,经过长期职业生涯的磨炼,不断提升个人思想道德素质,促进个人的完善,推动全民族的思想道德素质的提高。

(2)加强职业道德建设,能够培育适应社会主义市场经济需要的职工队伍,调动广大劳动者的积极性,推动物质文明建设,促进社会经济的健康发展。

社会主义职业道德教育紧紧围绕经济建设和改革开放展开,具有鲜明的职业特点和生动具体的道德要求。它比一般思想政治工作跟容易渗透到本职工作的全过程,对培育适应社会主义市场经济需要的职工队伍起着明显的促进作用。各行各业的从业人员的良好的道德素质,能为社会的健康发展提供强大的精神动力和道义支持。

(3)加强职业道德建设,有助于纠正行业不正之风、净化社会风气,能够使整个社会的道德风貌和社会风气日益好转和进步。

各行各业的风气是职工的道德水平和道德风貌的总的体现,而整个社会风尚又是各行各业道德水平和道德风貌的综合反映。如果行业风气都端正了,整个社会也就会出现崭新的面貌。因此,树立社会新风,就是要使各行各业的全体成员都从我做起,严格履行自己的职业义务,正确地行使自己的职业权利,自觉地遵守职业道德,时时处处讲职业道德。这样就会形成良好的社会风尚。

三 机动车维修从业人员职业道德及行为规范

1. 机动车维修行业职业道德

机动车维修行业职业道德是调整机动车维修行业与其他行业、与社会之间及行业内部职工之间最本质、最重要、最普遍的职业关系的行为规范的总和。

我国机动车维修行业的社会性质决定了机动车维修的行业利益与社会利益的一致性。因此,长期以来机动车维修从业人员以社会主义集体主义原则对待和处理机动车维修活动中发生的各种职业关系,逐步形成了机动车维修行业的职业行为规范和传统习惯,体现了机动车维修职业道德不仅具有明显的职业特征,而且具有鲜明的社会主义道德的性质。

2. 机动车维修行业职业道德的特征

机动车维修行业是当今诸多职业中的一个特殊职业,体现着机动车维修行业在社会上的地位和形象。了解机动车维修行业职业道德的特征,充分认识实施机动车维修行业职业道德基本规范的重要意义,是机动车维修行业职业道德教育的重要内容。

(1)机动车维修行业职业道德具有很强的社会性。机动车维修职业从业人员往往与服务对象(托修方)直接或间接地进行面对面的交往,还经常同社会其他职业(如汽车配件经营业、保险业等)发生直接联系。因此,机动车维修人员从事生产活动的过程就是人与人之间的社会直接交往的过程。这种交往形式要求从业者在实践机动车维修行业职业道德时,若要将职业行为规范执行得好,首先要履行社会公德。也就是说,汽车行业职业道德包含着社会公德的要求,社会公德融合在机动车维修行业职业行为规范之中。

(2)机动车维修行业职业道德具有与社会主义道德要求的一致性。机动车维修行业职业道德与社会公德紧密结合,具有与社会主义道德要求的一致性,集体主义是机动车维修行业职业道德的原则。社会主义道德规范在机动车维修行业职业道德行为规范中得到充分的体现,社会主义良好的道德传统和作风,在机动车维修行业职业道德活动中得到继承和发扬。

(3)机动车维修行业职业道德具有强烈的自律性。汽车故障一般都由从业人员个人或班组诊断维修,而从业人员的工资往往与班组每月维修总工时费和材料费有关。这种流动性快、专业技术性很强的维修工作,在监督管理上又有一定困难。在这种情况下,怎样保证良好的维修质量,不出现以次充好、使用假冒伪劣配件等问题,在很大程度上取决于机动车维修从业人员的职业素质和职业道德。因此,机动车维修行业职业道德具有强烈的自律性。

3. 机动车维修行业职业道德范畴

机动车维修行业职业道德范畴主要有如下几方面。

(1)机动车维修行业职业责任和义务。职业责任是保持汽车技术状况良好,对托修方负责,保证汽车在道路上的交通安全,充分发挥汽车的效能并降低能源消耗。

职业义务是指机动车维修行业从业人员在职业生活中所履行的使命、职责和任务,是机动车维修行业职业道德的主要范畴。这种义务实际上就是一种在机动车维修的实践过程中形成的客观的道德责任。在机动车维修的实践过程中,服务对象会对机动车维修从业人员提出一系列的职业行为要求。当机动车维修从业人员认识到这种要求的社会意义时,用这种要求支配其行为,逐渐形成相应的社会舆论和道德评价。在维修活动中形成习惯,并转化为强烈的内心信念和职业情感时,就形成了一定的义务观念,从而产生积极推动机动车维修行业发展进步的使命感和责任感,并落实到维修的每一辆车上,在实际工作中自觉自愿地履行职业责任。这就是一种道德行为,是履行机动车维修行业职业义务的表现。

机动车维修质量的优劣是影响道路交通安全的重要因素,直接影响道路运输的状况、公众的利益、人民生命与国家财产的安全。与机动车维修职业的社会责任相对应,我国机动车维修职业及其从业人员应承担和履行的职业道德义务为:热爱机动车维修行业,客户至上,热忱服务,确保所维修的每一辆汽车技术状况完好,努力推动机动车维修行业发展。

(2)机动车维修行业职业良心。职业良心对行业风气影响很大,它可以激发、鼓励从业人员行为从善,抑制不道德行为。机动车维修行业职业良心是从业人员的道德法庭,它能够起到监督作用,对行为的动机进行自我检查,对职业行为的后果和影响有评价作用。履行了职业义务并产生良好的结果和影响,良心上会感到满足,否则就会受到良心的谴责。培养、唤醒和强化全体机动车维修行业从业人员的职业良心,对于发展机动车维修行业、形成良好的行业风气具有极其重要的意义。

(3)机动车维修行业职业情感。职业情感是机动车维修行业从业人员对机动车维修行业和自己所从事的机动车维修工作岗位的认识、感情和态度。

健康的职业情感催人奋进,病态的职业情感使人萎靡不振。职业情感强调的是不管干什么职业,都必须干一行、爱一行。既然选择了这个职业,就应培养自己的职业情感,进入职业角色。否则,职业情感淡薄,职业信念动摇,必然缺乏敬业精神。做不好本职工作,最终碌碌无为,虚度一生。

“热爱”是最好的老师,只有对机动车维修行业怀有深厚的感情,具备了高度的对人民负责的职业情感，以从事机动车维修工作为荣，才能在机动车维修职业岗位上敬业乐业、尽职尽责；才能主动地、自觉地以高度的责任感和热爱机动车维修职业的饱满激情，全心全意为托修方提供机动车维修服务，自觉地履行机动车维修行业职业义务，正确地、圆满地履行机动车维修职业社会责任。

(4)机动车维修行业职业信誉。职业信誉是社会对机动车维修行业职业的信任感和在社会上的声誉。它是机动车维修职业形象的外在表现和反映，是指社会对机动车维修行业职业道德行为的社会价值所作出的公认的客观的赞赏。它包括机动车维修职业的信用和名誉。

信誉对于机动车维修职业至关重要。信誉高，对社会产生强大的吸引力、凝聚力，增强从业者的职业荣誉感和责任感。形象好，社会信誉就好，由此而带来的生产和经营效果就会好。否则，机动车维修行业的经济效益和社会效益都会直接受到影响。机动车维修从业人员一定要重视职业信誉在道德建设中的作用，树立讲求机动车维修职业信誉的观念。

(5)机动车维修行业职业尊严。职业尊严是指社会或他人对机动车维修职业的尊重，也指机动车维修从业人员对机动车维修职业的尊重和爱护。

机动车维修行业职业尊严可以使从业人员自我控制和支配职业行为，使自己的一举一动都从维护机动车维修行业职业尊严出发，避免发生不利于或有损于职业尊严的行为，使机动车维修从业人员自觉地按照社会客观要求的尺度来认真履行职业义务。职业尊严与职业义务、职业责任、职业纪律、职业道德有紧密联系。机动车维修行业职业尊严是机动车维修行业职业良心的知耻心、自尊心、自爱心的表现。机动车维修行业从业人员若认真履行职业义务、尽职尽责地为服务对象服务，就会受到人们的尊重，尊重你的职业活动、尊重你的为人，也就树立了你的职业形象。相反，若对服务对象傲慢无礼甚至妨碍、侵害其利益，就会受到社会的谴责并损害职业形象。因此，职业尊严能使机动车维修从业人员为保持尊严、荣誉与人格完美，宁愿自我牺牲，也不愿违背良心，做出可耻、毁誉和损害人格的事情。

4.机动车维修从业人员职业道德规范

机动车维修从业人员职业道德规范，是指机动车维修从业人员在机动车维修工作中必须遵循的职业道德准则和行为规范，是以爱岗敬业、诚实守信、办事公道、服务群众、奉献社会为核心内容的职业道德。

(1)爱岗敬业。爱岗敬业是为人民服务思想和集体主义精神的具体体现，是社会主义职业道德基本规范的基础。

爱岗就是热爱自己的工作岗位。爱岗是对人们工作态度的一种普遍要求。一个人一旦爱上了自己的职业，他的身心就会融入工作中，就能在平凡的岗位上做出不平凡的业绩。

敬业就是用一种严肃的态度对待自己的工作，勤勤恳恳、兢兢业业、忠于职守、尽职尽责。敬业包含两层涵义：一为谋生敬业，这种职业态度所反映的敬业道德因素较少，个人利益色彩较重。二为真正认识到自己工作的意义而敬业，这是高一层的敬业，这种内在的精神，才是鼓舞人们勤勤恳恳、认真负责工作的强大动力。

爱岗与敬业是相通的，是相互联系在一起的。爱岗是敬业的基础，敬业是爱岗的具体表现，爱岗敬业是为人民服务精神的具体体现。

爱岗敬业不仅仅是一句口号、一种精神，在工作实践中，爱岗敬业实际上是衡量一个从业人员是否合格、是否优秀的重要标准。

热爱机动车维修工作，是机动车维修从业人员职业道德规范的首要内容。它反映了机动车维修从业人员对职业价值的正确认识和对所从事职业的真挚感情。一个人只有先爱岗，热爱自己所从事的工作，才能有高尚的职业道德。

爱岗敬业对于机动车维修从业人员的具体要求是：严守岗位、尽心尽责、注重务实、服务行业，兢兢业业地做好机动车维修行业各个岗位的本职工作，在机动车维修工作岗位上发扬忘我的工作精神，做到认真履行岗位职责，精通专业知识，熟练掌握专业技能，并在做好本职工作的基础上，在一定程度上和范围内争取全面发展，不断增长知识，增长才干，努力成为多面手，积极为行业发展服务，从而达到为人民服务的最终目的。

（2）诚实守信。诚实守信是忠诚老实、信守诺言，是为人处世的一种美德。

诚实，就是忠诚老实，不讲假话。诚实的人能忠实于事物的本来面目，不歪曲、不篡改事实，同时也不隐瞒自己的真实思想，光明磊落、言语真切、处事实在。守信，就是信守诺言，说话算数，讲信誉，重信用，履行自己应承担的义务。

诚实和守信两者意思是相通的，是互相联系在一起的。诚实是守信的基础，守信是诚实的具体表现，不诚实很难做到守信，不守信也很难说是真正的诚实。诚实侧重于对客观事实的反映以及对自己内心的思想、情感的表达是真实的。守信侧重于对自己应承担和应履行的责任和义务的忠实，毫无保留地实践自己的诺言。

诚实守信不仅是做人的准则，也是做事的基本准则。诚实是我们对自身的一种约束和要求，讲信誉、守信用是社会对我们的一种希望和要求。一个人想要在社会立足，干出一番事业，就必须具有诚实守信的品德。

诚实守信是任何一个从业人员应遵守的职业道德，也是每一个行业树立形象的根本。机动车维修从业人员在从事机动车维修业务工作时，既代表个人，又代表了企业，甚至代表了整个机动车维修行业和道路运输业的形象。如果机动车维修从业人员不能诚实守信，那么他所在企业就得不到人们的信任，甚至整个行业的形象也会因此受到损害。

诚实守信对于机动车维修从业人员的具体要求，主要体现在三个方面：一是严格执行国家、地方及行业相关机动车维修的法律、法规、规章、标准和规范，维护国家和行业利益，对国家、行业做到诚实守信；二是重质量、重服务、重信誉，在企业管理、生产过程中建立和实施机动车维修质量保证体系，执行安全操作规程，按工艺规范正确完成维修作业项目，维护企业利益，对企业做到诚实守信；三是诚实劳动、合法经营，正确执行机动车维修工时定额和收费标准，不使用假冒伪劣汽车配件，维护托修方的利益，对消费者做到诚实守信。

（3）办事公道。办事公道是在爱岗敬业、诚实守信的基础上提出的更高层次的职业道德的基本要求。办事公道需要有一定的道德修养基础。

办事公道是指从业人员在办事情、处理问题时，要站在公正的立场上，按照同一标准和同一办事原则办事的职业道德规范。

人们生活在世界上，要与人打交道，要处理各种关系，这就存在办事是否公道的问题。每个从业人员都要办事公道，例如一个服务员接待顾客不以貌取人，对不同经济能力、不同职业、不同国籍、不同民族的宾客能一视同仁，同样热情服务，这就是办事公道。在机动车维修行业，体现在无论是大客户、小客户，还是老客户、新客户，同样都要热情接待、认真维修，这就是办事公道。

在职业活动中的公平公正，是为了保证每个人在社会的合法地位和平等权利。如果办事不公正，徇私舞弊，势必会损害社会主义平等竞争原则，形成不正当竞争，造成新的不平等，就会对社会各方面产生消极影响，最终会阻碍社会经济发展。

在职业活动中做到办事公道，首先要加强从业人员的个人修养，要做到相信真理，追求正义；坚持原则，不徇私情；不谋私利，反腐倡廉；不计个人得失，不怕各种权势；加强学习，不断提高认知能力，明辨是非标准，识别善恶美丑。

办事公道是衡量机动车维修从业人员职业道德水平的重要标志，特别是机动车维修企业负责人、技术负责人、质量检验员和车辆技术评估人员，更要做到这一点。

办事公道对于机动车维修从业人员的具体要求：一是依法办事，严格按照机动车维修各项工艺技术标准，进行机动车维修作业，自觉维护各项技术工艺标准的严肃性，保证机动车维修质量；二是裁量公正，机动车维修质量检验、车辆技术评估的结论要力求公正、准确、合理、适当，维护消费者的合法权益，维护企业的声誉；三是尽职尽责，敢于管理、敢于负责任、敢于承担风险，把严格管理建立在热爱本职工作的基础上，不怕困难，不回避矛盾，坚持原则，恪尽职守，保证机动车维修质量和服务水平。

(4)服务群众。服务群众是为人民服务精神的直接表达。维修服务的对象是人民群众，应当依靠群众，时时刻刻为群众着想，急群众所急，忧群众所忧，乐群众所乐。

服务群众，首先要将群众观念落实到机动车维修职业活动中去。要做到文明礼貌，优质服务，就要求从业人员说话和气、热情主动、耐心周到。热情主动表现为热情大方、态度积极；耐心周到表现为心平气和、沉着冷静，想服务对象所想、急服务对象所急。真正把服务对象的事情当作自己的事情来办，让服务对象体会到一种宾至如归的感觉，保持承、托修双方之间长期的良好的合作关系。其次要认真钻研业务，具备为群众服务的技能。

(5)奉献社会。奉献社会，就是全心全意为社会作贡献，这是为人民服务精神的最高体现。有这种精神境界的人，就能把自己的一切都奉献给国家、人民和社会。

奉献，就是不期望等价的回报和酬劳，而愿意为他人、为社会、为真理、为正义献出自己的力量，包括宝贵的生命。奉献社会不仅有明确的信念，而且有崇高的行为。

奉献社会的精神主要强调的是一种忘我的全身心投入的精神。当一个人专注于某种事业时，他关注的是这一事业对于人类、对于社会的意义。他会为此兢兢业业，任劳任怨，不计较个人得失，甚至不惜献出自己的生命。

一个人不论从事什么行业的工作，不论在什么岗位，都可以做到奉献社会。在市场经济条件下，倡导无私奉献的精神，可以使企业和个人改善服务质量，提高信誉程度，增强竞争实力，从而赢得顾客，赢得市场。

奉献社会是职业道德中的最高境界。奉献社会是一种人生境界，是一种融合在事业中的高尚人格。与爱岗敬业、诚实守信、办事公道、服务群众这四项规范相比较，奉献社会是职业道德中的最高要求，同时也是做人的最高境界。爱岗敬业、诚实守信是对从业人员职业行为的基础要求，做不到这两项要求，就很难做好工作；办事公道、服务群众比前两项要求更高了一些，需要有一定的道德修养作基础；奉献社会，则是这五项要求中最高的，一个人只要达到一心为社会作奉献的境界，他的工作就必然能做好，就能实现全心全意为人民服务。

奉献社会对于机动车维修从业人员的具体要求是：以本业为荣，以本职为乐，积极为机动车维修行业发展工奉献出自己的力量,不能只讲索取,不讲奉献。在机动车维修服务工作中,不计名利、勇于吃苦、任劳任怨,最大限度地满足服务对象的需求,在奉献中充分体现自己的人生价值。

第二节 机动车维修价格结算员岗位职责和行为规范

一 机动车维修价格结算员任职条件

机动车维修价格结算员是机动车维修企业中,对承修车辆在维修过程中所发生的费用进行统计、核实,并确定向托修方收取相关费用等工作的责任人。机动车维修企业配备机动车维修价格结算员是规范机动车维修价格结算工作,使机动车维修企业向管理规范化、维修标准化方面努力的需要。担任机动车维修价格结算员必须具备如下条件。

(1)高中以上文化程度。

(2)熟悉国家价格政策和法律、法规以及行业价格管理政策。

(3)熟练掌握机动车维修价格结算的内容和方法。

(4)掌握一定的机动车维修知识,具有两年以上维修企业工作经验。

(5)有高度的工作责任心和良好的职业道德,能独立完成机动车维修价格结算工作。

(6)机动车维修价格结算员必须经全国统一考试合格后持证上岗。

二 机动车维修价格结算员岗位职责

(1)负责对竣工车辆的结算和收款工作,严格按照国家的法律法规、行业管理规章以及本企业规章制度,做好机动车维修价格结算工作,合理收费。

(2)全面准确地统计、核实机动车维修全过程、各工种和各项目的费用。

(3)向托修方解释说明各项收费及其依据,热情耐心地回答客户的询问。

(4)及时掌握机动车维修市场的价格变化信息并向企业做好信息反馈工作。

(5)及时学习和掌握机动车维修价格结算的新政策、新知识,并运用在工作中。

(6)完工结算要及时、准确,欠账签单的客户,需凭定点维修合同或相关领导批准方能办理签单,非签单的客户一定要结清账后才可出厂。

(7)做好相关报表和数据统计工作。

(8)协助业务部门做好客户的接待工作。

(9)自觉接受企业和行业管理部门的监督、检查。

(10)完成上级领导交办的其他工作。

三 机动车维修价格结算员行为规范

首先,机动车维修价格结算员还应做到仪表端庄,语言文明,礼貌待人,热情服务。因为机动车维修价格结算员每天都要与各种各样的客户接触,经常发生感情、语言、思想上的交流,各种社会关系都在这里直接反映出来,成为精神文明和道德风尚的窗口。另一方面由于经营场地的开放性,工作作风和服务态度作为行业风气对社会直接产生影响。

其次，要贯彻“服务为本，客户至上”的思想，这就要求机动车维修价格结算员要把客户的利益放在首位，事事为客户着想，处处为客户提供方便。客户有权获得质量保障、价格合理、计量正确等公平交易条件，有权拒绝经营者的强制交易行为和欺骗行为。要保障客户的利益，就要求机动车维修价格结算员严格按照国家的法律法规、行业管理规章以及本企业管理制度做好机动车维修报价工作，合理收费。在结算过程中，还要实事求是地统计核实机动车维修全过程、各工种、各项目的费用，并热情耐心地向托修方解释说明各项收费及其依据。合理收费是讲究信誉的具体体现，是端正行风的要求。把讲信誉和合理收费列为机动车维修价格结算员职业道德规范，是由其工作的性质特点所决定的，也是“客户至上”的服务思想在职业实践中最好的体现。

第三节　相关法律、法规与规章

机动车维修价格结算员应认真学习与机动车维修行业有关的法律、法规，提高法律意识，依法指导和规范本职工作，才能有效保障消费者和自身的合法权益。学好、用好相关法律法规，是对机动车维修价格结算员的基本要求。

本节重点介绍《机动车维修管理规定》，其他与机动车维修相关的法律法规，以目录形式列出（表1-1），以方便读者查阅。

与机动车维修相关的主要法律法规　　表1-1

序号	法律法规名称	序号	法律法规名称
1	中华人民共和国票据法	9	车辆识别代号管理办法（试行）
2	中华人民共和国价格管理条例	10	中华人民共和国道路交通安全法实施条例
3	道路运输车辆维护管理规定	11	机动车维修管理规定
4	中华人民共和国价格法	12	汽车交通事故责任强制保险条例
5	中华人民共和国合同法	13	增值税专用发票使用规定
6	中华人民共和国消费者权益保护法	14	中华人民共和国发票管理办法实施细则
7	汽车登记规定	15	汽车强制报废标准规定
8	中华人民共和国道路运输条例		

《机动车维修管理规定》是交通部规章，于2005年8月1日起施行，内容包括：第一章总则，第二章经营许可，第三章维修经营，第四章质量管理，第五章监督检查，第六章法律责任，第七章附则，共7章57条。

1.《机动车维修管理规定》总则

(1)立法目的。为规范机动车维修经营活动,维护机动车维修市场秩序,保护机动车维修各方当事人的合法权益,保障汽车运行安全,保护环境,节约能源,促进机动车维修业的健康发展,根据《中华人民共和国道路运输条例》及有关法律、行政法规的规定,制定本规定。

(2)适用范围。从事机动车维修经营的个人和单位,都应当遵守本规定。

(3)基本原则:

①机动车维修经营者应当依法经营、诚实守信、公平竞争、优质服务。

②机动车维修管理,应当公平、公正、公开和便民。

③任何单位和个人不得封锁或垄断机动车维修市场。

(4)鼓励政策。鼓励机动车维修企业实行集约化、专业化、连锁经营,促进机动车维修业的合理分工和协调发展。

鼓励推广应用机动车维修环保、节能、不解体检测和故障诊断技术,推进行业信息化建设和救援、维修服务网络化建设,提高机动车维修行业整体素质,满足社会需要。

(5)管理部门:

①交通部主管全国机动车维修管理工作。

②县级以上地方人民政府交通主管部门负责组织领导本行政区域的机动车维修管理工作。

③县级以上道路运输管理机构负责具体实施本行政区域内的机动车维修管理工作。

2.机动车维修经营许可

机动车维修经营依据维修车型种类、服务能力和经营项目实行分类许可。

机动车维修经营业务根据维修对象分为机动车维修经营业务、危险货物运输车辆维修经营业务、摩托车维修经营业务和其他机动车维修经营业务四类。

机动车维修经营业务、其他机动车维修经营业务根据经营项目和服务能力分为一类维修经营业务、二类维修经营业务和三类维修经营业务。

摩托车维修经营业务根据经营项目和服务能力分为一类维修经营业务和二类维修经营业务。

(1)机动车维修经营业务许可。获得一类机动车维修经营业务、一类其他机动车维修经营业务许可的,可以从事相应车型的整车修理、总成修理、整车维护、小修、维修救援、专项修理和维修竣工检验工作。

获得二类机动车维修经营业务、二类其他机动车维修经营业务许可的,可以从事相应车型的整车修理、总成修理、整车维护、小修、维修救援、专项修理工作。

获得三类机动车维修经营业务、三类其他机动车维修经营业务许可的,可以从事发动机、车身、电气系统、自动变速器维修及车身清洁维护、涂漆、轮胎动平衡和修补、四轮定位检测调整、燃料供给系统维护和油品更换、喷油泵和喷油器的维修、曲轴修磨、汽缸镗磨、散热器(水箱)维修、空调维修、车辆装潢(篷布、坐垫及车内装饰)、车辆玻璃安装等专项工作。

获得一类摩托车维修经营业务许可的,可以从事摩托车整车修理、总成修理、整车维护、小修、专项修理和竣工检验工作。获得二类摩托车维修经营许可的,可以从事摩托车维护、小修和专项修理工作。

获得危险货物运输车辆经营许可的，除可以从事危险货物运输车辆维修经营业务外，还可以从事一类机动车维修经营业务。

(2)从事机动车维修经营的条件。《机动车维修管理规定》第十一条规定，申请从事机动车维修经营业务或者其他机动车维修经营业务的个人和单位，应当符合以下条件：

①有与其经营业务相适应的维修车辆停车场和生产厂房。租用的场地应当有书面的租赁合同，且租赁期限不得少于1年。停车场和生产厂房面积按照国家标准《机动车维修业开业条件》(GB/T 16739—2004)相关条款的规定执行。

②有与其经营业务相适应的设备、设施。所配备的计量设备应当符合国家有关技术标准要求，并经法定检定机构检定合格。从事机动车维修经营业务的设备、设施的具体要求按照国家标准《机动车维修业开业条件》(GB/T 16739—2004)相关条款的规定执行。从事其他机动车维修经营业务的设备、设施的具体要求，参照国家标准《机动车维修业开业条件》(GB/T 16739—2004)执行，但所配备设施、设备应与其维修车型相适应。

③有必要的技术人员

a. 从事一类和二类维修业务的企业应当各配备至少1名技术负责人员和质量检验人员。技术负责人员应当熟悉汽车或者其他机动车维修业务，并掌握汽车或者其他机动车维修及相关政策法规和技术规范。质量检验人员应当熟悉各类汽车或者其他机动车维修检测作业规范，掌握汽车或者其他机动车维修故障诊断和质量检验的相关技术，熟悉汽车或者其他机动车维修服务收费标准及相关政策法规和技术规范。技术负责人员和质量检验人员总数的60%应当经全国统一考试合格。

b. 从事一类和二类维修业务的企业应当各配备至少1名从事机修、电器、钣金、涂漆的维修技术人员。从事机修、电器、钣金、涂漆的维修技术人员应当熟悉所从事工种的维修技术和操作规范，并了解汽车或者其他机动车维修及相关政策法规。机修、电器、钣金、涂漆维修技术人员总数的40%应当经全国统一考试合格。

c. 从事三类维修业务的，按照其经营项目分别配备相应的机修、电器、钣金、涂漆的维修技术人员。从事发动机维修、车身维修、电气系统维修、自动变速器维修的，还应当配备技术负责人员和质量检验人员。技术负责人员、质量检验人员及机修、电器、钣金、涂漆维修技术人员总数的40%应当经全国统一考试合格。

④有健全的维修管理制度。包括质量管理制度、安全生产管理制度、车辆维修档案管理制度、人员培训制度、设备管理制度及配件管理制度。具体要求按照国家标准《机动车维修业开业条件》(GB/T 16739—2004)相关条款的规定执行。

⑤有必要的环境保护措施。具体要求按照国家标准《机动车维修业开业条件》(GB/T 16739—2004)相关条款的规定执行。

⑥《机动车维修管理规定》第十二条规定，从事危险货物运输车辆维修的机动车维修经营者，除具备机动车维修经营一类维修经营业务的开业条件外，还应当具备下列条件：有与其作业内容相适应的专用维修车间和设备、设施，并设置明显的指示性标志；有完善的突发事件应急预案，应急预案包括报告程序、应急指挥以及处置措施等内容；有相应的安全管理人员；有齐全的安全操作规程。

(3)从事摩托车维修经营的条件(略)。

(4)经营许可程序。申请从事机动车维修经营的个人和单位,应当向所在地的县级道路运输管理机构提出申请,并提交下列材料:

①《交通行政许可申请书》。

②经营场地与停车场面积材料、土地使用权及产权证明复印件。

③技术人员汇总表及相应从业资格证明。

④维修检测设备及计量设备检定合格证明复印件。

⑤按照汽车、其他汽车、危险货物运输车辆、摩托车维修经营分类,分别提供本规定第十一条、第十二条、第十三条规定条件的其他相关材料。

道路运输管理机构应当按照《中华人民共和国道路运输条例》和《交通行政许可实施程序规定》规范的程序实施机动车维修经营的行政许可。

道路运输管理机构对机动车维修经营申请予以受理的,应当自受理申请之日起15日内作出许可或者不予许可的决定。符合法定条件的,道路运输管理机构作出准予行政许可的决定,向申请人出具《交通行政许可决定书》,在10日内向被许可人颁发机动车维修经营许可证件,明确许可事项。不符合法定条件的,道路运输管理机构作出不予许可的决定,向申请人出具《不予交通行政许可决定书》,说明理由并告知申请人享有依法申请行政复议或者提起行政诉讼的权利。

机动车维修经营者应当持机动车维修经营许可证件依法向工商行政管理机关办理有关登记手续。

申请机动车维修连锁经营服务网点的,可由机动车维修连锁经营企业总部向连锁经营服务网点所在地县级道路运输管理机构提出申请,提交下列材料,并对材料真实性承担相应的法律责任:

①机动车维修连锁经营企业总部机动车维修经营许可证件复印件。

②连锁经营协议书副本。

③连锁经营的作业标准和管理手册。

④连锁经营服务网点符合机动车维修经营相应开业条件的承诺书。

道路运输管理机构在查验申请资料齐全有效后,应当场或在5日内予以许可,并发给相应许可证件。连锁经营服务网点的经营许可项目应当在机动车维修连锁经营企业总部许可项目的范围之内。

(5)经营许可证件和经营变更相关规定。机动车维修经营许可证件实行有效期制。从事一、二类机动车维修业务和一类摩托车维修业务的证件有效期为6年;从事三类机动车维修业务、二类摩托车维修业务及其他机动车维修业务的证件有效期为3年。

机动车维修经营许可证件由各省、自治区、直辖市道路运输管理机构统一印制并编号,县级道路运输管理机构按照规定发放和管理。

机动车维修经营者应当在许可证件有效期届满前30日到作出原许可决定的道路运输管理机构办理换证手续。

机动车维修经营者变更许可事项的,应当按照本章有关规定办理行政许可事宜。机动车维修经营者变更名称、法定代表人、地址等事项的,应当向作出原许可决定的道路运输管理机构备案。

机动车维修经营者需要终止经营的，应当在终止经营前30日告知作出原许可决定的道路运输管理机构办理注销手续。

3. 维修经营规定

(1)按照许可项目经营并挂牌。《机动车维修管理规定》第二十一条指出，机动车维修经营者应当按照经批准的行政许可事项开展维修服务。

《机动车维修管理规定》第二十二条指出，机动车维修经营者应当将机动车维修经营许可证件和机动车维修标志牌悬挂在经营场所的醒目位置。机动车维修标志牌由机动车维修经营者按照统一式样和要求自行制作。

(2)《机动车维修管理规定》第二十三条指出，机动车维修经营者不得擅自改装汽车，不得承修已报废的汽车，不得利用配件拼装汽车。

托修方要改变汽车车身颜色，更换发动机、车身和车架时，应当按照有关法律、法规的规定办理相关手续，机动车维修经营者在查看相关手续后方可承修。

(3)安全生产。机动车维修经营者应当加强对从业人员的安全教育和职业道德教育，确保安全生产。机动车维修从业人员应当执行机动车维修安全生产操作规程，不得违章作业。

(4)环保经营。机动车维修产生的废弃物，应当按照国家的有关规定进行处理。

(5)应当公布维修工时定额和收费标准。机动车维修经营者应当公布机动车维修工时定额和收费标准，合理收取费用。

机动车维修工时定额可按各省机动车维修协会等行业中介组织统一制定的标准执行，也可按机动车维修经营者报所在地道路运输管理机构备案后的标准执行，也可按汽车生产厂家公布的标准执行。当上述标准不一致时，优先使用机动车维修经营者备案的标准。

机动车维修经营者应当将其执行的机动车维修工时单价标准报所在地道路运输管理机构备案。

汽车生产厂家在新车型投放市场后的一个月内，有义务向社会公布其维修技术资料和工时定额。

(6)出具结算票据和结算清单。机动车维修经营者应当使用规定的结算票据，并向托修方交付维修结算清单。维修结算清单中的工时费与材料费应分项计算。维修结算清单格式和内容由省级道路运输管理机构制定。

(7)机动车维修经营者不出具规定的结算票据和结算清单时，托修方有权拒绝支付费用。

(8)报送统计资料。机动车维修经营者应当按照规定，向道路运输管理机构报送统计资料。道路运输管理机构应当为机动车维修经营者保守商业秘密。

(9)连锁经营的规定。机动车维修连锁经营企业总部应当按照统一采购、统一配送、统一标识、统一经营方针、统一服务规范和价格的要求，建立连锁经营的作业标准和管理手册，加强对连锁经营服务网点经营行为的监管和约束，杜绝不规范的商业行为。

4. 机动车维修质量管理

(1)按照标准和规范进行维修。机动车维修经营者应当按照国家、行业或者地方的维修标准和规范进行维修。尚无标准或规范的，可参照汽车生产企业提供的维修手册、使用说明书和有关技术资料进行维修。

(2)不得使用假冒伪劣配件。机动车维修经营者不得使用假冒伪劣配件维修汽车。

机动车维修经营者应当建立采购配件登记制度，记录购买日期、供应商名称、地址、产品名称及规格型号等，并查验产品合格证等相关证明。

机动车维修经营者维修时换下的配件、总成，应当交托修方自行处理。

机动车维修经营者应当将原厂配件、副厂配件和修复配件分别标识，明码标价，供用户选择。

(3)竣工质量检验制度。机动车维修经营者对汽车进行二级维护、总成修理、整车修理时，应当实行维修前诊断检验、维修过程检验和竣工质量检验制度。

承担机动车维修竣工质量检验的机动车维修企业或汽车综合性能检测机构应当使用符合有关标准并在检定有效期内的设备，按照有关标准进行检测，如实提供检测结果证明，并对检测结果承担法律责任。

机动车维修竣工质量检验合格后，维修质量检验人员应当签发《机动车维修竣工出厂合格证》。未签发机动车维修竣工出厂合格证的汽车，不得交付使用，车主可以拒绝交费或接车。

机动车维修竣工出厂合格证由省级道路运输管理机构统一印制和编号，县级道路运输管理机构按照规定发放和管理。

禁止伪造、倒卖、转借机动车维修竣工出厂合格证。

(4)建立机动车维修档案。机动车维修经营者对汽车进行二级维护、总成修理、整车修理时，应当建立机动车维修档案。机动车维修档案主要内容包括：维修合同、维修项目、具体维修人员及质量检验人员、检验单、竣工出厂合格证(副本)及结算清单等。

机动车维修档案保存期为2年。

(5)机动车维修专业技术人员的管理。道路运输管理机构应当加强对机动车维修专业技术人员的管理，严格执行专业技术人员考试和管理制度。

机动车维修专业技术人员考试及管理具体办法另行制定。

(6)机动车维修质量保证期制度。道路运输管理机构应当加强对机动车维修经营的质量监督和管理工作，可委托具有法定资格的机动车维修质量监督检验中心，对机动车维修质量进行监督检验。

机动车维修实行竣工出厂质量保证期制度。

汽车和危险货物运输车辆整车修理或总成修理质量保证期为车辆行驶20000km或100日；二级维护质量保证期为车辆行驶5000km或30日；一级维护、小修及专项修理质量保证期为车辆行驶2000km或10日。

摩托车整车修理或者总成修理质量保证期为摩托车行驶7000km或80日；维护、小修及专项修理质量保证期为摩托车行驶800km或10日。

其他机动车整车修理或者总成修理质量保证期为机动车行驶6000km或60日；维护、小修及专项修理质量保证期为机动车行驶700km或7日。

质量保证期中的行驶里程和日期指标，以先达到者为准。

机动车维修质量保证期，从维修竣工出厂之日起计算。

在质量保证期和承诺的质量保证期内，因维修质量原因造成汽车无法正常使用，且承修方在3日内不能或者无法提供因非维修原因而造成汽车无法使用的相关证据时，机动车维修经营者应当及时无偿返修，不得故意拖延或者无理拒绝。

在质量保证期内，汽车因同一故障或维修项目经两次修理仍不能正常使用的，机动车维修经营者应当负责联系其他机动车维修经营者，并承担相应修理费用。

机动车维修经营者应当公示承诺的机动车维修质量保证期。所承诺的质量保证期不得低于前述的规定。

道路运输管理机构应当受理机动车维修质量投诉，积极按照维修合同约定和相关规定调解维修质量纠纷。

(7)维修质量纠纷的调解。机动车维修质量纠纷双方当事人均有保护当事车辆原始状态的义务。必要时可拆检车辆有关部位，但双方当事人应同时在场，共同认可拆检情况。

需要对机动车维修质量的责任认定进行技术分析和鉴定。当承修方和托修方共同要求道路运输管理机构出面协调时，道路运输管理机构应当组织专家组或委托具有法定检测资格的检测机构作出技术分析和鉴定。鉴定费用由责任方承担。

对机动车维修经营者实行质量信誉考核制度。机动车维修质量信誉考核办法另行制定。

机动车维修质量信誉考核内容应当包括经营者基本情况、经营业绩(含奖励情况)、不良记录等。

道路运输管理机构应当建立机动车维修企业诚信档案。机动车维修质量信誉考核结果是机动车维修企业诚信档案的重要组成部分。

道路运输管理机构建立的机动车维修企业诚信信息，除涉及国家秘密、商业秘密外，应当依法公开，供公众查阅。

5.机动车维修经营活动的监督检查

《机动车维修管理规定》对于机动车维修经营活动的监督检查规定如下：

(1)道路运输管理机构应当加强对机动车维修经营活动的监督检查。

(2)道路运输管理机构的工作人员应当严格按照职责权限和程序进行监督检查，不得滥用职权、徇私舞弊，不得乱收费、乱罚款。

(3)道路运输管理机构应当积极运用信息化技术手段，科学、高效地开展机动车维修管理工作。

《机动车维修管理规定》第四十七条规范了执法人员的现场监督检查，具体要求如下：

(1)道路运输管理机构的执法人员在机动车维修经营场所实施监督检查时，应当有2名以上人员参加，并向当事人出示交通部监制的交通行政执法证件。

(2)道路运输管理机构实施监督检查时，可以采取下列措施：

①询问当事人或者有关人员，并要求其提供有关资料。

②查询、复制与违法行为有关的维修台账、票据、凭证、文件及其他资料，核对与违法行为有关的技术资料。

③在违法行为发现场所进行摄影、摄像取证。

④检查与违法行为有关的维修设备及相关机具的有关情况。

(3)应当记录检查情况和处理结果，并按照规定归档。当事人有权查阅监督检查记录。从事机动车维修经营活动的单位和个人，应当自觉接受道路运输管理机构及其工作人员的检查，如实反映情况，提供有关资料。

6. 违反《机动车维修管理规定》的法律责任

(1)《机动车维修管理规定》第四十九条规定。违反本规定，擅自从事机动车维修相关经营活动，由县级以上道路运输管理机构责令其停止经营；有违法所得的，没收违法所得，处违法所得 2 倍以上 10 倍以下的罚款；没有违法所得或者违法所得不足 1 万元的，处 2 万元以上 5 万元以下的罚款；构成犯罪的，依法追究刑事责任。出现下列任一行为，应按上述规定进行处理。

①未取得机动车维修经营许可，非法从事机动车维修经营的。

②使用无效、伪造、变造机动车维修经营许可证件，非法从事机动车维修经营的。

③超越许可事项范围，非法从事机动车维修经营的。

(2)《机动车维修管理规定》第五十条规定。违反本规定，机动车维修经营者非法转让、出租机动车维修经营许可证件，由县级以上道路运输管理机构责令停止违法行为，收缴转让、出租的有关证件，处以 2000 元以上 1 万元以下的罚款；有违法所得的，没收违法所得。

对于接受非法转让、出租的受让方，应当按照第四十九条的规定进行处罚。

(3)《机动车维修管理规定》第五十一条规定。违反本规定，机动车维修经营者使用假冒伪劣配件维修汽车，承修已报废的汽车或者擅自改装汽车，由县级以上道路运输管理机构责令改正，并没收假冒伪劣配件及报废车辆；有违法所得的，没收违法所得，处违法所得 2 倍以上 10 倍以下的罚款；没有违法所得或者违法所得不足 1 万元的，处 2 万元以上 5 万元以下的罚款，没收假冒伪劣配件及报废车辆；情节严重的，由原许可机关吊销其经营许可；构成犯罪的，依法追究刑事责任。

(4)《机动车维修管理规定》第五十二条规定。违反本规定，机动车维修经营者签发虚假或者不签发机动车维修竣工出厂合格证，由县级以上道路运输管理机构责令改正；有违法所得的，没收违法所得，处以违法所得 2 倍以上 10 倍以下的罚款；没有违法所得或者违法所得不足 3000 元的，处以 5000 元以上 2 万元以下的罚款；情节严重的，由许可机关吊销其经营许可证件；构成犯罪的，依法追究刑事责任。

(5)《机动车维修管理规定》第五十三条规定。违反本规定，有下列行为之一的，由县级以上道路运输管理机构责令其限期整改；限期整改不合格的，予以通报。

①机动车维修经营者未按照规定执行机动车维修质量保证期制度。

②机动车维修经营者未按照有关技术规范进行维修作业。

③伪造、转借、倒卖机动车维修竣工出厂合格证。

④机动车维修经营者只收费不维修或者虚列维修作业项目。

⑤机动车维修经营者未在经营场所醒目位置悬挂机动车维修经营许可证件和机动车维修标志牌。

⑥机动车维修经营者未在经营场所公布收费项目、工时定额和工时单价。

⑦机动车维修经营者超出公布的结算工时定额、结算工时单价向托修方收费。

⑧机动车维修经营者不按照规定建立维修档案和报送统计资料。

⑨违反本规定中的其他有关规定。

(6)《机动车维修管理规定》第五十四条规定。违反本规定，道路运输管理机构的工作人员有下列情形之一的,由同级地方人民政府交通主管部门依法给予行政处分;构成犯罪的,依法追究刑事责任。

①不按照规定的条件、程序和期限实施行政许可程序。

②参与或者变相参与机动车维修经营业务。

③发现违法行为不及时查处。

④索取、收受他人财物或谋取其他利益。

⑤其他违法违纪行为。

【综合训练题目】

一、单项选择题

1. 经营者有不正当价格行为的,责令改正,没收违法所得,并处违法所得(　　)倍以下的罚款。

A. 5　　B. 4　　C. 3　　D. 2

2. 按照合同法的规定,机动车维修合同属于(　　)。

A. 技术合同　　B. 买卖合同　　C. 承揽合同　　D. 委托合同

3. 在机动车维修职业活动中,对学习掌握维修技术缺乏积极性,对机动车维修工作马马虎虎,使得机动车维修质量低劣等现象,是缺乏(　　)的具体反映。

A. 机动车维修职业情感　　B. 机动车维修职业责任

C. 机动车维修职业义务　　D. 机动车维修职业良心

4. 恢复和提高汽车技术状况,保证安全生产,充分发挥汽车的效能和降低运行消耗,是我国机动车维修职业的(　　)。

A. 基本要求　　B. 评价标准　　C. 社会要求　　D. 社会责任

5. 严守岗位、尽心尽责、注重务实、服务行业,兢兢业业地做好机动车维修各个岗位的本职工作,发扬忘我的工作精神。这是(　　)对于机动车维修从业人员的具体要求。

A. 爱岗敬业　　B. 诚实守信　　C. 办事公道　　D. 服务群众

6. 职业道德中的最高要求是(　　)。

A. 爱岗敬业　　B. 诚实守信　　C. 奉献社会　　D. 服务群众

7. 经营者违反明码标价规定的,责令改正,没收违法所得,并处(　　)元以下的罚款。

A. 2000　　B. 3000　　C. 4000　　D. 5000

8. 机动车维修经营价格执行(　　)

A. 政府定价　　B. 政府指导价　　C. 市场调节价　　D. 协商定价

9. 担任机动车维修价格结算员的学历要求是(　　)。

A. 初中以上　　B. 高中以上　　C. 大专以上　　D. 没有要求

10. 接待顾客不以貌取人,无论是大、小客户,还是新、老客户,同样都热情接待,是机动车维修从业人员职业道德中(　　)的具体体现。

A. 爱岗敬业　　B. 诚实守信　　C. 办事公道　　D. 服务群众

11. 机动车维修结算时承修方应向托修方出具(　　)。

A. 结算票据　　B. 结算清单

C. 结算票据和材料清单　　D. 结算票据和结算清单

12. 汽车二级维护质量保证期为车辆行驶(　　)km 或者 30 日。

A. 1000　　B. 2000　　C. 3000　　D. 5000

13.《机动车维修管理规定》规定:机动车维修经营业务根据经营项目和(　　)分为一类维修经营业务、二类维修经营业务和三类维修经营业务。

A. 注册资金　　B. 企业规模　　C. 服务能力　　D. 设备设施

14. 汽车整车修理或总成修理质量保证期为车辆行驶 2 万 km 或者(　　)日。

A. 100　　B. 80　　C. 60　　D. 50

15. 经营者违反明码标价规定的,责令改正,没收违法所得,并处(　　)元以下罚款。

A. 2000　　B. 3000　　C. 4000　　D. 5000

16.《中华人民共和国价格法》规定,(　　)以上各级人民政府价格主管部门,依法对价格活动进行监督检查,并依照本法的规定对价格违法行为实施行政处罚。

A. 县级　　B. 市级　　C. 省级　　D. 国家级

17.《中华人民共和国消费者权益保护法》规定,如果经营者明知商品或者服务存在缺陷,仍然向消费者提供,造成消费者或者其他受害人死亡或者健康严重损害的,受害人有权要求经营者依照本法等法律规定赔偿损失,并有权要求所受损失(　　)倍以下的惩罚性赔偿。

A. 2　　B. 3　　C. 4　　D. 5

18.《中华人民共和国道路运输条例》是我国第一部规范(　　)的行政法规。

A. 道路运输经营活动　　B. 道路运输经营活动和管理行为

C. 机动车维修经营活动　　D. 道路运输安全和管理行为

19. 根据《机动车维修管理规定》的规定,机动车维修经营者对汽车进行(　　)的,应当实行维修前诊断检验、维修过程检验和竣工质量检验制度。

A. 二级维护、零件修理和整车修理　　B. 零件修理、总成修理和整车修理

C. 二级维护、总成修理和整车修理　　D. 二级维护和整车修理

20. 以下叙述错误的是(　　)。

A. 汽车生产厂家在新车型投放市场后的一个月内,有义务向社会公布其维修技术资料和工时定额

B. 维修结算清单中的工时费与材料费应分项计算

C. 机动车维修工时定额可按各省机动车维修协会等行业中介组织统一制定的标准执行,也可按机动车维修经营者报所在地道路运输管理机构备案后的标准执行,也可按汽车生产厂家公布的标准执行。当上述标准不一致时,优先使用生产厂家公布的标准

D. 维修经营者应将其执行的维修工时单价标准报所在地道路运输管理机构备案

二、多项选择题

1. 如果消费者和经营者发生消费者权益争议,其解决的途径有(　　)。

A. 与经营者协商和解

B. 请求消费者协会或者依法成立的其他调解组织调解

C. 向有关行政部门投诉

D. 根据与经营者达成的仲裁协议提请仲裁机构仲裁

E. 向人民法院提起诉讼

2. 下列机动车维修作业范围，承修方、托修双方必须签订维修合同的有(　　)。

A. 车辆大修　　B. 总成大修

C. 车辆一、二级维护　　D. 维修预算费用在2000元以上的

3. 以下属于消费者权利的是(　　)。

A. 人身财产安全　　B. 质量监督　　C. 公平交易　　D. 自主选择权

E. 人格尊严、民族风俗

4. 一般车辆维修合同的主要内容有(　　)。

A. 承修方、托修方的名称、签订日期及地点

B. 维修类别及项目、预计维修费用、质量保证期

C. 配件采购渠道及采购价格

D. 维修人员信息

E. 验收标准和方式、结算方式及期限

5. 按照《机动车维修管理规定》，有下列(　　)行为的，由县级以上道路运输管理机构责令其限期整改；限期整改不合格的，予以通报。

A. 机动车维修经营者未在经营场所公布收费项目、工时定额和工时单价

B. 机动车维修经营者超出公布的结算工时定额、结算工时单价向托修方收费

C. 机动车维修经营者不按照规定建立维修档案和报送统计资料

D. 机动车维修经营者只收费不维修或者虚列维修作业项目

E. 机动车维修经营者未按照有关技术规范进行维修作业

6. 按照《中华人民共和国消费者权益保护法》规定，经营者提供商品或者服务，造成消费者或者其他受害人人身伤害的，应当赔偿的费用包括(　　)。

A. 医疗费　　B. 护理费　　C. 交通费　　D. 误工费

7. 以下属于我国各个职业共同的职业道德要求范畴的是(　　)。

A. 爱岗敬业　　B. 诚实守信　　C. 办事公道　　D. 平等互利

E. 服务群众

8.《中华人民共和国道路运输条例》规定，申请从事机动车维修经营的个人和单位，应当具备的条件有(　　)。

A. 有相应的机动车维修场地　　B. 有必要的设备、设施和技术人员

C. 有健全的机动车维修管理制度　　D. 有必要的环境保护措施

E. 有充足的流动资金

9. 承修方、托修双方在履行合同中发生纠纷时，可采取的措施有(　　)。

A. 调解　　B. 协商　　C. 仲裁　　D. 起诉

10. 下列关于机动车维修管理的说法，哪些是正确的？(　　)

A.《机动车维修竣工出厂合格证》应当由质量检验人员签发

B. 机动车维修结算清单格式和内容由机动车维修协会等行业组织制定

C. 整车修理或总成修理质量保证期为车辆行驶10000km或者100日

D. 机动车维修质量保证期，从维修竣工之日起计算

E. 机动车维修经营者维修时换下的配件、总成，应当交托修方自行处理

三、判断题（以下各题，说法正确的请在括号内打“√”，说法错误的请在括号内打“×”）

1. 机动车维修经营者进行二级维护、总成修理、整车修理时，应建立维修档案。（　　）

2. 机动车维修经营者应当公布维修工时定额和收费标准。（　　）

3. 机动车维修经营者使用假冒伪劣配件维修汽车，有违法所得的，没收违法所得，处违法所得 2 倍以上 5 倍以下的罚款。（　　）

4. 经营者对消费者未尽到安全保障义务，造成消费者损害的，应当承担侵权责任。（　　）

5. 机动车维修档案保存期限不得少于 3 年。（　　）

6. 质量保证期内因维修质量原因造成汽车无法正常使用的，机动车维修经营者应当进行返修，但只能收取配件费用。（　　）

7. 在合同期内已竣工的车辆，托修方不按合同期限验收接车，逾期 1 年以上的，承修方有权将车辆提交有关部门依法处理。（　　）

8. 在一个社会中，法律和道德都是调整人们行为的社会规范。（　　）

9.《机动车维修管理规定》规定：机动车维修经营者可根据客户要求改装汽车。（　　）

10. 工时定额必须按照省级交通主管部门制定的统一标准执行。（　　）

11. 机动车维修工时单价标准应报省级道路运输管理机构备案。（　　）

12. 任何单位和个人均有权对价格违法行为进行举报。（　　）

13. 机动车维修工时定额是机动车维修业户计算和收取机动车维修工时费的最低限额。（　　）

14. 维修材料费是指机动车维修过程中消耗的外购材料费、自制配件费和辅料费。（　　）

15. 维修结算费用由材料费、工时费、加工费组成。（　　）

16. 车辆二级维护作业实行竣工出厂合格证制度。（　　）

17. 职业道德就是从业人员在职业活动中的行为标准和要求。（　　）

18. 机动车维修职业道德包含着社会公德的要求。（　　）

19. 承、托修双方在维修价格上发生争议纠纷时，首先由双方协商解决，解决不了时，可向当地物价和交通部门申请调解处理。（　　）

20. 机动车维修竣工出厂时，维修经营者应当向托修方出具机动车维修结算清单、维修记录和维修发票。机动车维修经营者不出具的，托修方有权拒绝支付维修费用。（　　）

四、简答题

1.《机动车维修管理规定》对竣工质量检验制度是如何要求的？

2.《机动车维修管理规定》对机动车维修质量保证期制度是如何规定的？

3. 简述职业道德的概念。

4. 诚实守信对于机动车维修从业人员的具体要求有哪些？

5. 机动车维修价格结算员岗位职责有哪些？

第二章　汽车基本知识

学习目标

通过对本章内容的学习，您需要：

1. 了解汽车的主要生产厂家、目前世界主要车展、汽车的性能参数、汽车运行材料的选用；

2. 熟悉汽车商标含义、汽车的基本工作原理、汽车配件常识、汽车运行材料性能、轮胎存放方法、轮胎换位方法等；

3. 掌握汽车的分类、基本结构等；

4. 重点掌握汽车 VIN 的具体含义及所标注位置等。

汽车，人人熟知，但应该如何给汽车下一个定义呢？

《辞海》："汽车是一种能自行驱动，主要供运输用的无轨车辆。原称'自动车'，因多装用汽油机，故简称汽车。"

《现代汉语词典》："汽车是用内燃机做动力，主要在公路或马路上行驶的交通工具，通常有四个或四个以上的橡胶轮胎。用来运载人或货物。"

在汽车史上，曾出现过形形色色的汽车：就动力构成而言，既有外燃机、内燃机、电动机之分，也有汽油、柴油、天然气、煤气、甲醇、太阳能、电力等区别；就用途而言，有客车、轿车、货车、洒水车、消防车、工程车、大型平板运输车、扫雪车、翻斗车、婚礼车等琳琅满目、不胜枚举的各种车型；就结构尺寸而言，既有供单人乘坐的微型车，也有可运输航天飞机的"巨无霸"……这些汽车虽种类繁多，异彩纷呈，用途迥异，但都具有汽车的整体特性，都是基于交通运输这个本能派生出来的，都属"自动车"范畴。

摩托车是在自行车或类似自行车的车体上加装发动机而成的，其车架与汽车车架截然不同；拖拉机与汽车相比，在整体结构上有着明显差异，汽车车身不可分体，除个别车类中的部分车型，如：大型平板运输车，驾驶室与载物平板不共用一个车架外，其他各类车辆，驾驶室与车厢要么一体，要么统一固装在一个车架上，而拖拉机的车身则是两半式，中间活络连接，驾驶室与车厢不能固装为一体，且驱动轮大，从动轮小。

综上所述，汽车的定义应如此界定：汽车是一种具有 4 只或 4 只以上车轮，驾驶室与车厢一体或固装在同一车架上，具备自行驱动能力，并且只凭车轮驱动、主要供运输或由此派生出来的其他特殊用途使用的无轨车辆（图 2-1）。

由于汽车需具有 4 只或 4 只以上车轮，因此 2 轮或 3 轮摩托车不是汽车。

由于汽车具备自行驱动能力，故凭电力网中的电力做动力的有轨或无轨电车不是汽车。

由于汽车只凭车轮驱动，且主要供运输或由此派生出来的其他特殊用途使用，所以儿童玩具车、拖拉机、坦克、装甲车、推土机及其他工程机械等均不是汽车。

另外，人们在谈论轿车时，常常会提到"厢"的概念，常见的轿车一般是三厢车，所谓"三厢车"，是因为它的车身结构由三个相互封闭、用途各异的舱（即人们所称的"厢"）所组成：位于

大型客车

皮卡

越野车

轿车

图 2-1　不同类型的汽车

车前部的发动机舱、位于车身中部的乘员舱、位于车后部的行李舱。两厢车的前部与三厢车没有区别,作用也是一样的。不同之处在于这种汽车将乘员舱近似等高地向后延伸,把后行李舱和乘员舱合为一体,形成只有发动机舱和乘员舱的"两厢车"。两厢车尾部有宽敞的后车门,使其具备了使用灵活、用途广泛的特点:放倒后排座,就可获得比三厢车大得多的载物空间,可用来运送许多大型家电和家庭用品。三厢车与两厢车外观如图 2-2 所示。

三厢车

两厢车

图 2-2　三厢车与两厢车

第一节　汽车生产厂家及展览

一　世界主要汽车生产厂家

在国际汽车业,各公司历经数十年或上百年残酷的市场竞争,有的发展成为了雄踞一方的汽车巨头，而有的则被无情地淘汰或兼并。目前世界汽车市场基本上是被少数几家大公司垄断经营，简要介绍这些公司的发展、生产、经营和管理对我们从事汽车行业的人来说会有很大的启迪作用；对已被列为国家支柱产业的我国汽车工业的发展来说是他山之石；对普通的汽车爱好者来说，则可增长见识、增加了解用。

目前，世界许多汽车生产企业已经打破了国家的界限，相互持有股份组成跨国公司是一种趋势。

尽管汽车生产厂家众多，但目前世界汽车生产的格局基本被“6 + 3”九大汽车企业所垄断，他们分别是：通用汽车公司、福特汽车公司、戴姆勒—奔驰汽车公司、大众汽车股份公司、丰田汽车公司、雷诺汽车公司，以及标致—雪铁龙股份公司、本田技研工业股份有限公司、宝马汽车公司。这九家企业每年的汽车产量均超过全球产量的90%。

二 汽车展览

汽车发明后，工程师们努力使汽车技术日臻完善。但无市场，资金无法回笼，制约了技术发展，导致发展缓慢。随着企业家介入，市场逐渐形成，汽车工业得以快速发展。

没有汽车市场的发展、汽车流通的扩展，汽车工业不可能发展到今天的水平，汽车也不会被冠以“世界第一商品”的桂冠，更不会被誉为“改变了世界的机器”。

各公司参加博览会时，无不挖空心思使展台富有新意，以便吸引参观者，提高知名度。例如，结合展览介绍工作原理的专题讲座；以“汽车史话”为题展示汽车演变和发展；以“生产过程”为题展示如何由原材料变成汽车的过程；“进步旅行”式的流动展示（通用于1936—1938年、1939—1940年间开办流动展览，足迹遍及美国、加拿大、墨西哥和古巴的251座城镇，吸引观众1259万人次）；模拟进入外部空间进行探险活动的“模拟旅行”（福特1962年在西雅图博览会上所为）；以“未来发展”为主题的汽车发展预测等方式都曾被参展厂家以不同形式使用过。今天，各公司在凭借自己产品和技术与对手展开竞争的同时，还借助各自的文化理念，打起了文化战。

（1）博览会起源。1851年，世界最早博览会在伦敦举行，数十个国家的工业品、手工艺品和发明物吸引了成千上万参观者，产生轰动效应。因其示范作用，各地相继召开博览会。

（2）早期的汽车展览。

1889年巴黎博览会展示蒸汽车、戴姆勒、奔驰车。

1893年，芝加哥博览会开展。五六辆汽车参展。

1900年11月3日，美国首次车展——纽约汽车展示会开幕，展出40多家厂商的300多辆汽车及部分比赛获胜汽车，历时8天。组织了部分汽车比赛。展示会印象：“第一，汽车外形与马车差别很小；第二，价格昂贵；第三，汽车在一夜之间变成了商业界巨头。”（《世界汽车》杂志）。闭幕式上成立了美国汽车制造商协会。

旧金山1915年举办世界博览会，展出了部分美国产汽车。福特除提供成品车外，还在场馆内安装了一条日产18～20辆的临时装配线（持续11个月）。参观者不仅目睹了福特车装配过程（约20min一辆），甚至可当场装配车。被誉为“整个博览会中最为有趣的工业展品”。

福特成功为其他公司仿效。通用在1933年芝加哥世界博览会上，安装了一条生产雪佛兰轿车的装配线。可容纳1000现场观众，允许顾客跟踪装配。

(3)世界五大车展。衡量车展是否为国际一流的主要依据是:参展商规模和级别,汽车展品的档次,首次亮相的新车、概念车的多少,展出面积,配套设施的先进性、完备性,主办方的服务质量,国内外媒体宣传报道量,观众数量和专业水平等。据此,当今世界五大车展见表2-1。

世界五大车展　　表2-1

车展名称	车展简介
德国法兰克福车展	创办于1897年,是世界上举办最早、目前规模最大的车展,有世界汽车工业"奥运会"之称,向来以博大著称。展览时间一般在9月中旬,每2年举办一次,主要展出轿车、跑车、商务车、特种车、改装车及汽车零部件等
法国巴黎车展	起源于1898年的国际汽车沙龙会,直至1976年每年一届,此后每2年一届(与法兰克福车展交替举办),是世界第二大汽车展。在9月底至10月初举行,向来以优雅著称。展览地点位于巴黎市区,共有8个展馆,展出的车辆主要有轿车、跑车、商用车、特种车、改装车、古董车、电动车及汽车零部件等
瑞士日内瓦车展	创办于1924年,是欧洲唯一每年举办的大型车展。每年3月份举行,在展览面积7万多m^2的室内展馆举行,面积虽然不大,却是生产豪华轿车的世界著名汽车生产厂家的必争之地!是各大汽车商首次推出新产品的最主要的展出平台,素有"国际汽车潮流风向标"之称,日内瓦车展的最大特点就是"奢华"
美国北美车展	创办于1907年,起初叫"底特律车展",1989年更名为"北美国际汽车展",展览时间固定在每年的1月5日左右开幕,举办地在美国的汽车之城底特律。展览面积约8万m^2左右,会议室、会谈室近百个。车展每年为底特律带来了可观的经济收益,年平均在4亿美元以上。北美车展"作秀"味道很浓,看上去更像一个汽车的狂欢派对,吃喝玩乐加音乐灯光,热闹非凡,所以人们称北美车展是以妖娆著称
日本东京车展	东京车展是世界五大车展中历史最短的,创办于1954年,逢单数年秋季举办,双数年为商用车展,是亚洲最大的国际车展,历来是日本本土生产的各种千姿百态的小型汽车唱主角的舞台。展馆位于东京附近的千叶县幕张展览中心,是目前世界最新、条件最好的展示中心。展品主要有整车及零部件。车展特点之一是车型极其多,多得让人无法记住,几乎什么稀奇古怪的车型都有,但又不是概念车,而且以小车型居多。车型种类的繁多,恰恰体现了日本人的细腻所在,所以人们称东京车展是以细腻著称

(4)国内三大车展。根据衡量汽车展览级别的依据,目前,国内主要有三大车展:

①上海国际汽车展。其始办于1985年,73家公司在1.5万m^2展区内展示,是国内的第一次汽车展会。逢单年举办,规模和影响日渐壮大。

②北京国际汽车工业博览会。其创办于1990年,当时有140辆汽车,400家客商在2万m^2展区参展,10万人次观众观看展出。逢双年举办。北京车展以产品的科技前瞻性和创新程度为世人所注目。

③长春国际汽车博览会。其由国际贸易促进委员会批准,每两年举办一届,开始于1999年,号称要做成国内第三大品牌车展。长春举办汽车展的优势是有本地一汽集团,以及合作伙伴大众的支持。

中国三大车展

▲上海国际汽车展,始办于1985年,逢单年举办。

▲北京国际汽车工业博览会,创办于1990年,逢双年举办。

▲长春国际汽车博览会,开始于1999年,每两年举办一届。

第二节　汽 车 概 貌

一　汽车分类

1. 按用途分类

汽车一般是按用途进行分类的。根据《汽车和挂车类型的术语和定义》(GB/T 3730.1—2001)国家标准的规定,汽车分为乘用车和商用车辆两大类。其中,乘用车又分为轿车类和其他乘用车类(包括多用途车和运动用车);商用车辆又细分为客车、半挂牵引车、货车(包括专用作业车),如图 2-3 所示。

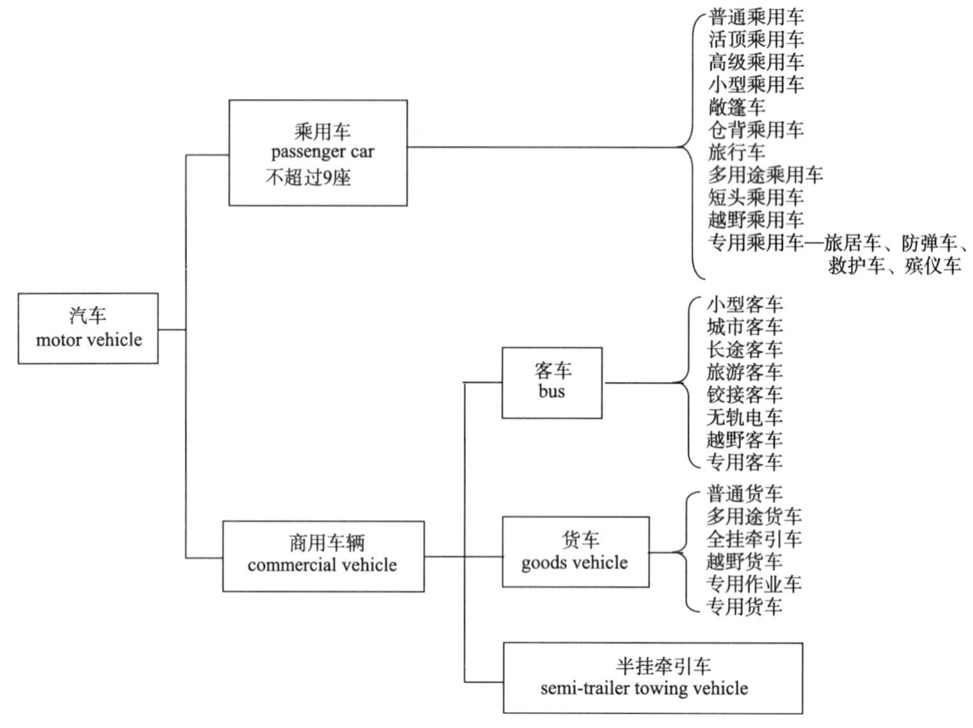

图 2-3　汽车分类图

(1)乘用车。其设计和技术特性上主要用于载运乘客及其随身行李和(或)临时物品的汽车,包括驾驶员座位在内最多不超过 9 座,它也可以牵引一辆挂车。乘用车按照车身、车顶、座位、车门、车窗结构或数量不同,可分为普通乘用车等 11 类。

(2)商用车。在所有的汽车类型中,除了乘用车外,都归属于商用车。所谓的商用车,主要用于运载人员、货物、及牵引挂车的汽车。商用车被分为客车和货车两大类。其中:货车分为普通货车、多用途货车、半挂牵引车、全挂牵引车、越野货车、专用作业车、专用货车;客车分为小型客车、城市客车、长途客车、旅游客车、铰接客车、越野客车、专用客车。

2. 按公安机关管理分类

公安机关新车登记时,按规格分为载客、载货、三轮汽车、低速货车 4 类(表 2-2)。

公安机关汽车分类之规格术语 表 2-2

分类	规格术语	说明
载客	大型	车长≥6m 或乘坐人数≥20 人。乘坐人数可变的,以上限确定。乘坐人数含驾驶员(下同)
	中型	车长 <6m,乘坐人数 >9 人且 <20 人
	小型	车长 <6m,乘坐人数≤9 人
	微型	车长≤3.5m,发动机汽缸总排量≤1L
载货	重型	车长≥6m,总质量≤2000kg
	中型	车长≥6m,总质量≥4500kg 且 <12000kg
	轻型	车长 <6m,总质量 <4500kg
	微型	车长≤3.5m,载质量≤750kg
三轮汽车(原三轮农用运输车)		以柴油机为动力,最高设计车速≤50km/h,最大设计总质量≤2000kg,长≤4.6m,宽≤1.6m,高≤2m,具有 3 个车轮的货车
低速货车(原四轮农用运输车)		以柴油机为动力,最高设计车速≤70km/h,最大设计总质量≤4500kg,长≤6m,宽≤2m,高≤2.5m,具有 4 个车轮的货车

二 汽车基本结构

汽车,一般是由发动机、底盘、车身、电气设备 4 个部分组成的。轿车、载货汽车的组成分别如图 2-4a)、b)所示。

1. 发动机

目前汽车上广泛使用的是往复活塞式汽油机(或柴油机)。这种发动机由两大机构、五大系统组成,即:曲柄连杆机构、配气机构、燃料供给系统、润滑系统、冷却系统、起动系统、点火系统(柴油发动机没有点火系统)等组成(图 2-5)。

2. 底盘

底盘由传动系统、行驶系统、转向系统和制动系统等组成(图 2-6)。发动机、车身、电气设备及各种附属设备都直接或间接地安装在汽车底盘上。汽车底盘接受发动机所输出的动力,将发动机的旋转运动转变成汽车的水平运动,并保证汽车能够按照驾驶员的操纵正常行驶。

传动系统是指将汽车发动机动能传递到车轮上的动力传动装置。这套传动装置不仅能够实现动力的传递,而且还可以实现动力的接通与切断、起步、变速、倒车等功能。传动系统一般由离合器、变速器、传动轴、驱动桥等组成。

行驶系统将汽车各总成、部件连接成为一个整体,支撑着整车部件,并将发动机旋转运动的动力转变成汽车的直线运动,并实现汽车的平顺行驶。行驶系统由车架、车桥、车轮和悬架等组成。

转向系统用来控制汽车的行驶方向。由转向盘、转向传动机构、转向器等组成。

制动系统用来使行驶中的汽车按照需要减速、停止行驶、在坡道驻车等。制动系统由制动控制部分、制动传动部分、制动器等部件组成，汽车制动系统至少需要有两套各自独立的制动装置，即行车制动装置和驻车制动装置。

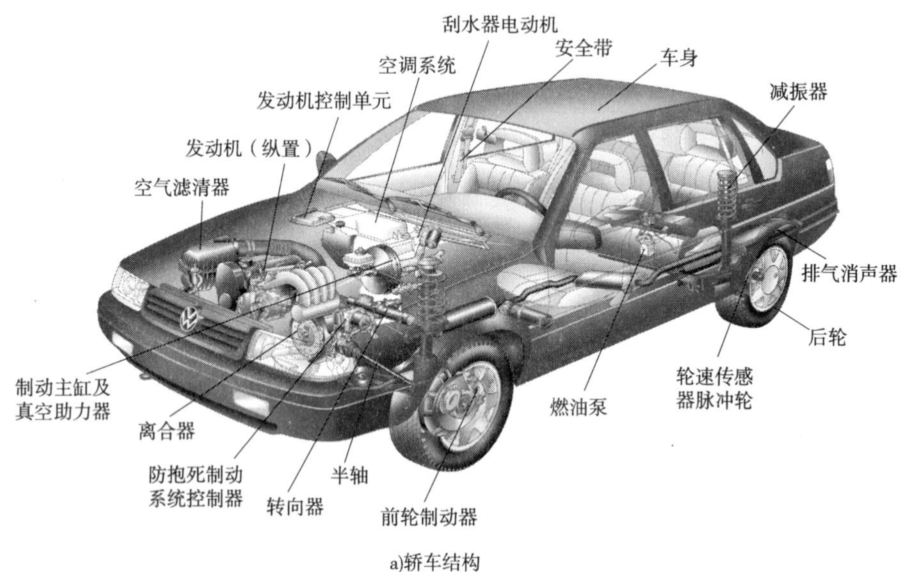

a)轿车结构

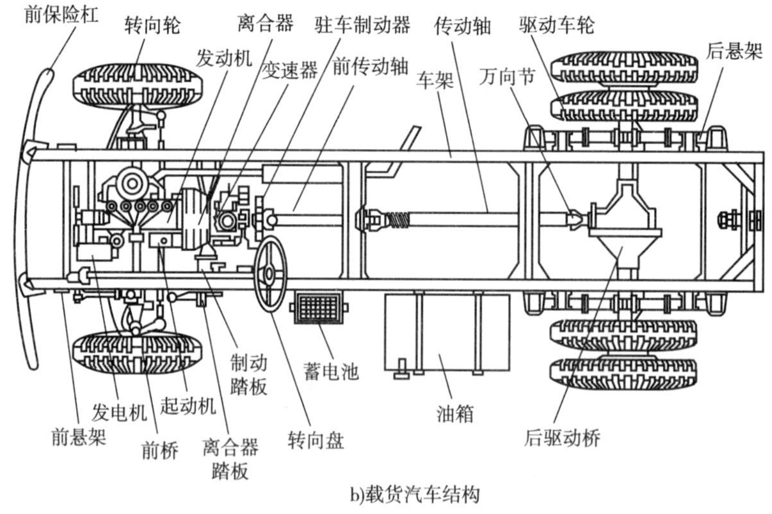

b)载货汽车结构

图 2-4　汽车的总体结构

3. 车身

汽车车身按用途分为轿车车身、客车车身、货车车身和专用汽车车身；按所用材料分钢制车身、轻金属车身、塑料车身、混合车身；但一般按承载方式分为非承载式车身、半承载式车身、承载式车身三大类。它是驾驶员工作和装载乘客、货物的场所，它应为驾驶员提供方便的操作条件，为乘客提供舒适安全的环境或保证货物完好无损(图 2-7)。

车身结构形式不同，碰撞损坏后的维修方法也不同。

(1)非承载式车身,即有车架的车身。车身与车架通过弹簧和橡胶垫柔性连接,发动机和底盘主要总成直接装在车架上,载荷由车架承担,车身主要承受本身及客货的重力和汽车行驶引起的惯性力、空气阻力。货车、客车、少数高级轿车采用非承载式车身,图2-8所示为大客车的车身结构。

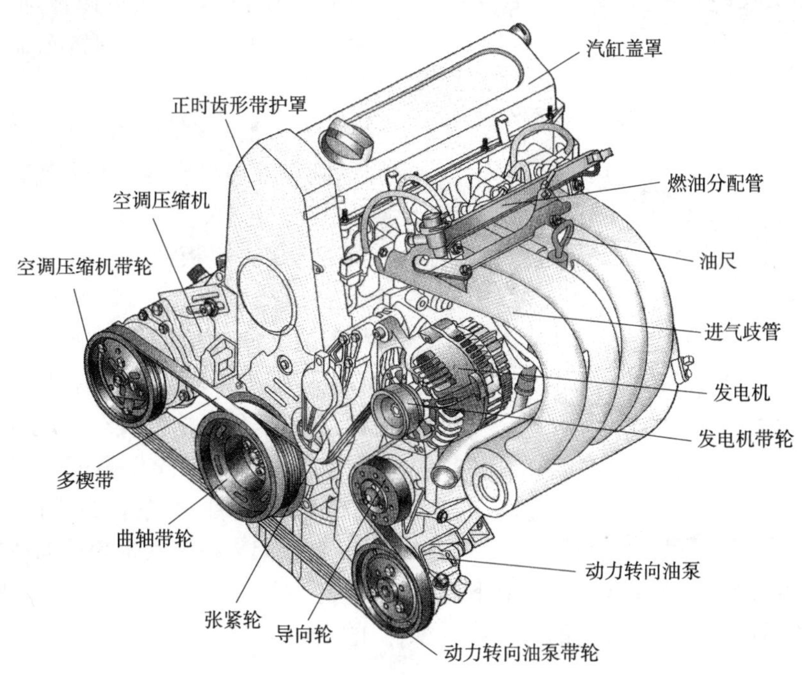

图2-5　发动机结构

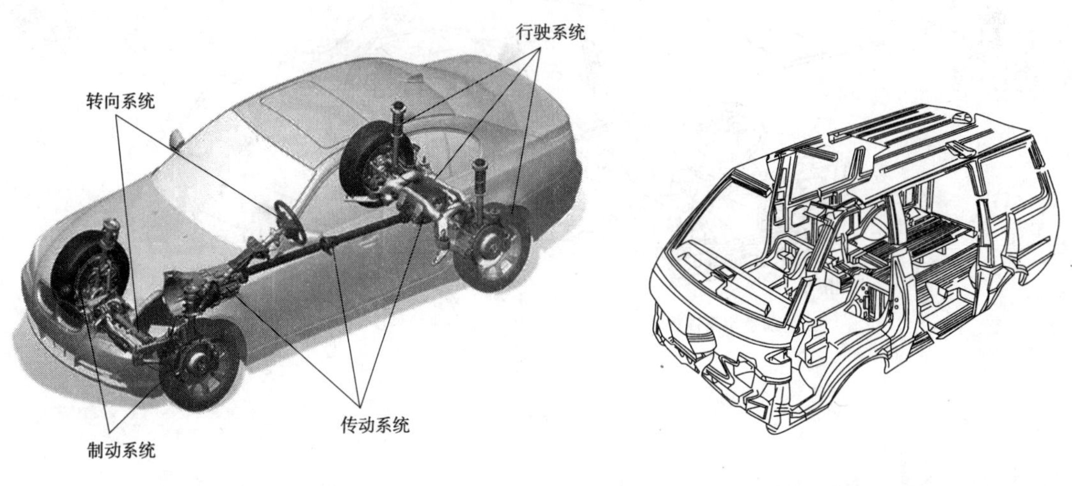

图2-6　底盘结构

图2-7　薄壳式车身

(2)半承载式车身。车身与车架用螺钉、焊接、铆接方式刚性连接,载荷主要由车架承受,车身也分担部分车架载荷。这种形式的车身只用于大客车。

(3)承载式车身。没有单独车架,只有车身,发动机和底盘主要总成都装配在车身上,各

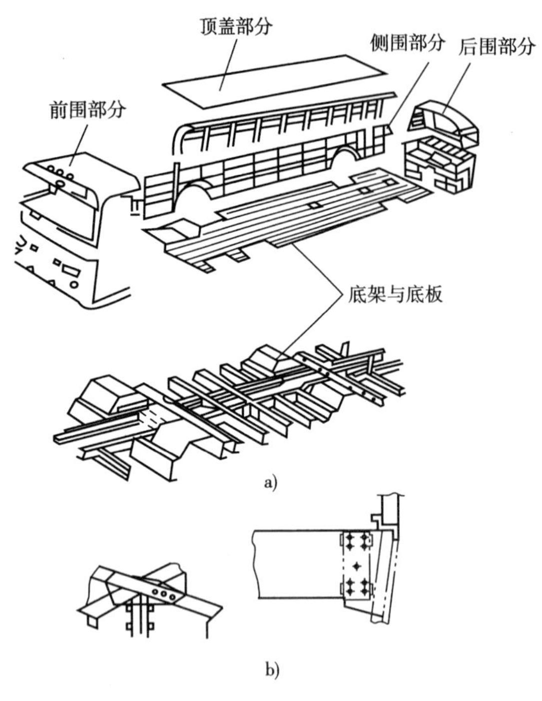

图 2-8　骨架式客车车身

种载荷均由车身承受(图 2-9)。车身是由钢板焊接而成的箱式或蛋壳形结构,其刚性轻型结构可将冲击能量分散到整个汽车,因此在受撞击时,远离冲击点部位的受损情况不可忽视。这种车身需要装备有效的隔声和防振措施。承载式车身主要用在普通型轿车上,车身有几大主要钣金件:

①前机舱:这是由前焊接件、左右纵梁、前挡板、副车架等组成的方形框架,是车身骨架中强度最高的组件。

②车身下底板:它有前、中、后三块钣金件焊接在一起,各钣金件按受力、材料厚度、几何形状等的不同冲压成各式梁槽,前端与前挡板左右纵梁焊为一体,后端与后悬支撑焊为一体。左右与 A、B、C 三柱焊接在一起,底板上下面涂防腐漆、耐热漆、防石击漆。

③汽车后厢:由左右翼子板、内骨架、后挡板、左右悬架支撑与底板焊接而成,形成后厢。

④左右侧边梁:由 A、B、C 三柱、上下边梁、顶篷等焊接成一体,组成左右框架。由于需要在左右框架安装车门,因而边框的金属件较少,门的空间较大,比较脆弱。

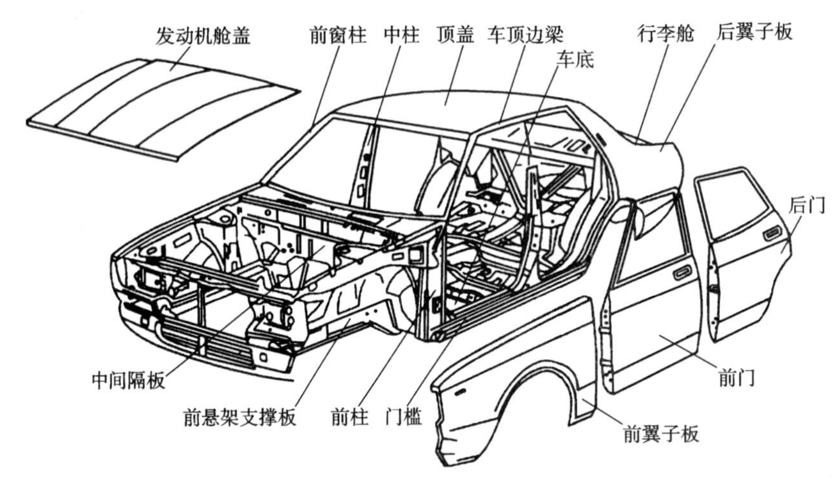

图 2-9　轿车车身壳体

4. 电气设备

电气设备用于起动发动机,并确保点火、照明、灯光、信号、仪表、计算机等各装置的正常工作。汽车电气系统的一般采用 12V 或 24V 的电压,负极搭铁。电气设备包括电源组、发动机起动系统、点火系统、照明装置、信号装置、仪表、控制装置以及各种电气设备。

汽车总成及其零部件的划分见表 2-3。

汽车总成及其零部件划分　　表 2-3

总成名称（系统或装置）	总成范围（系统或装置）	基础件	主要零部件	其他零部件
发动机总成（附离合器）	发动机	汽缸体	汽缸盖、曲轴、凸轮轴、连杆、飞轮、正时齿轮、润滑油泵、油底壳	汽缸内部零件、配气机构零件、进排气歧管、供给系统（不含油箱）、冷却系统（不含散热器）
	离合器	离合器壳	离合器片及压盘	分离轴承及操纵机构等
变速器总成（附传动轴）	变速器	变速器壳	变速器盖、一轴、二轴、中间轴及其齿轮	同步器、轴承、操纵机构等
	分动器	分动器壳	分动器盖、主、被动轴及其齿轮	轴承、换挡操纵机构等
	传动轴		前后传动轴	传动轴花键套、万向节总成、中间支撑等
前桥总成（附转向器及前悬架）（含前轮制动）	前桥	前轴、前驱动桥壳	转向节、主销、前轮制动鼓或制动盘、前驱动主减速器壳、半轴	前轮制动底板、制动蹄片或制动块及其调整装置、转向节臂及梯形臂、横直拉杆、前主减速器锥齿轮及差速器等
	转向器	转向器壳	转向器传动副及轴承、转向助力器总成	转向柱及管、转向盘、转向垂臂、助力器内部零件等
	前悬架　普通悬架		弹性元件、减振器总成	弹性元件与减振器连接及传力零件
	前悬架　空气悬架		气囊总成、气囊减振器、空气压缩机	气囊与减振器连接零件、空气阀、传感器等
后桥总成（附后悬架）（含后轮制动）	后桥	后桥壳	后驱动主减速器壳、半轴、半轴套管、后轮制动鼓或制动盘	后主减速器锥齿轮、差速器、轴承、油封、后轮制动底板、制动蹄片或制动块及调整装置等
	中桥	中桥壳		
	后悬架　普通悬架		弹性元件、减振器总成	弹性元件与减振器连接及传力零件
	后悬架　空气悬架		气囊总成、气囊减振器、空气压缩机	气囊与减振器连接零件、空气阀、传感器等
制动系统（不含前后轮制动）	气压制动　空气压缩机	空气压缩机缸体	缸盖、油底壳、曲轴及连杆	空滤器、带轮、活塞、活塞环等
	气压制动　储气筒及控制装置		储气筒、制动阀、制动气室	油水分离器、继动阀、快放阀、防冻泵、气压感载比例阀，多回路压力保护阀等
	液压制动　制动主缸	缸体	活塞、顶杆	皮碗、止回阀、弹簧等
	液压制动　制动轮缸	缸体	活塞	皮碗、弹簧及连接管路等
	液压制动　真空（空气）增压助力器	助力器壳	控制阀、真空罐	助力器内部零件、液压感载比例阀、安全阀等
	辅助制动　发动机排气制动		排气制动阀	气压或电磁控制阀及连接传力机件等
	辅助制动　电涡流制动器		转子及定子总成	控制阀、离合开关、加速开关等
	辅助制动　液力下坡缓速器		缓速器壳及盖	转子、轴承、控制阀、密封件等
	车轮防抱装置　车速传感器电控装置		电控单元、液控单元	液压泵及压力调节阀、连接管路等
	驻车制动器　机械式驻车制动器		制动鼓或制动盘	制动蹄片或制动块及其连接传力零件、操纵控制机构等

续上表

总成名称（系统或装置）	总成范围（系统或装置）		基础件	主要零部件	其他零部件
车架总成		车架	车架	纵梁、横梁	保险杠、备胎架、油箱及支架、蓄电池架、踏板架、翼子板支架、前后拖钩等
车身	货车	驾驶室	驾驶室骨架	内外蒙皮、车门、车窗、仪表板、翼子板、发动机罩、散热器总成	座椅、靠背、门窗玻璃及升降器、刮水器、散热器罩、百叶窗等
		车厢	纵、横梁	底板、前挡板架	边板、边柱、后板、挡泥板、篷杆、挂钩等
	轿车客车	轿车	车身骨架	车门、车窗、内外蒙皮、仪表板、散热器总成	门窗玻璃及升降器、车门控制装置、散热器罩、发动机罩、翼子板、刮水器等
		客车	横梁、车身骨架	散热器总成、内外蒙皮、车门、车窗、仪表板、座椅	门窗玻璃及升降器、翼子板、仪表板、发动机罩、散热器罩、刮水器等
电器	起动电源系			起动机、蓄电池、发电机及调节器	点火开关、起动继电器、充电灯或电流表等
	电子控制装置			电控单元	传感器、执行器及开关等
	灯光信号装置			前照灯、小灯、转向灯、制动灯、喇叭	其他灯光信号装置及开关、仪表等
空调音响	空调系统	制冷		压缩机、冷凝器、蒸发器、鼓风机	膨胀阀、各种开关、传感器、制冷剂管路等
		采暖		火焰燃烧器、鼓风机	热水开关、散热器、燃油箱及管路等
	音响电器			收放机、扬声器、音响座箱	控制开关及线束等
车轮	车轮		轮毂	轮辋、轮盘、轮辐	挡圈、锁圈、衬块、螺栓等
	轮胎			外胎、内胎、垫带	气门嘴、气门芯等
牵引装置	牵引转盘			牵引盘及座、牵引销	滚轮、滚轮轴及轴承、锁止装置等
吊车工作装置	起重臂		起重臂座	伸缩臂、吊钩	安全装置、滑轮总成、轴承、钢丝绳等
	机械卷扬机构	取力器	壳体	传动齿轮及轴	侧盖、轴承、油封、锁止装置等
		减速器	壳体	减速传动齿轮及轴	侧盖、轴承、油封、锁止装置等
		卷扬筒	支架	卷扬筒及轴	联轴器、轴承、钢丝绳等
	操纵室		操纵室骨架	内外蒙皮、室门、室窗	操纵机构、门窗玻璃、座椅及内部装饰等
民铲车工作装置	装载工作装置		铲斗	铲臂及翻转轴	拉杆、轴、销、斗牙等
	叉运工作装置			货叉及滑架、举升油缸及链条	货叉销、链轮、轴承、滚轮、滚轮轴等
液压系统	液压泵		泵体	油泵、油泵电动机、液压油箱	泵内零件、止回阀、限压阀、连接管路等
	液压缸		缸筒	活塞、活塞杆	活塞皮圈、导向圈、油封、液压管路等
	变矩器		变矩器壳体	泵轮、涡轮、导轮	单向离合器、输出轴、轴承、油封等
	操纵装置			分配阀、操纵阀	操纵手柄、溢流阀、安全阀、液压管路等

三 汽车工作原理

汽车工作时，首先由发动机产生动力，然后再由底盘部分将发动机所输出的动力转变为驱动驱车前进的转矩。

1. 发动机的工作原理

发动机是将热能或电能转化为机械能的一种机器。现代汽车发动机多采用往复活塞式内燃机。它可以将燃料在汽缸内燃烧，使其热能直接转化成机械能。

发动机所使用的燃料有汽油、柴油、酒精、液化石油气等，目前大多采用汽油发动机和柴油发动机。表2-4为四冲程汽油发动机的工作原理。

四冲程汽油发动机工作原理　　表2-4

工作冲程状态	工作示图	工作冲程状态	工作示图
①吸气行程。活塞由曲轴带动从上止点向下止点运动。此时进气门开启，排气门关闭。由于活塞下移，其上腔容积增大，形成一定真空度，在真空吸力作用下，空气与汽油的混合气被吸入汽缸，至活塞运动到下止点时，进气门关闭，停止进气，吸气行程结束	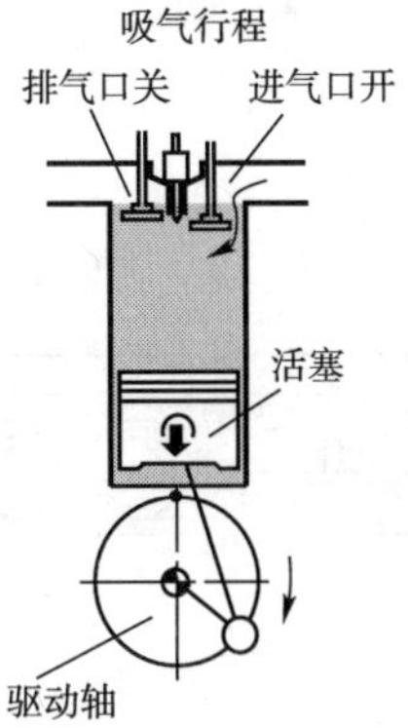 吸气行程 排气口关 进气口开 活塞 驱动轴	②压缩行程。吸气行程结束时，活塞在曲轴带动下，从下止点向上止点运动。此时，进、排气门均关闭，随着活塞上移、活塞上腔容积不断减小，混合气被压缩，至活塞到达上止点时，压缩行程结束	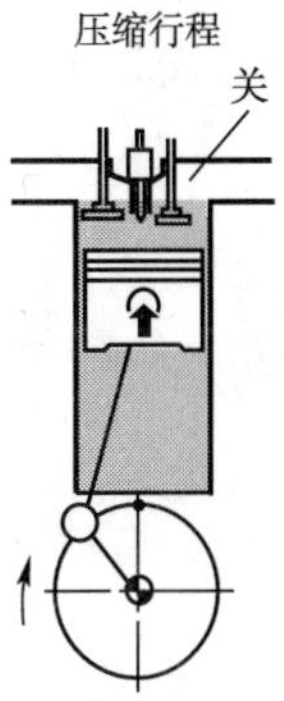 压缩行程 关
③做功行程。压缩行程末，火花塞产生电火花，点燃汽缸内可燃混合气，并迅速燃烧，气体产生高温、高压，在气体压力作用下，活塞由上止点向下止点运动，再通过连杆驱动曲轴旋转向外输出做功，至活塞运动到下止点时，做功行程结束	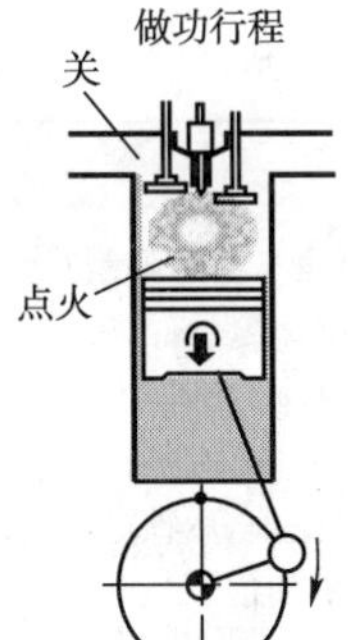 做功行程 关 点火	④排气行程。做功行程终了，排气门打开，活塞在曲轴带动下由下止点向上止点运动。废气在自身剩余压力和活塞驱赶作用下，自排气门排出汽缸，至活塞运动到上止点时，排气门关闭，排气行程结束	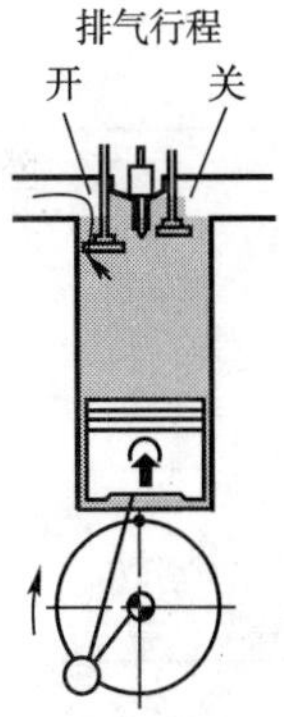 排气行程 开 关

四行程柴油机和四冲程汽油机工作原理基本一样，每个工作循环也是由吸气、压缩、做功和排气四个行程所组成。区别是：在进气行程它进入汽缸的是纯空气，压缩行程末，喷油泵将高压柴油经喷油器呈雾状喷入汽缸内的高温空气中，迅速汽化并与空气形成可燃混合气。柴油自行着火燃烧（无须点火），汽缸内的温度、压力急剧升高，推动活塞下行做功。

2. 汽车整体工作原理

驾驶员通过钥匙起动点火开关后，接通蓄电池与起动机，起动机将蓄电池的电能转化为机械能，起动机的前端齿轮啮合发动机曲轴后方的大飞轮旋转实现发动机的运转。

在发动机正常运转以后，起动机停止工作。发动机通过燃烧汽油产生输出动力，作为汽车运行的基本动力。

发动机通过曲轴输出的原始动力通过离合器传递到变速器。假如此时变速器处于空挡状态，发动机传递过来的原始动力不会通过变速器传递到车轮，而是在变速器内部转化为热能。这样就形成了汽车的停车怠速；假如驾驶员踩下离合器，将变速杆推入到相应挡位，再松开离合器，使变速器接受发动机输出的原始动力，由发动机所传递的动力在变速器内通过不同挡位的齿轮比转换后，通过传动轴传递到车轮上，就形成了汽车的前进或后退运动。

在正常行驶中，假如遇到情况需要停车，驾驶员踩下制动踏板，制动器内产生制动力，迫使汽车停下。

四 汽车主要技术参数

1. 主要尺寸参数

汽车的主要尺寸包括轴距、轮距、总长、总宽、总高、前悬、后悬等(图 2-10)。汽车的尺寸参数见表 2-5。

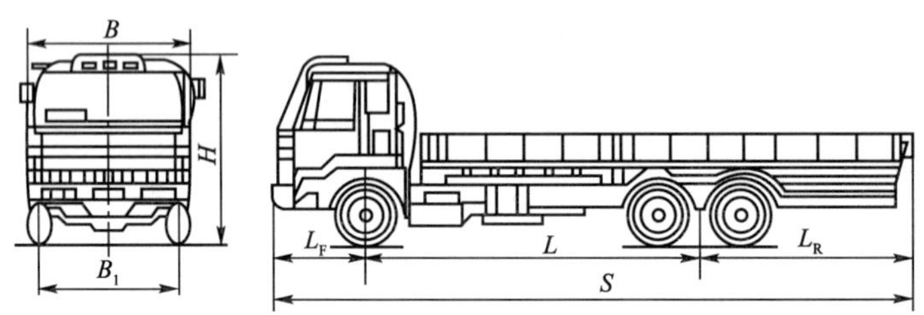

图 2-10 汽车主要尺寸参数

S-总长；*B*-总宽；*H*-总高；*L*-轴距；B_1-前轮距；L_F-前悬；L_R-后悬

汽车的尺寸参数 表 2-5

尺寸参数	参 数 含 义
外廓尺寸	指总长 *S*、总宽 *B* 和总高 *H*。我国对公路车辆的限制尺寸是：总高≤4m；总宽（不包括后视镜）≤2.5m；而总长，对于载货及越野汽车来说≤12m，牵引汽车带半挂车≤16m，汽车拖带挂车≤20m，挂车≤8m，大客车≤12m，铰接式大客车≤18m
轴距 *L*	指车轴之间的距离。对双轴汽车而言，是前、后轴之间的距离；对三轴汽车而言，指前轴与中轴之间的距离和前轴与两后轴之间距离的平均值
前、后轮轮距 B_1、B_2	对单轮胎汽车而言，轮距是指轮心之间的距离；对双轮胎汽车而言，轮距是每侧两个轮胎中间位置之间的距离
前悬 L_F 和后悬 L_R	前悬指前端至前轮中心悬置部分；后悬指后端至后轮中心悬置部分

2. 质量参数

质量参数主要包括汽车的装载质量、总质量、整备质量利用系数和轴荷分配等。

汽车的质量参数

▲总质量：整备完好、装备齐全，按规定载满客、货时的汽车质量。

▲整备质量：加满燃料、润滑油、工作液并装备(随车工具及备胎等)齐全，但未载人、载货

时的总质量。

▲装载质量:乘用车以座位数计,包括驾驶员座在内不超过9座;客车以载客量计;货车以其在良好硬路面行驶时所装载货物质量的最大限额(t)计。

▲整备质量利用系数:载货汽车的装载量与其整备质量之比。

▲轴荷分配:汽车空载和满载时的整车质量分配到各车轴的百分比。

3. 汽车主要性能指标

汽车的主要性能指标有七个方面:动力性、经济性、制动性、操纵稳定性、行驶平顺性、通过性、安全性。这些性能在汽车使用期内的保持和恢复构成了汽车的可靠性和可维修性。

(1)动力性。汽车的动力性主要有以下三个指标:

①最高车速 v_{amax}(km/h)。指在水平的良好路面(混凝土路面或沥青路面)上汽车能达到的最高行驶速度。此时汽车应为满载,加速踏板开度最大,变速器为最高挡。发动机最大功率越高,汽车的 v_{amax} 就越大。目前普通轿车的最高车速一般为160~200km/h。

②加速时间。常用的指标有原地起步加速时间和超车加速时间,它是动力性能的重要指标。原地起步加速时间是指汽车由头挡起步并以最大加速度逐步换到高挡后达到某一预定的距离或一定车速所需的时间。超车加速时间是指用最高挡或次高挡由某一中等车速开始全力加速至某一高速所需的时间。采用较多的办法是用最高挡或次高挡,由30km/h或40km/h全力加速至某一高速,或用30km/h→50km/h、60km/h→80km/h的加速时间来表示。超车加速能力强,与被超车辆的并行时间短,行驶就会比较安全。以奔驰380SEC型轿车为例,该车0→48km/h起步加速时间为3.8s,0→96km/h为9.1s,0→144km/h为20.1s,0→192km/h为58.3s;超车加速128→160km/h为17.1s,144→176km/h为24.2s,160→192km/h为36.5s。

轿车常用0→100km/h的换挡加速时间评价,如普通轿车为10~15s。

③最大爬坡度 i_{max}(%)。指汽车满载,最低挡时在良好路面上以一挡行驶时能爬上的最大坡度 i_{max},用以表示一辆车的爬坡能力。坡度值 i 一般用坡道斜角的正切表示(为小数或百分数),而不是倾斜角的度数。货车一般 i_{max} 在30%即16.5°左右,越野汽车 i_{max} 可达60%即30°左右。

表征汽车动力性的三杆秤

▲最高车速。

▲加速时间。

▲最大爬坡度。

(2)经济性。汽车燃料经济性的评价指标是以单位行驶里程的汽车燃油消耗量,轿车一般以每行驶百公里所消耗燃油的升数 Q_s(L/100km)作为汽车经济性指标,载货汽车也有用单位运输量,即每吨总重行驶1km(或100km)的耗油量来评价的,称为吨公里油耗L/t·km(或吨百公里油耗L/t·100km),这样便于比较不同载质量汽车的燃料经济性。

汽车燃料经济性与汽车总质量、各种阻力,传动系统的效率和减速比的匹配,尤其是发动机的燃油消耗率有关。目前降低汽车油耗的途径侧重于提高发动机的燃料经济性,降低汽车自重和改进外形以减小空气阻力等方面。

(3)制动性。汽车制动性是指汽车在行驶中强制减速直到停车的能力。主要由下列三方面来评价：

①制动效能。汽车在良好路面在规定车速下开始制动直到停车时的制动距离或减速度。我国通常以30km/h和50km/h车速下的最小制动距离来评价汽车的制动效能。如车速为30km/h时，各种汽车的制动距离为：轻型货车7m以下，中型货车不大于8m，重型货车不大于12m，轿车在6m以下。

②制动效能的恒定性。指汽车在高速或下长坡连续制动时，制动器温度升高后，与冷态时相比，其制动效能所能保持的程度。

③制动时汽车的方向稳定性。即制动时汽车按给定轨迹（直线或预定弯道）行驶，不发生跑偏、侧滑以及失去转向能力的性能。汽车左右轮制动力相差通常要求不大于8%。

(4)操纵稳定性。汽车的操纵稳定性包括操纵性和稳定性。

操纵性是指汽车能够确切地响应驾驶员的转向指令的能力；稳定性是指汽车在行驶过程中，具有抵抗改变其行驶方向的各种干扰，并保持稳定行驶而不致失去控制甚至翻车或侧滑的能力。实际上两者是相互联系的，稳定性的好坏，直接影响操纵性。

(5)行驶平顺性。汽车的行驶平顺性是指保持汽车在行驶过程中乘员所处的振动环境具有一定舒适度的性能，对于载货汽车还包括保持货物完好的性能。又称为乘坐舒适性。

(6)通过性。通过性（也称越野性）是指汽车在一定装载质量下，能以足够高的平均速度通过各种坏路和无路地带（如松的土壤、沙漠、雪地、沼泽等松软地面及坎坷不平地段）和各种障碍（如陡坡、侧坡、壕沟、台阶、水障等）的能力。军用、工矿、农林等用途的越野汽车对通过性均有较高要求。

通过性几何参数主要有：最小离地间隙、接近角、离去角、纵向通过角、最小转弯半径、爬坡性能（图2-11）。

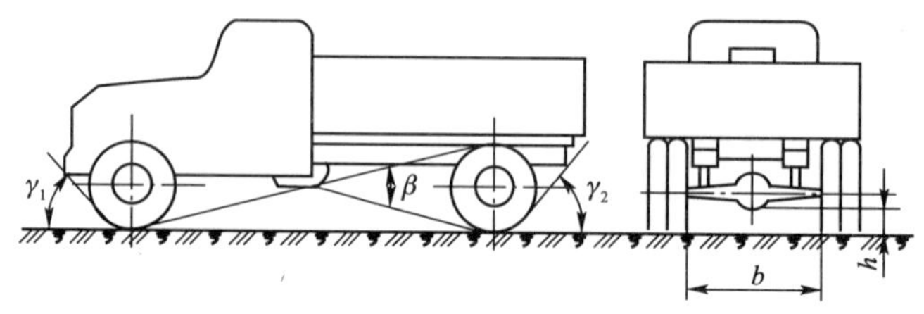

图2-11　汽车通过性指标

h-最小离地间隙；b-两侧轮胎内缘间距；γ_1-接近角；γ_2-离去角；β-纵向通过角

汽车通过性六大评价指标

▲最小离地间隙：汽车满载、静止时，平直地面与汽车上的中间区域最低点之间的距离h，反映了汽车无碰撞地通过地面凸起的能力。

▲接近角γ_1：指汽车满载、静止时，前端突出点向前轮所引切线与地面间夹角，γ_1越大，越不易发生汽车前端触及地面，通过性越好。

▲离去角γ_2：指汽车满载、静止时，后端突出点向后轮所引切线与地面间的夹角。γ_2越大，越不易发生汽车后端触及地面，通过性越好。

▲纵向通过角β：汽车满载、静止时，垂直于汽车纵向中心平面，分别与前、后车轮轮胎相切和相交，并与车辆底盘刚性部件（除车轮）接触的两个平面形成的最小锐角，β越大，汽车通过性越好。

▲最小转弯半径：当转向盘转到极限位置、以最低稳定车速转向行驶时，外侧转向轮中心平面在支撑平面上滚过的轨迹圆半径。该值越小，汽车机动性越好。

▲爬坡性能：指汽车满载，在良好路面上等速行驶时的最大爬坡度，一般要求在30%（即16.7°）左右。越野车要求更高，一般在60%（即31°）左右。

（7）安全性。汽车安全性包括主动安全性和被动安全性。

主动安全性是指通过事先防范，避免事故的发生和驾乘人员受到伤害的能力。如制动性能、操纵稳定性、平顺性等。主要取决于汽车的总体尺寸、制动性、行驶稳定性、操纵性、信息性以及驾驶员工作条件。

被动安全性是指一旦事故发生时，为避免或减轻驾乘人员在事故中受到伤害的能力，主要有防撞式车身、安全带、安全气囊等。

五 车辆识别代号

车辆识别代号英文为VehicleIdentificationNumber，简称为VIN。目前，世界各国生产的汽车大多使用了VIN编码。

“VIN编码”由一组字母和阿拉伯数字组成，共17位。它是识别一辆汽车不可缺少的工具，被誉为“汽车身份证”。

VIN的每位代码都代表汽车某一方面信息。按识别代码编码顺序，从VIN中可以识别出该车的生产国家、制造公司或生产厂家、车辆类型、品牌名称、车型系列、车身形式、发动机型号、车型年款（属哪年生产的年款型车）、安全防护装置型号、检验数字、装配工厂名称和出厂顺序号码等。

各国法规一般只规定车辆识别代码基本要求。如应由17位代码编码组成，字母和数字的尺寸、书写形式、排列位置和安装位置等，都有相应规定，并且应保证30年内不会重号。除对个别符号的含义有硬性规定外，其他不作硬性规定，由生产厂家自行规定其含义。

我国的国家标准《道路车辆——车辆识别代号（VIN）》（GB16735—2004）于2004年7月12日由国家质检总局、国家标准化管理委员会正式批准，于2004年10月1日实施。它与《道路车辆——世界制造厂识别代号（WMI）》（GB16737—2004）标准配套使用，在全国范围内规范了车辆的编号，为车辆的管理提供了依据。

1. 基本要求

车辆识别代号VIN的基本要求

▲每辆汽车都必须有VIN。

▲VIN在连续30年内不得相同。

▲VIN应标示在车右侧前半部，易于看到、能防磨损、不易更换。

▲9座或9座以下车辆和最大总质量≤3.5t的载货汽车的VIN应永久标示在仪表板靠近风窗立柱的位置。

▲VIN字码在任何情况下都应是字迹清楚、坚固耐久和不易替换的，若直接打印在结构件上，则字高≥7mm，深度≥0.3mm，其他情况字高≥4mm。

▲VIN采用阿拉伯数字和罗马字母（大写）表示，不能采用的有：阿拉伯数字——0；罗马字母——I、O、Q、U、Z。

▲VIN 标示在车辆或标牌上时，应尽量标在一行，不使用分隔符和空格。

▲VIN 若采用条码，应符合国家标准《车辆识别代号条码标签》(GB/T 18410—2001)的要求。

2. 基本内容

车辆识别代号由三部分组成：第一部分，世界制造厂识别代号(WMI)；第二部分，车辆说明部分(VDS)；第三部分，车辆指示部分(VIS)，如图 2-12 所示。

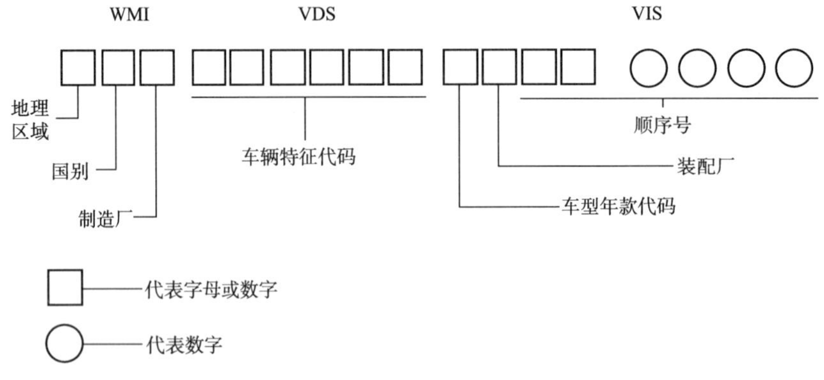

图 2-12　VIN 编码

1) 世界制造厂识别代号(WMI)

WMI 代号必须经过申请、批准和备案后方能使用。由国际组织按地理区域分配给各国，各国再分配给本国的制造厂。中国由天津汽研中心标准所代理，国家经贸委备案。

第一个字码：地理区域代码，如非洲、亚洲、欧洲、大洋洲、北美洲和南美洲(表 2-6)。

第二个字码：国家代码。由美国汽车工程师协会(SAE)分配国家代码。

第三个字码：制造厂代码，由各国自行分配。若制造厂的年产量少于 500 辆，其 WMI 代码的第三个字码为 9。生产规模大的汽车厂则用于分配车系。

部分汽车制造厂识别代号见表 2-7。

世界制造厂地理区域代码　　表 2-6

代号	1、4、5	2	3	6	9	J	K	L
国别	美国	加拿大	墨西哥	澳大利亚	巴西	日本	韩国	中国
代号	R	S	T	V	W	Y	Z	
国别	中国台湾	英国	瑞士	法国	德国	瑞典/芬兰	意大利	

部分世界制造厂代码　　表 2-7

国别	汽车制造厂	代　码
美国	通用	1G1 ~ 1G8、1GA ~ 1GE、1GG、1GGH、1GJ、1GK、1GM、1GN、1GT、1GY、4G1 ~ 4G5、4GD、4GL、4GT、4KB、4KD、4KL
	福特	1FA、1FB、1FC、1FD、1FF、1FJ、1FM、1FT、1LN、1ME、1MH、1MR、1NJ、4F2、4F3、4F4、4M2、4M3、4M4、4N2、4N3、4N4
	克莱斯勒	1E5、1E6、1E7、1A3、1B3、1B4、1B5、1B6、1B7、1C3、1C4、1C7、1P3、1P4、1P5、1P6、1P7

续上表

国别	汽车制造厂	代码		
日本	丰田	JT2、JT3、JT4、JT5、JVW		
	本田	JH1、JH2、JH3、JHM		
	大发	JDA		
	富士	JF1、JF2、JF3		
	日野	JH7、JHA、JHB、JHC、JHE		
	五十铃	J81、J82、J85、J87、J8Y、J8Z、JAA、JAB、JAC、JAD、JAE、JAH、JAJ、JAK、JAL、JAM		
	铃木	JG1、JG2、JG7、JGC、JGK、JGN、JGT、JS1、JS2、JS3、JS4、JSA		
	马自达	JC1、JC2、JC4、JM1、JM2		
	日产	JN1、JN3、JN6、JN8、JNA、JNB、JNE、JNX、JPA、JPE		
	三菱	JA3 ~ 7、JB3 ~ JB7、JJ3 ~ JJ7、JMA、JMB、JP3 ~ JP7		
德国	宝马	WBA、WBS		
	奔驰	WD1 ~ WD8		
	大众	WV1、WV2、WV3、WVW		
法国	雷诺	VF2、VF6		
	标致	VF3、VGA		
	雪铁龙	VF7		
韩国	大宇	KL1、KL2、KLG		
	现代	KMH、KPH		
意大利	菲亚特	ZFA、ZFB、ZFC、ZFD、ZLA、ZLB、ZLC、ZLD		
中国（部分代码）	上海通用	LSG	上海大众	LSV
	一汽大众	LFV	北京现代	LNB
	奇瑞	LSJ	东风日产	LGB
	比亚迪	LGX	一汽丰田	LTV、LFM
	吉利	L6T	长安福特马自达	LVS
	广州本田	LHG	沈阳金杯	LSY
	哈飞汽车	LKD	长安汽车	LS5
	神龙富康	LDC	华晨宝马	LBV

2）车型描述部分（VDS）

VIN 编码的第 4 ~9 位，表示车辆的类型和配置。若其中的一位或几位字符不用，必须用选定的字母或数字占位。

一般包含以下信息：车系；动力系统：发动机型号、变速器形式；车身形式；约束系统配置：气囊、安全带等；校验位：第 9 位，0 ~9 或 X。

此部分应能识别车辆的一般特性，其代号顺序由制造厂决定。

3）车型指示部分（VIS）

第 10 ~17 位，制造厂为了区别每辆车而指定的一组字符，最后四位字符应是数字。

(1)第 10 位表示年份,年份代码按表 2-8 规定使用(30 年循环一次),不能使用数字 0 或字母 I、O、Q、U、Z。

代表车辆生产年份的字码　　表 2-8

年份	代码	年份	代码	年份	代码	年份	代码	年份	代码	年份	代码
1971	1	1981	B	1991	M	2001	1	2011	B	2021	M
1972	2	1982	C	1992	N	2002	2	2012	C	2022	N
1973	3	1983	D	1993	P	2003	3	2013	D	2023	P
1974	4	1984	E	1994	R	2004	4	2014	E	2024	R
1975	5	1985	F	1995	S	2005	5	2015	F	2025	S
1976	6	1986	G	1996	T	2006	6	2016	G	2026	T
1977	7	1987	H	1997	V	2007	7	2017	H	2027	V
1978	8	1988	J	1998	W	2008	8	2018	J	2028	W
1979	9	1989	K	1999	X	2009	9	2019	K	2029	X
1980	A	1990	L	2000	Y	2010	A	2020	L	2030	Y

(2)第 11 位使用字母或数字来指示装配厂,若无装配厂,制造厂可规定其他的内容。

(3)第 12 ~17 位代表汽车的生产顺序号。

3. VIN 标牌的位置

对于 VIN 标牌所在的位置,各大汽车制造厂不完全一样,一般在:左风挡仪表板上,门柱上,防火墙上,发动机、车架等大部件上,左侧轮罩内,转向柱上,散热器支架上,发动机前部的加工垫上,质保和维护手册、车主手册上。图 2-13 所示为 VIN 码在各种车型中有可能贴的位置。

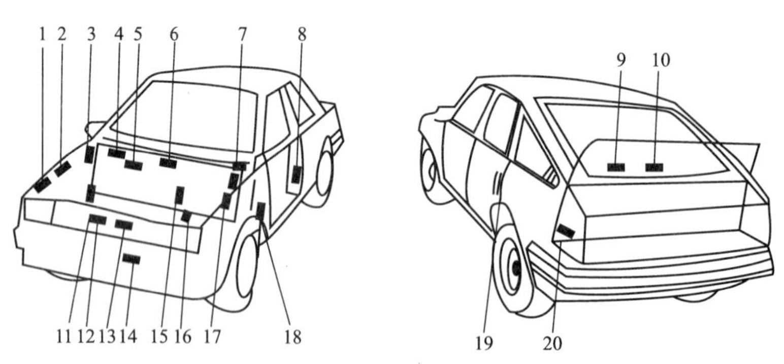

图 2-13　VIN 码装贴在各种车型中的位置(1 ~20 为 VIN 可能装贴的位置)

4. VIN 示例

【案例】　上海通用汽车有限公司生产的一款汽车,其 VIN 编码 LSGGF53W8CH066445,其具体含义为:2012 年由上海通用汽车有限公司生产的别克轿车,该车配备 LAF 型发动机,出厂编号 066445(图 2-14)。

图2-14　上海通用生产的别克轿车 VIN 码

六 汽车常见英文缩写

汽车上常用到英文缩写含义见表2-9。

部分汽车英文缩写含义　　表2-9

类别	英文缩写	含　义	英文缩写	含　义
整车布局车型	4WD	四轮驱动系统	FF	前置发动机,前轮驱动
	4WS	四轮转向系统	FF	发动机前置,前轮驱动
	Ap	恒时全轮驱动	FR	发动机前置,后轮驱动
	Az	接通式全轮驱动	MR	发动机中置,后轮驱动
	Quattro	全时四轮驱动系统	RR	发动机后置,后轮驱动
整车布局车型	CRV	城市休闲车(City Recreation Vehicle)	RAV	休闲运动车(Recreational——休闲、Activity——运动、Vehicle——车)
	CUV	多用途车(Car-Based Utility Vehicle)	RV	休闲车(Recreation Vehicle)
	IV	智能汽车(Intelligent Vehicle)	S-MPV	紧凑型多用途车(Small Multi-Purpose Vehicle)
	MPV	多用途汽车(Multi-Purpose Vehicle 或 MiniPassenger Van)	SRV	小型休闲车(Small Recreation Vehicle)
	NCV	新概念轿车(New Concept Vehicle)	SUV	运动型多用途车(Sport Utility Vehicle)
汽车装置	ABS	防抱死制动系统(Antilock Braking System)	EES	座椅自动调节系统
	ASR	驱动防滑控制系统(Acceleration Slip Regulation)	ELR	安全带紧急锁紧式伸缩装置
	AT	自动变速器(automatic transmission)	PDC	倒车雷达
	BBW	汽车电制动系统(Brake By Wire),可实现制动防抱死(ABS),驱动防滑(ASR),稳定性控制(ESP)	PPS	电子控制液压动力转向系统(Progressive Power Steering)
	CCS	汽车巡航控制系统(Cruise Control System)	SENS-ONIC	手自一体变速器
	EBD	电子控制的制动力分配系统(electronic brake distribution)	SRS	汽车安全气囊(SupplementalRestraintSystem)
	ECS	电子控制悬架(Electronic Controlled Suspension)	VSC	汽车稳定控制系统(Vehicle Stability Control)

续上表

类别	英文缩写	含　义	英文缩写	含　义
其他	4S	整车销售(Sale);配件供应(Spare);售后服务(Service);信息反馈(Survey)	OBD	车载尾气排放诊断系统(On Board Diagnostics)
	5S	整理(Seir);整顿(Seiton);清洁(Seiso);清扫(Seiketsu);素养(Shitsuke)	PDCA	计划(Plan);实施(Do);检查(Check);(改善 Action)
	Cd	空气阻力系数	SA	销售顾问(Sales Advisor)
	CKD	散装零件装配(Completely Knocked-Down)	SKD	半散件进口组装(Semi-Knocked-Down)

第三节　汽车零配件知识

在汽车维修企业和汽车配件经营企业,通常将汽车零部件、消耗性材料(如润滑油、冷却液、制动液、制冷剂、轮胎等)统称为汽车配件,亦称为零配件、零部件、零件或备件。有的把发动机、变速器等总成,甚至铸件、锻造毛坯件都列为汽车配件。

一　汽车零配件分类

汽车配件的分类见表 2-10。

汽车配件的分类　　表 2-10

分类方法	汽车零配件分类
按市场结构分类	A 类:维修市场件,为汽车维修服务的配件
	B 类:通用配套件,为两种或两种以上车系服务的配件
	C 类:专用配套件,为单一车系服务的配件
	D 类:外向型配件,主要是出口,面向国际市场
按最终用途分类	发动机零件、车身零件、传动零件和底盘零件,这种分类主要用于商业或统计上
按集成度分类	零件:汽车部件中最小单元,如弹簧、垫片等
	配件:由几个零件组成,如门锁等
	组合件:由几个零配件组合而成的模块,能整体装配到汽车上,如车门等
	系统:由几个功能上相互作用的组合件综合而成
	系统组件:由一个或几个分系统、组合件或配件组成的封闭系统。如座舱系统包括仪表板、托架、门饰系统等;座椅系统包括座椅、安全带和座椅调整机构,还可能包括气囊等;内部装饰系统包括车门组件、托架组件、储藏箱以及杯子座配件等。组合成的汽车内部系统可直接运送到汽车制造厂或修理厂进行组装,既可节约时间,又能提高质量

续上表

分类方法	汽车零配件分类
按零件损坏规律分类	易损件：指在使用中容易损坏或需定期更换的零件，如离合器片、制动器片、滤芯、轴承、柱塞、各种阀门、密封条、灯具、火花塞、电磁阀等
	不易损坏件：指在汽车生命周期内不用更换或没有特殊原因不会损坏的零件，如汽缸体、缸盖、变速器壳体等基础件
	碰撞易损件：指在汽车碰撞时最容易损坏的零件，主要包括汽车钣金件、保险杠、散热器、悬架以及转向系统的各种拉杆和各种灯具

注：原厂件是由汽车生产厂家授权委托厂商生产的配件，这些配件可以打上整车标志，并在整车厂的服务渠道供应（按市场结构分类的B、C两类件就属于原厂件）。副厂件又称非配套件，是指没有得到厂家授权许可的企业所生产的配件，它不仅在商标、标识、包装上有别于原厂件，在价格上更有很大的优势，主要面向配件市场。

二 汽车零件互换性

1. 互换、代用的概念

在汽车维修过程中，经常需要更换零配件。对某一零件而言，它们当中的任何一个在装配中可以互相调换，不需要任何加工；或通过简单加工修配既可使用。

2. 互换注意事项

(1)互换零件的材料、尺寸、精度、表面粗糙度、几何(形位)公差、力学性能及其他技术条件都必须相同，否则可能无法满足使用性能、寿命的要求，甚至造成很大的经济损失。

(2)同一系列车型的主要零件、特别是易损件，经常具有互换性。如捷达和桑塔纳的活塞组件、汽缸垫、前制动盘等配件都可通用。

(3)有些汽车配件的外形很近视，但却不能互换。如为同一车型的配件，它们的配件编号可能不同，选购时需仔细辨认，以防止出错造成损失。

(4)车身和发动机附件为典型的可通用互换配件。同一厂家生产的同一系列车型基本可以通用；不同厂家生产的同类型汽车，车身和发动机附件也可能具有互换性。

三 汽车配件的编号和规格

汽车配件的制造厂编号代表汽车配件的型号、品种和规格，对配件采购和管理十分重要。零件编号一般打印在配件的包装上，也有的打印或铸造在零件的非工作面上。国产汽车零件有统一标准，国外汽车零件大都没有统一标准，由厂家自定。

完整的汽车零件编号表达式由企业名称代号、组号、分组号、源码、零部件顺序号和变更代码构成。《汽车零部件编号规则》(QC/T 265—2004)对汽车零部件的编号进行了统一的规定。该标准将零部件编号表达式根据其隶属关系分为以下三种方式(图2-15)。

(1)企业名称代码。当零部件图样使用涉及知识产权或产品研发过程中需要标注企业名称代码时，可在最前面标注经过有关部门批准的企业名称代码。企业内部使用时，允许省略，企业名称代码由两位或三位汉语拼音字母表示。

(2)源码。源码由三位字母、数字或者字母与数字混合表示，由企业自定。

(3)组号。用两位数字表示汽车各功能系统分类代号，按顺序排列。如发动机机械部分的组号为10,发动机冷却系统的组号为13,液力变速器的组号为15等。

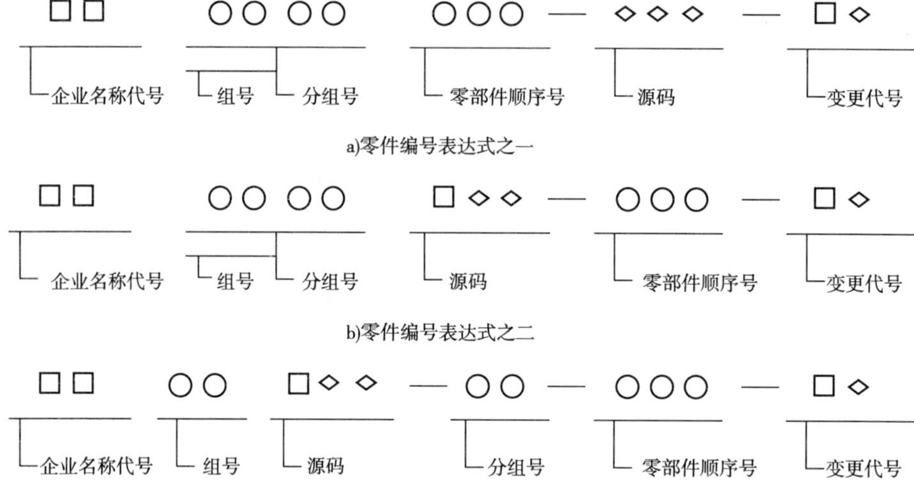

图2-15 零件编号表达式

(4)分组号。用四位数字表示各功能系列内分系统的分类系统代号。如1002,组号10代表发动机,组号02代表汽缸体,1002就代表发动机汽缸体;1301代表冷却系散热器;1501代表自动变速器液力变矩器。

(5)零部件顺序号。用三位数字表示功能系统内总成、子总成、单元体、零件等顺序代号。

(6)变更代号。变更号为两位,可由字母、数字或字母与数字混合而成,由企业自定。

(7)零部件顺序号。当零件变化不大,或通过增减某些零部件构成新零件或总成后,在不影响其分类和功能的情况下,其编号一般在原编号基础上仅改变其源码。

(8)汽车组合模块表达方式。汽车组合模块的表达方式如图2-16所示。

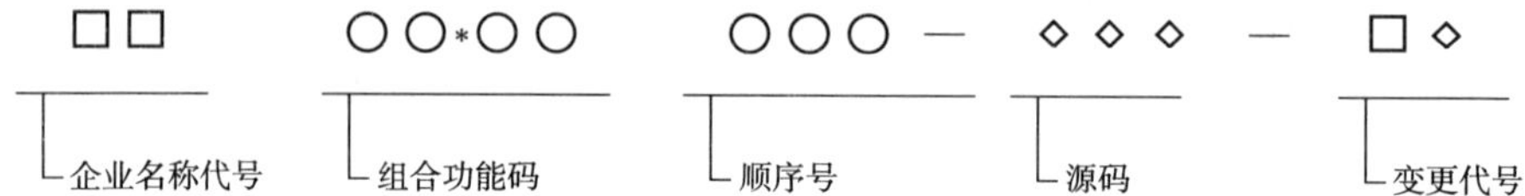

图2-16 汽车组合模块的表达方式

组合功能码由组号合成,前两位组号描述模块的主要功能特征,后两位组号描述模块的辅助功能。如:10 * 16表示发动机带离合器组合模块;10 * 17表示发动机带变速器模块;17 * 35表示变速器带驻车制动器组合模块。

四 汽车配件管理

配件的管理包括制订采购计划、组织采购工作、入库管理等一系列的工作(表2-11)。

汽车配件管理一览表　　表2-11

项目	内　　容
配件选购原则	计划采购,择优订货,合理储存,及时供应
制订采购计划	根据以往经验,结合下一步维修需求,论证所需配件的品种及数量,制订采购计划供领导审批

续上表

项目	内　　容
采购订货渠道	进货渠道:从配件公司订货;从生产厂家订货;从各汽车制造厂所设的维修点订货;配件市场采购。 特约维修站一般都从制造厂家直接订货,零星急需也可能从配件市场临时采购;普通修理厂维修车型多,仅储备本厂承修较多的车型的易损件,如滤清器、制动蹄片、油封等,在修理过程中根据需要临时进货
签订订货合同	合同中一般对配件的品种、规格、数量、质量、价格、交货日期、结算方式、产品包装、运输方式以及违约责任等进行约定
仓库管理	入库验收:一是配件数量、品种、规格是否与运单、发货票及合同一致;二是质量检查,首先检查包装单和合格证是否齐全,然后按照技术标准检查配件质量,并由检验单位或检验人员出具检验合格证。入库后妥善保管原厂合格证,以便出现问题时索赔
	配件管理:合理摆放,并做好防锈、防尘、防潮、防振、防水、防盗等
	清仓盘点:在入库、出库、盘点、收集订单、交货、验货、填写发货单等都要填写有关配件信息,采用条形码管理配件,利用条形码阅读器扫描进计算机,打印相应单据,非常方便

【综合训练题目】

一、单项选择题

1. 世界上目前规模最大的车展是哪个车展?(　　)

A. 德国法兰克福　B. 法国巴黎　C. 美国北美　D. 日本东京

2. 载货汽车(不含半挂车)允许拖挂几辆挂车?(　　)

A. 0 辆　B. 1 辆　C. 2 辆　D. 3 辆

3. 以下哪部分不是组成汽车底盘的基本系统?(　　)

A. 传动系　B. 行驶系　C. 空调系　D. 转向系

4. 对单轮胎汽车而言,轮距是指(　　)?

A. 两侧轮胎内侧的距离　B. 两侧轮胎轮心之间的距离

C. 两侧轮胎外侧的距离

5. 我国对公路车辆的限制尺寸是,总高不大于(　　)m?

A. 3.5　B. 4　C. 4.2　D. 4.5

6. 以下哪种因素不是评价汽车制动性的指标?(　　)

A. 制动效能　B. 制动时的方向稳定性

C. 制动距离　D. 制动效能的恒定性

7. 在 VIN 中,开头分别为 1、W、L、J 说明这些汽车分别是由(　)国家生产的?

A. 美国、日本、中国、德国　B. 美国、法国、中国、日本

C. 美国、韩国、中国、日本　D. 美国、德国、中国、日本

8. 客户驾驶其车前来维修,但无法记得是哪年购买的了.,你所看到的 VIN 编码是 LS-VHJ1330Y2221761,请问该车是哪年生产的?(　　)

A. 1997　B. 1998　C. 2000　D. 2002

9. 运动型多用途车的英文缩写是(　　)。

A. MPV　　B. SUV　　C. CRV　　D. RV

10. 电子控制的制动力分配系统的英文缩写是(　　)。

A. ABS　　B. EBD　　C. CCS　　D. SRS

11. 选用发动机所用的汽油时,主要应该依据(　　)。

A. 发动机的压缩比　　B. 发动机的功率　　C. 发动机的汽缸数目

二、多项选择题

1. 日本三菱商标以三个菱形作为商标,表明了三菱公司的哪三个原则?(　　)

A. 制造优质产品　　B. 承担对社会的共同责任

C. 诚实与公平　　D. 通过贸易促进国际谅解与合作

2. 以下哪几个车展可以入选世界五大车展?(　　)

A. 德国法兰克福车展　　B. 法国巴黎车展

C. 英国伦敦车展　　D. 日本东京车展

3. 根据《汽车和挂车类型的术语和定义》(GB/T 3730. 1—2001)国家标准的规定,商用车辆包括以下哪几种?(　　)

A. 客车　　B. 救护车　　C. 半挂牵引车　　D. 货车

4. 根据《汽车和挂车类型的术语和定义》(GB/T 3730. 1—2001)国家标准的规定,以下哪几种属于乘用车?(　　)

A. 轿车　　B. 轻型货车　　C. 越野车　　D. 殡仪车

5. 以下哪几部分是组成汽车的四大部分之一?(　　)

A. 发动机　　B. 底盘　　C. 车身　　D. 驾驶室

6. 以下哪几部分是组成往复活塞式汽油机(或柴油机)的基本结构之一?(　　)

A. 配气机构　　B. 润滑系统

C. 起动系统　　D. 燃料供给系统

7. 按照承载方式,汽车车身可以分为哪几类?(　　)

A. 承载式车身　　B. 半承载式车身

C. 非承载式车身　　D. 外承载式车身

8. 非承载式车身(即有车架的车身)主要用在什么类型的车上?(　　)

A. 货车　　B. 客车　　C. 轿车　　D. 轻型货车

9. 汽车电气系统一般采用(　　)V的电压?

A. 6　　B. 12　　C. 24　　D. 36

10. 在四冲程往复活塞式发动机上,每个工作循环由哪几个行程构成?(　　)

A. 吸气　　B. 压缩　　C. 做功　　D. 排气

11. 汽车的动力性主要用以下哪三个指标衡量?(　　)

A. 最高车速　　B. 最大功率　　C. 加速时间　　D. 最大爬坡度

12. 汽车的燃料经济性与以下哪些因素有关?(　　)

A. 汽车总重　　B. 传动系的效率

C. 减速比的匹配　　D. 驾驶操作习惯

三、判断题(以下各题,说法正确的请在括号内打"√",说法错误的请在括号内打"×")

1. 汽车是一种具有4只或4只以上车轮,驾驶室与车厢一体或固装在同一车架上,具备自行驱动能力,并且只凭车轮驱动、主要供运输或由此派生出来的其他特殊用途使用的无轨车辆。( )

2. 汽车分为乘用车和商用车辆两大类。( )

3. 制动系至少需要有两套各自独立的制动装置,即行车制动装置和驻车制动装置。( )

4. 承载式车身主要用在普通型轿车上。( )

5. 汽车电气系统一律正极搭铁。( )

6. 对双轮胎汽车而言,轮距是两侧外侧轮胎之间的距离。( )

7. 最小离地间隙是指汽车满载、静止时,平直地面与车上最低点之间的距离。( )

8. 最小转弯半径是指当转向盘转到极限位置、以最低稳定车速转向行驶时,外侧转向轮的中心平面在支撑平面上滚过的轨迹圆半径。( )

9. 汽车的被动安全性是指一旦发生事故时,为避免或减轻驾乘人员在事故中受到伤害的能力,主要有防撞式车身、安全带、安全气囊等。( )

10. 概念车是汽车中内容最丰富、最深刻、最前卫、最能代表世界汽车科技发展和设计水平的汽车,但却都不能开动。( )

四、简答题

1. 分别解释丰田、奔驰、奥迪、标致、玛莎拉蒂、劳斯莱斯、法拉利汽车商标的含义。

2. 汽车按照用途可以具体划分为哪几类?

3. 汽车由哪四大部分组成?

4. 按照承载方式,汽车车身可以分为哪三种形式?

5. 汽车的主要尺寸参数有哪几个?

6. 零件、配件、组合件、系统、系统组件,分别是怎么定义的?

第三章 汽车维修知识

学习目标

通过对本章内容的学习，您需要：

1. 了解汽车维修基本知识；解汽车技术状况的变化规律和我国现行维修制度；
2. 熟悉汽车维修质量管理知识；
3. 掌握汽车常见故障的检测与诊断；掌握汽车维修业务流程和维修工艺流程。

第一节 汽车维修概述

一 汽车维修

1. 概念及分类

汽车维修是汽车维护和修理的总称。

汽车维护是为了维持车辆的完好技术状况或工作能力而进行的作业，而汽车修理则是车辆出现故障后，为了恢复车辆的技术状况或工作能力而进行的作业。因此，汽车维修是为了保持和恢复车辆的技术状况，延长车辆的使用寿命而进行的生产活动。

汽车修理按照生产活动的属性，可分为生产性修理和服务性修理两类。

生产性修理是指运输企业为保持运输生产能力，在企业内部进行的维修活动，即通过技术保障来保持或恢复车辆的运输生产能力，使车辆创造出更多的商业价值，是企业生产过程必要的辅助性生产活动，是保证运输生产正常进行的重要环节，如车辆拥有量大、使用集中的公共交通、物流运输、客货运输等企业的汽车修理属于生产性修理。生产性修理的生产组织方式具有计划性、稳定性和具体性等特点。

服务性修理是指车辆所有者为保持车辆的使用价值，要求维修企业提供技术服务的生产活动。其车辆是以消费品（交通工具）的形态出现，对这类车辆进行维修实际上是对车辆拥有者进行消费所需的一种技术服务，是为保障其安全、节能和可靠使用为目的，维修企业所进行的维修生产活动，可以直接形成服务产品，产生经济效益并带来满足市场需求的社会效益。服务性修理的生产组织方式具有随机性、适应性和多元性的特点。

生产性修理和服务性修理的不同主要体现在提供维修服务的主体和车辆所有者之间的关系上。生产性修理两者通常是同一主体；而服务性修理两者的主体则不同，维修活动的进行是以双方的合同契约要求为前提的。

目前，我国的汽车维修属于以服务性修理为主。

2. 机动车维修企业

依据交通运输部《机动车维修管理规定》的有关规定，机动车维修企业根据经营项目和服务能力分为一类机动车维修企业、二类机动车维修企业和三类维修企业三种。其中：

一类机动车维修企业,可以从事相应车型的整车修理、总成修理、整车维护、小修、维修救援、专项修理和维修竣工检验工作;

二类机动车维修企业,可以从事相应车型的整车修理、总成修理、整车维护、小修、维修救援和专项修理工作;

三类维修企业(也称专项维修),可以分别从事发动机、车身、电气系统、自动变速器维修及车身清洁维护、涂漆、轮胎动平衡和修补、四轮定位检测调整、供油系统维护和油品更换、喷油泵和喷油器维修、曲轴修磨、汽缸镗磨、散热器(水箱)、空调维修、车辆装潢(篷布、坐垫及内装饰)、车辆玻璃安装等专项维修工作。

此外,机动车维修企业按照经营方式的不同,又有4S店经营模式、综合维修经营模式、专项修理经营模式、快修连锁经营模式等不同的业态。

(1)4S店经营模式。以某一种车型为服务对象,专业性强,服务水平较高,由于有整车制造厂的支持,在维修能力上具有明显的技术优势,因此在经济发达地区是主流业态,占有较大市场份额。

(2)综合维修经营模式。不受维修车型的限制,维修的车型较杂,因此对企业的经营管理和从业人员的技术水平要求较高,近年来随着4S店经营模式的发展,综合维修经营模式受到较大的冲击。

(3)专项修理经营模式。主要针对车辆某一系统或总成进行维修,如空调、自动变速器、散热器维修等,其专业化程度较高,经营规模一般较小,但企业数量多,分布广。

(4)快修连锁经营模式。是近年来新发展起来的一种经营模式,其特点是快捷和方便,在我国尚处于探索和发展阶段,但该模式是目前汽车维修行业管理部门积极倡导和大力推广的新的经营模式,具有较大的发展潜力。

3. 汽车维修企业从业人员管理

按照交通运输部《道路运输从业人员管理规定》的要求,一、二类机动车维修企业的主要岗位和工种有:企业经理人(管理人员)、技术负责人、质量检验员、业务接待员、价格结算员、机修、电器维修、钣金、涂漆等主要岗位和工种,从事以上岗位和工种的从业人员,均需通过国家统一资格考试,取得从业资格后持证上岗。

二 汽车技术状况的变化

汽车技术状况是指定量测得的某一时刻车辆外观和性能参数的总和。随着汽车行驶里程和使用年限的增加,汽车的技术状况将逐步变差,并通过各种症状和形式表现出来,致使车辆的动力性、经济性、安全性和可靠性下降,影响车辆的正常使用。

1. 影响汽车技术状况的因素

影响车辆技术状况变化的因素是多方面的,从车辆自身来说,主要有设计制造质量、零件的自然磨损、腐蚀、疲劳损伤、变形,材料老化及偶然损伤等;此外,车辆的合理使用、维修质量、配件质量、燃润料品质以及道路条件、环境因素等,也对车辆的技术状况有较大的影响。概括起来主要有以下几个方面。

(1)车辆设计制造质量的影响。车辆的结构设计与制造工艺的合理性、科学性,材料选择的优劣,装配质量的高低,都直接影响车辆的技术状况,如果存在设计制造缺陷,车辆在使用中就存在薄弱环节,对车辆的技术状况就会造成较大的影响。

(2)车辆运行条件的影响。车辆运行条件主要指气候条件、道路状况和交通环境三个方面。长期在低温或高温环境下运行,会加剧车辆部件的磨损、老化,导致故障率增加。

道路条件是影响车辆技术状况的重要因素,经常在坏路行驶,会加速零部件的磨损,特别是底盘零部件的早期损坏。好的交通环境是决定车辆具有良好运行工况的前提条件,目前,我国的交通环境并不理想,尤其在城市,混合交通,车多路窄,交叉路口多,堵车严重,造成频繁起步停车,长期低速行驶,车辆难以在最佳工况运行,加速了车辆技术状况的恶化。

(3)车辆合理使用程度的影响。车辆使用是否合理,对汽车技术状况的影响如下。

①驾驶技术。驾驶技术对车辆的技术状况也有较大影响,一个好的驾驶员在驾驶过程中,能够做到预热升温、轻踏缓抬、均匀中速、平稳行驶、及时换挡、正确滑行、控制温度等一系列正确合理的操作方法,并能根据道路情况正确选择行驶路线和车速,使车辆经常处于较有利的工作状况,从而使车辆保持完好的技术状况。

②装载情况。车辆承载量应按额定标准控制,不应超载行驶。如果超载的话,车辆各总成都在超负荷状态下工作,这将会加剧零部件的磨损,降低车辆使用寿命。

③行驶速度。车辆行驶速度对零部件磨损的影响是很明显的。当载质量一定时,若行驶速度过高,发动机处于高转速下运转,汽缸磨损也相应增大,同时高速制动对制动系的磨损也加大。若长期低速行驶,由于润滑系条件变差,也会加大发动机磨损,同时,也会造成进气系统积炭增加,容易出现起动困难、怠速抖动等故障。

④燃润料选用。汽车常用燃润料主要指燃油(汽油或柴油)、发动机润滑油、变速器油、主减速器油等,燃润料品质的高低,选用是否符合要求,将直接影响车辆的技术状况。燃油选择不当,会造成发动机爆震、冒黑烟、过热、喷油器堵塞、怠速抖动、加速不良等故障,润滑油选用不当,会造成零部件润滑不良,磨损加剧,容易造成机械事故。

⑤合理维护。合理维护车辆,能够及时发现和消除故障隐患,防止早期损坏。应严格按照车辆使用说明书规定,定期进行车辆维护作业,通过润滑、清洁、检查、紧固、补给、调整,发现和排除隐患,保持车辆良好技术状况。反之,忽视维护,车辆各部件的工作条件会逐步恶化,造成磨损加剧,降低使用寿命。

(4)车辆维修质量的影响。车辆出现故障和事故后,要及时通过维修来恢复其使用性能。一般维修过程涉及故障检测诊断、零部件拆装、零部件修复、零部件更换等环节,事故车辆还要涉及车架和车身部件的整形校正、表面涂装等环节,上述每个环节是否都能按照工艺规范和技术要求操作,都直接影响车辆修复后的技术状况,特别是目前换件维修已成为主要的维修手段,因此零配件的质量控制就显得尤为重要。

2. 汽车技术状况的变化规律

汽车技术状况的变化规律是指车辆的技术状况与行驶里程或使用时间之间的关系。车辆在使用过程中,由于结构和使用条件的不同,其技术状况会以不同的规律和强度变化,其变化规律可以归纳为两类,一类是变化过程具有确定的形式,即具有必然的变化规律,其变化过程可以用一个确定的时间函数来描述,称为渐发性变化,如发动机汽缸的正常磨损,就呈现出一定的磨损规律;另一类是变化过程没有确定的形式,呈现出随机性、偶发性,没有必然的变化规律,称为突发性变化,如突然爆胎,行驶中发动机突然熄火等故障。

渐发性变化和突发性变化之间一般是有关联的，因为事物的变化都是由量变到质变的过程，因此说所有的故障都是渐进的，零部件的使用时间越长，磨损程度就越大，出现突发故障的可能性就越大，比如旧轮胎发生爆胎的概率就要比新轮胎大得多。

因此，只有分析和掌握车辆技术状况变化的规律，才能科学、合理的制定车辆的维护周期，指导车辆维修工作，提高维修效益，延长车辆的使用寿命。

3. 汽车技术状况的评定

(1)通过汽车使用性能指标评定车辆技术状况。这种评价方法的指标如下。

①动力性下降。评价动力性的具体指标为：汽车最高行驶速度、加速时间、最大爬坡度、牵引能力等。根据试验资料，在汽车行驶到接近大修里程时，发动机功率下降20%以上，最大行驶速度比新车额定车速下降10%～15%，而加速时间将增加25%～30%。

②经济性变差。评价经济性的具体指标表现为：燃润料消耗量、维修费用、运输成本等，当汽车行驶一定里程后，油耗超过额定量15%，润滑油消耗达1L/100km以上，排烟增多或有异味，说明该车的经济性显著下降。

③汽车安全性下降。汽车安全性下降主要表现在汽车制动距离增长，制动跑偏、侧滑，制动机构反应迟缓；转向操纵沉重，转向器摆振；行驶过程中噪声、抖振、异响不断增多等。

④汽车可靠性下降。汽车可靠性是指汽车在特定条件下和规定时间内，完成规定功能的能力。也就是汽车在长期使用过程中，能够无故障工作的能力。汽车可靠性下降主要表现在汽车运行过程中，随着使用时间或行驶里程的增加，因技术故障停歇的时间增多，而故障率明显上升。

以上4项汽车使用性能指标的变化，是通过外观症状评定的。如有条件，可以通过测定发动机和底盘的技术参数来合理评价汽车技术状况。

(2)通过车辆技术参数评定车辆技术状况。这种评价方法的指标如下。

①评价发动机技术状况的技术参数。评价发动机技术参数有发动机功率、燃油消耗量、机油消耗量、发动机燃烧质量、汽缸压缩力、曲轴箱窜气量、汽缸漏气率、进气歧管真空度、点火系工作质量、机油压力、机油品质、发动机温度、发动机异响和振动等。在诊断发动机技术状况时，可在上述参数中，选择发动机功率、油耗、磨损三方面有关的参数进行检测，这是因为功率与油耗决定了发动机的工作特性和经济指标；而磨损情况是发动机继续工作或需进行维修的主要依据。

②评价底盘技术状况的技术参数。评价底盘技术状况的技术参数有驱动车轮的驱动力、制动距离、车轮制动力、制动减速度、最大转向角、转向轮定位、侧滑量、车轮不平衡量、汽车前照灯光轴与照度、底盘的异响和振动、滑行距离、底盘某些主要总成件的工作温度等。在日常使用中诊断底盘技术状况时，可从安全(制动、转向)、动力(驱动车轮的牵引力、车速)和异响三个方面的参数进行评价。

三 我国现行的机动车维修制度

1. 机动车维修制度

汽车维护与修理制度是一种技术性组织措施，它规定了执行技术维护和修理的分级方法，各级作业周期、作业项目和技术规范等。

汽车维护与修理制度按其性质分为计划预防性维修制度和非计划预防性维修制度两类。计划预防维修制度所规定的各项作业是有计划定期执行的，而且各项作业都应在零部件技术状况变坏之前进行的，所以这种制度带有预防性质。非计划预防性维修制度所规定的维护和修理作业工作，不是事先有计划定期执行的，而是在汽车呈现故障症状时，经过检测诊断之后按需进行。

我国现行的汽车维护与修理制度是按照交通部1990年3月7日发布的第13号令，即《汽车运输业车辆技术管理规定》中提出的“预防为主，定期检测，强制维护，视情修理”的原则进行制定的，属于计划预防维修制度。

“定期检测”是根据车辆从事运输的性质、使用条件和强度，以及汽车技术等级等，通过现代化的技术手段，定期对车辆实施检测作业，正确判断车辆的技术状况。“强制维护”是计划预防维护的基础上增加了状态检测的内容，以确定附加作业项目。“视情修理”是随着检测技术的发展而提出的，即需要修理的车辆经过检测诊断和技术鉴定，确定修理的时间和作业项目等。

2. 汽车维护分级和周期

目前，我国对营运车辆实行强制维护制度。该制度强调车辆运行到规定的行驶里程或间隔时间，必须按期进行维护作业。汽车维护作业包括：清洁、检查、补给、润滑、紧固、调整等作业，除主要总成发生故障需要解体外，不得对其进行解体。

(1)汽车维护分级。我国将汽车维护分为日常维护、一级维护和二级维护三个级别。

①日常维护。以清洁、补给和安全检视为作业中心内容，由驾驶员负责执行的车辆维护作业。

②一级维护。除日常维护作业外，以清洁、润滑、紧固为作业中心内容，并检查有关制动、操纵等安全部件，由维修企业负责执行的车辆维护作业。

③二级维护。除以一维护作业外，以检查、调整转向节、转向摇臂、制动蹄片、悬架等经过一定时间的使用容易磨损或变形的安全部件为主，并拆检轮胎，进行轮胎换位，检查调整发动机工作状况和排气污染控制装置等，由维修企业负责执行的车辆维护作业。同时，要求企业二级维护前，应进行检测诊断和技术评定，根据检测结果确定附加作业项目，结合基本作业项目一并进行二级维护作业。

(2)汽车维护周期。汽车维护周期分为日常维护、一级维护周期、二级维护周期。

①日常维护规定为：出车前，行车中，收车后。

②汽车一、二级维护周期以汽车行驶里程为基本依据，由国家依据车辆使用说明书的有关规定，同时依据汽车使用条件的不同统一制定，作为指导性汽车维护周期。对于不便用行程里程统计、考核的汽车，可用行驶时间间隔确定一、二级维护周期。其时间(天)间隔可依据汽车使用强度和条件的不同，参照汽车一、二级维护里程周期确定。

3. 汽车修理分级

我国目前将汽车修理按作业范围划分为车辆大修、总成大修、车辆小修和零件修理四级。

(1)车辆大修。车辆大修是新车或经过大修后的车辆，在行驶一定里程(或时间)后经过检测诊断和技术鉴定，用修理或更换车辆任何零部件的方法，恢复车辆的完好技术状况和工作能力，完全或接近完全恢复车辆寿命的恢复性修理。其目的是恢复车辆的动力性、经济性、可靠性和原有装备，使车辆的技术状况和使用性能达到规定的技术条件。

(2)总成大修。总成大修是车辆总成经过一定使用里程(或时间)后，用修理或更换总成任何零部件(包括基础件)的方法，恢复其完好技术状况和寿命的恢复性修理。

由于总成大修是车辆大修的基础，因此总成是否需要大修，间接决定了车辆是否大修。

(3)车辆小修。车辆小修是用修理或更换个别零件的方法，保证或恢复车辆工作能力的运行性修理。其目的在于消除车辆运行中发生的临时故障和发现的隐患及局部损伤。由于故障的发生具有随机性，因此车辆小修作业，一般不易事先计划，但又必须及时进行，否则，将影响汽车正常运行。

(4)零件修理。零件修理是对因磨损、变形、损伤等不能继续使用的零件进行的修理，是恢复汽车的零件性能和寿命的作业。零件修理在保证恢复零件性能和寿命的同时，应遵循经济合理的原则。它是修旧利废，节约原材料和能源，降低汽车维修费用的重要措施。

4. 汽车维护生产组织

(1)汽车维护作业方法。汽车维护作业方法分为流水作业法、定位作业法两种：

①流水作业法。是指汽车在流水线的各个工位上，按确定的工艺顺序和节拍进行维护的方法。这种方法将汽车的检查、补给、润滑、紧固、调整等维护作业，合理地按节拍和顺序安排在一条流水线的各个工位上来完成(附加作业另行安排)。流水线上的工位数越多，则车辆在每一工位上需完成的作业内容越少，因而工位时间越短。

②定位作业法。是指汽车在一个全能工位上进行全部维护作业的方法，而此工位的位置在维护车间中是固定的。

(2)汽车维护作业组织。汽车维护作业组织分为以下两种：

①按专业分工程度组织。一般可分为全能工段法和专业工段法。

全能工段式。全能工段式是把除外表维护作业外的其他规定作业，组织在一个工段上实施，把执行个维护作业的人员编成一个作业组，在额定时间内，分部位有顺序地完成各自的作业项目。全能工段式可以是以技术较高的全能工人对车辆的固定部位完成其维护作业，也可以是以专业工种的工人在不同部位执行指定的专业维护作业。前者称为固定工位作业，后者则成为平行交叉作业。

专业工段式。专业工段式把规定的各项维护作业，按其工艺特点分配在一个或几个工段上，各专业工人在指定工段上完成各自的工作，工段上配有专门的设备。当专业工段按维护作业顺序排列时，这些专业工段即组成汽车维护作业流水线。汽车可以依靠本身的动力或利用其他驱动方式在流水线上移动。

②按维护工作地点的布置方式组织。通常可分为尽头式工段和直通式工段：

尽头式工段。在维护期间，车辆停在各自的地点固定不动，维护工人按照综合作业分工不同的劳动组织形式，交叉执行各项维护作业项目。维护期间车辆可各自单独出入工段。各工段的工作时间可单独组织，彼此无影响。因次，尽头式工段适合规模较小，车型复杂的运输企业在高级维护作业、小修时采用。

直通式工段。直通式工段较适宜按流水作业组织维护，各维护作业按作业顺序的要求分配在各工段(工位)上，工段的作业工人按专业分工完成维护作业。直通式工段完成维护作业的生产效率较高。因此，当企业有大量类型相同的汽车，而且维护作业内容和劳动量比较固定时，则宜采用流水作业方式。

5. 汽车修理生产组织

(1)汽车修理作业方法。分为总成互换法、就车修理法两种：

①总成互换法。是指用储备的完好总成替换汽车上的不可用总成的修理方法。该修理方法的特点是汽车在修理过程中除车架(或车身)外，其余需修的总成(或组合件)都可以换用周转储备量中预先修好的(或新的)总成(组合件)，而替换下的总称或组合件另行安排修理。其修理工艺过程与下面的就车修理法中，从总成解体至总成装配调整的整个工艺过程相同。修好后的总成进入周转总成库，不直接装车。这种修理方法由于利用了周转总成(组合件)，从而保证了汽车修理装配的连续性，大大缩短了汽车大修在厂车日。因此，有可能对汽车装配和某些总成的修理组织流水作业，达到优质、高产、低消耗的目的。显然，总成互换修理法适用生产规模较大，承修车型比较单一且具有一定周转总成的修理厂家。

②就车修理法。就车修理法是在进行修理作业时，要求被修复的主要零件和总成装回原车的修理方法。采用此法时，汽车的零部件和总成不进行互换，除报废件以新件代替外，原车需修总成和零部件经修理后仍装回原车。由于这种方法不需要储备周转总成，且有利于单车成本核算，所以是目前普遍采用的一种修理方法，特别是对修理生产量不大、承修车型复杂、送修单位不一的修理企业来说，是一种最为适用的修理方法。

采用就车修理法时，工艺过程为：车辆入厂检验后，先拆卸各总成，然后总成解体、零部件清洗和检验分类。零部件检验分类分为可用、需修和报废三类。需修件经修理后，与可用件及替代报废件的新件一道送去装配总成。总成装配后进行试验、调整，再装成整车。整车需经检测设备进行检验、调试，在各种性能指标满足技术标准的要求后，签发出厂合格证书，从而完成整个大修工艺过程。

(2)汽车修理作业方式。分为流水作业、定位作业两种。

①流水作业。汽车修理流水作业，是指汽车在生产线的各个工位上按确定的工艺顺序和节拍进行修理的方式。这里的流水作业，通常是指大修车辆解体和装配是在流水线的各个工位上逐步完成的。至于各总成的修理，一般不安排在此流水线上，但总成分散到各专业车间后，亦可组织流水作业进行修理。

流水作业的优点是专业化程度高，修理生产节奏快，且按确定的工艺顺序和节拍进行，分工细、修理质量高。另外，总成和大型零部件的运输距离较短，便于集中发挥起重运输设备的作用。但实施流水作业时必须具有完善的工艺、设备及较大的修理生产任务。同时，要求承修车型比较单一，并有足够的周转总成，以保证流水作业的连续性和节奏性。

②定位作业。汽车修理定位作业，是指汽车在固定工位上进行修理作业的方式，即大修车辆的解体及装配以车架为基础，在固定的工位上进行，拆卸下的各总成及零部件的修理作业则分散到各专业车间或工组进行。

定位作业的优点是不需要流水线及附属设备，占地较少。拆装作业不受严格的生产节拍限制，修理生产的调度与调整比较方便。缺点是在拆装过程中总成及零部件运输距离较长，工人劳动强度大。一般来说，该方法适用于那些修理生产规模不大或承修车型比较复杂的汽车修理厂家。

(3)汽车修理作业组织。分为综合作业、专业分工作业两种。

①综合作业。是适用于固定工位作业法的一种劳动组织方式。它是由一个作业组承修一部车辆的大部分修理工作,需要全能的修理工人,修理周期长,成本高,一般只适用于生产规模小、车型复杂的修理企业。

②专业分工作业。是将车辆修理作业法按工种、部位、总成、组合件或工序由一个或几个专业组专门负责进行的。其分工的繁简程度,取决于企业的规模。这种劳动组成形式既适用于固定工位作业法,也适用于流水作业法。它便于采用专用工艺设备,能保证修理质量,提高工效,易于提高工人的操作技术水平,缩短修理周期,同时也利于组织各单元之间的平行交叉作业;但采用这种形式时,要注意各单元间进度的协调,搞好生产计划调度及材料供应,才能保证生产有节奏地进行。它一般适用于承修车辆多、车型较单一的修理企业。

第二节 汽车维修业务流程和维修工艺流程

一 汽车维修业务流程

汽车维修业务流程是指车辆维修企业围绕客户和车辆所开展的各项技术服务工作的程序和步骤,是企业生产经营活动的重要环节,其合理性、科学性以及落实执行情况,决定了企业的生产效益和管理水平。不同的维修企业,在业务流程上可能不完全相同,但是在主要环节上大同小异,一般都包括预约、接待、信息登记、维修估价、接车及派工、车辆维修、竣工检验、结算与交车、后续服务等主要环节。

1. 预约

车辆维修企业通过客户预约工作可以有效地控制客户数量,提高生产效率,并有足够的时间去了解客户的需求。在客户到达前做好相应的备件、场地、设备、人员的准备,监控和安排所有可使用的工作时间,有效处理“随到”客户和返修车辆。特别是针对车辆定期维护业务的周期性特点,如果预约工作能有效展开,将使企业的各工作环节变得有条不紊,工作效率大大提高,客户满意度得到有效提升。

(1)预约前的准备工作。查阅用户车辆资料,检查上次维修时发现但没纠正的问题,包括到目前为止已了解的情况,记录在本次预约单上以便再次提醒客户;对企业的生产情况做仔细的了解,以便能针对客户的具体要求及时作出合理的预约安排。

(2)预约工作事项。可通过电话进行维修预约登记,从提醒客户维护车辆及其他提醒服务开始,主动开展预约工作,询问客户及车辆情况(核对老客户数据、登记新客户数据),询问行驶里程、客户的需求或车辆故障状况,询问上次维修时间及是否是重复维修;确定接车时间(要留有准备时间,要主动控制)、接待员的姓名;暂定交车时间(留有余地)、告诉客户应带的相关资料(随车文件、防盗密码、防盗锁钥匙、维修记录等);提供价格信息(既准确又留有余地),介绍其他特色服务项目并询问客户是否需要这些服务。

(3)预约后的工作。根据已掌握的情况,草拟维修预约表,以便节约接车时间;检查是否有重复维修项目,如果有则必须在订单上做好标记,以便特别予以关注;提前通知车间、配件库和接待等有关人员做好准备;根据维修项目的难易程度合理安排技术人员,制订好技术方案;

提前一天落实场地、人员、备件、专用工具、设备、技术资料等；如准备工作出现问题，预约不能如期执行，要尽快告诉客户并重新预约。

2. 接待

接待工作对外是车辆维修企业给客户第一印象的窗口，对内是与生产车间、配件仓库等联系的中枢，是生产运作中非常关键的岗位；接待工作，要事先做好充分的准备，要能预测客户对信息、环境、情感等方面的需求，关注到客户的这些需求之后还必须去加以满足。以专业的方式接待客户来增加客户对企业的信心，在熟知本企业能力的基础上设法超越客户的期望。

业务接待员在工作中必须遵守的道德标准和行为准则，主要包括真诚待客、服务周到、收费合理和保证质量等方面。业务接待员应具备高度的工作责任感和事业心，有良好的职业素养，爱岗敬业、秉公办事、团结协作、诚信无欺。

业务接待的主要工作内容有：接待客户，受理客户的维修项目；与技术部联系，检测诊断、确定维修项目；确定维修工期和费用、零配件供应方式及价格（自供、厂购）；做好车辆交接登记，受理客户的附加要求，填写维修单，并及时传递到维修车间；负责追加项目和更换零配件同客户的联系；负责车钥匙的保管和传递登记手续；负责完工车辆的出厂验收和客户交接；负责交车前的客户联系，一般小修提前 1h，大修提前 1 天通知客户；负责客户结账、收款工作，按期上报营收统计表；建立客户档案，负责客户的跟踪服务，填写跟踪服务表；建立业务档案，填写各种业务报表。

3. 维修估价

通过与客户交流，了解客户的维修需求后，对车辆进行初步检查和诊断，确定车辆状况和维修项目（如遇疑难问题，可寻求技术部门支持协助，以求准确确定维修项目），根据维修项目和材料价格，初步估算维修价格，填写车辆维修估价单，告知客户并签字确认。

在估价的过程中既要维护企业的利益，更要顾及客户的感受，要在具体的工作中向客户多作解释，在统一认识的基础上达成双方都能接受的、合理的维修估价，使客户有一个明白消费的感觉。维修估价时，应明确维修配件是由厂方还是由客户提供、用原厂件还是副厂件，并应向客户说明，凡客户自购配件或坚持要求关键部位用副厂件的，厂方难以保证技术质量，要在维修单上写明情况，并由客户签字确认。

估价后，根据有关规定，须签订维修合同的，双方必须按规定签订维修合同。签订汽车维修合同（或填写维修单）是业务流程中的一项重要而又细致的工作，汽车维修合同（或维修单）是汽车维修企业经营活动的主要依据和出发点，是维护消费者和维修企业合法权益的法律凭证，是提升客户满意度的重要环节。

每份合同在向客户作出承诺之前应进行评审，必须使企业的实际能力完全满足合同规定的要求，确保合同的各项条款能得到完全履行。

4. 接车及派工

在填写维修单或签订维修合同后，接待人员应尽快与客户办理接车手续。接收客户随车证件并审验其证件有效性和完整性，如有差异应及时向客户说明，并作相应处理；对所接收车辆的外观、内饰、仪表和座椅等进行检视，登记燃油表、里程表指示数，对随车的工具和物品进行清点登记，填写接车检查登记表。对车钥匙（总开关钥匙）进行登记编号，并放置在统一规定的钥匙柜内；如需要，可把随车工具与物品装入专门为客户提供的存物箱内；礼貌地请客户在接车检查登记表上签名。

客户离去后，接待人员应及时整理填写“进厂维修单”，同时登记维修业务统计报表。清洗车辆后，将车送入维修车间，交车间主管或调度，并同时交付随车的“进厂维修单”，并请接车人在“进厂维修单”指定栏签名和写明接车时间。

5. 车辆维修

车辆进入维修车间后，生产负责人（或生产调度、车间主管）根据维修单上的项目及要求，结合车间生产情况、维修技术人员情况，及时安排维修作业。

（1）维修前，应对车辆实行“三件套”防护；维修人员应按“维修施工单”上的要求进行作业，维修作业必须按照规定的技术标准和规范进行，并满足安全生产要求；维修人员在进行作业时，应选用合适的工具和设备，防止野蛮施工，做到油、水、配件、工具不落地，保持场地整洁、文明施工；如遇到疑难杂症等技术问题，应及时寻求技术支援直至技术总监的技术指导或实行技术会诊，不能拖延不报延误工期。

（2）当维修项目需要调整时，维修人员应立即征求客户的意见，向客户说明维修中发现的问题、调整修理项目的必要性，并由接待人员或服务顾问与客户就维修项目、维修费用、交付时间的调整情况进行沟通，得到客户确认后，进行合同修订，然后再继续施工。在没有得到客户确认前，绝对不允许擅自增加维修项目。

（3）维修现场实行5S管理和目视化管理，5S即整理、整顿、清扫、清洁、素养5个方面；目视化管理即通过文字、图形等方式，将生产指令、操作规程、生产状态等管理内容可视化。

（4）维修质量控制应始终贯穿整个维修过程，每道工序都要通过自检和互检，检验员要做好维修过程检验工作，并做好检验记录，确保维修质量，减少不必要的返工和损失。

（5）车辆维修全部结束后，应由检验员对车辆进行竣工检验，其主要内容包括：

①核对维修施工单，检查所有维修项目是否完成，是否达到技术要求。

②检查车辆的各个主要部分是否完好，尤其是有关安全的部分，是否有问题。

③对照接车检查登记表，检查车辆的其他部分是否在维修过程中损坏。

（6）车辆竣工检验合格后，检验员签发出厂合格证，通知服务顾问确认及办理车辆的交接手续，同时做好该车的技术资料整理归档。检验不合格的车辆，应记录不合格项目，并通知车间进行返工，返工后须重新检验，直至合格。

6. 结算与交车

收费应严格按照维修作业单上登记的维修项目进行收费，不能为了达到多收费的目的擅自改变维修范围和内容，更不能偷工减料，以次充好。维修竣工后，结算员应收齐车间与配件部有关单据，列出清单，做好全部单据的汇总核算。根据实际发生的人工、材料等费用，按具体的收费标准打印出“结算清单”。查看实际费用和估计费用的差异，如出入较大，则应准备向客户作出合理的解释。

通知客户取车后，接待人员或服务顾问要对车辆做最后一次清理工作，如清理车厢内部，查看外观是否正常，清点随车工具和物品，并放回车上。

客户到来时，接待人员或服务顾问应在车旁与车主进行交接，根据发票条款，解释修理内容和维修的必要性，如有需要应向客户出示已换下的配件，如客户无异议，应指示或引领客户办理结算手续。结算完毕,应即刻开具该车的“出厂通知单”,连同该车的维修单、结算单、质量保证书、随车证件和车钥匙一并交给客户手中,请客户清点随车工具和物品。如无异议,则请客户进行签收,送客户出厂。

7. 后续服务

(1)客户档案。进厂车辆应建立客户档案卡或登入客户档案库,以便于跟踪服务。客户档案主要有客户信息、车辆信息、维修情况、结算情况和投诉情况等。档案应放置在规定的档案柜内,由专人保管。

(2)车辆维修档案。汽车维修经营者对汽车进行二级维护、总成修理、整车修理的,应当建立车辆维修档案,通常是“一车一档”。车辆维修档案主要包括:维修合同、维修项目、具体维修人员及质量检验人员、检验单、竣工出厂合格证及结算清单等。企业建立档案以便今后客户的车辆再次来维修时能有助于对故障的分析和诊断,一旦出现返修或质量纠纷也有据可查。

(3)客户回访。目前,电话回访是一种常用的方法。客户回访的目的是:

①了解维修车辆的使用情况,征求客户意见,表达感谢之意,转达企业领导关心之情;

②提高企业自身形象,培养忠实客户群体;

③对客户不满意的情况应及时沟通、消除分歧,赢得理解并予以足够的重视,及时地整改,避免由此造成客户的失望和流失,影响企业的声誉。

(4)处理客户投诉。处理客户投诉的目标与方法为:

①处理投诉的最终目标:消除分歧、防止事态的扩大;取得谅解、改进我们的工作;达成共识、重新赢得客户的信任。

②处理投诉的正确方法:接待者应语气平和,耐心让客户发泄怒气,令客户感到舒适、放松;对客户的行为表示理解和关注,并做好记录,将投诉摘要记入客户卡片或档案;体现消除分歧的紧迫感;如确实有不周到之处,应坦然承认,对不合理的要求则应该礼貌而明确地回绝;明确表示承担替客户解决问题的责任;同客户共同商讨解决问题的办法;如果难以独立处理,应尽快联系相关部门或请示上级。

二 汽车维护工艺流程

1. 日常维护工艺流程(图3-1)

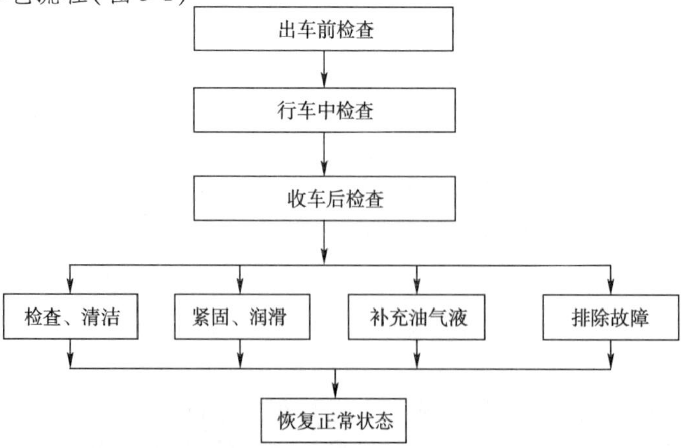

出车前检查
↓
行车中检查
↓
收车后检查
↓
检查、清洁 | 紧固、润滑 | 补充油气液 | 排除故障
↓
恢复正常状态

图3-1 日常维护工艺流程

2. 一级维护工艺流程(图 3-2)

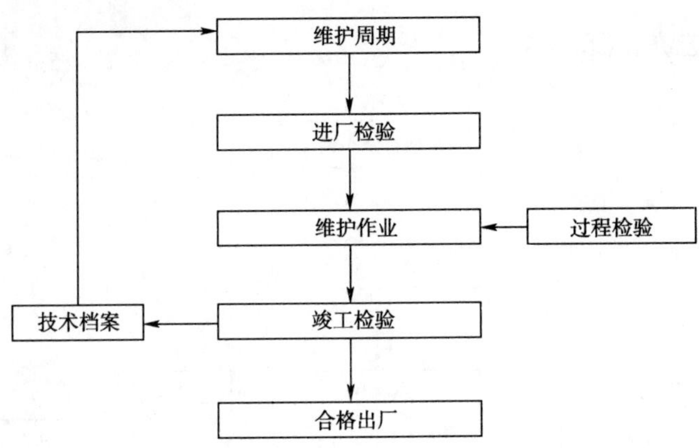

图 3-2　一级维护工艺流程

3. 二级维护工艺流程(图 3-3)

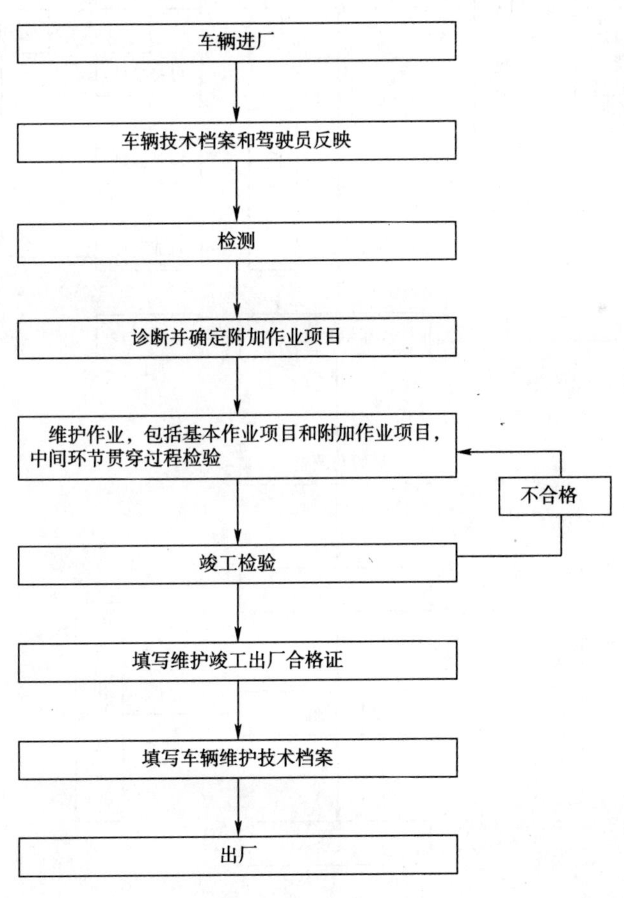

图 3-3　二级维护工艺流程

三 汽车修理工艺流程

1. 车辆大修工艺流程(图 3-4)

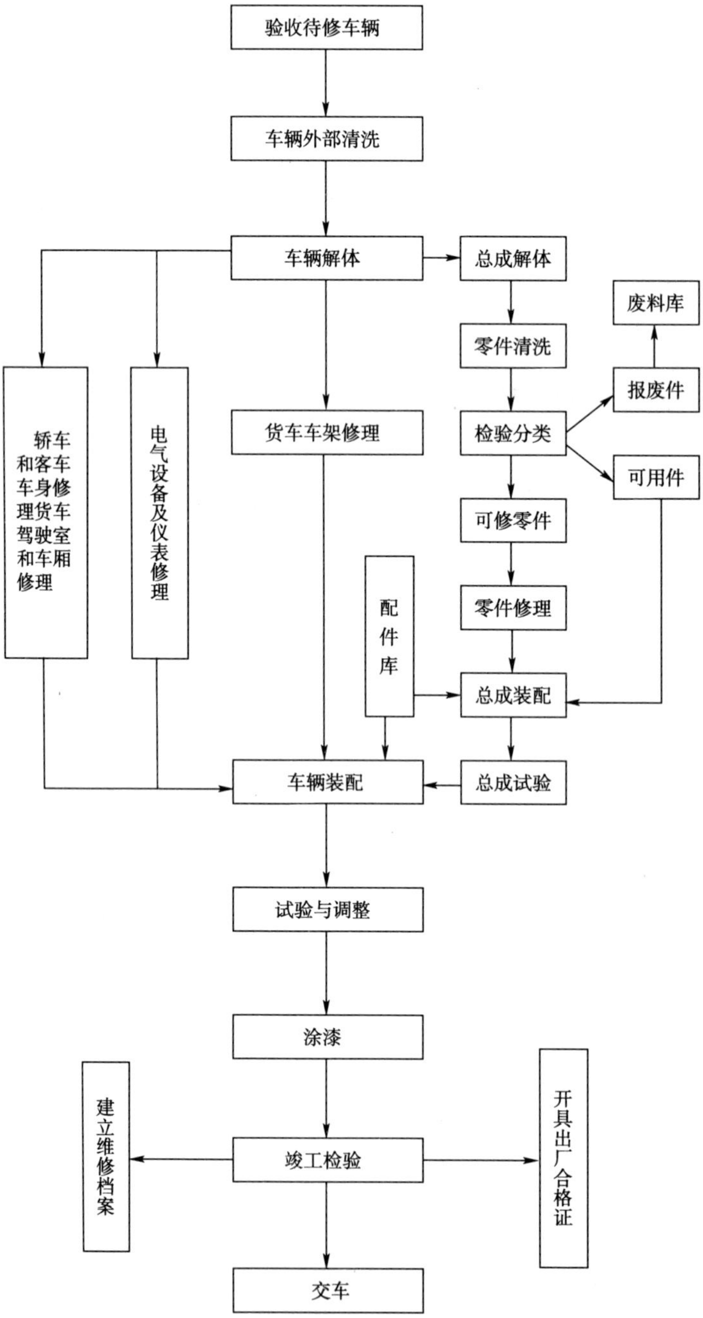

验收待修车辆

车辆外部清洗

车辆解体

总成解体

废料库

零件清洗

报废件

轿车和客车车身修理货车驾驶室和车厢修理

电气设备及仪表修理

货车车架修理

检验分类

可用件

可修零件

配件库

零件修理

总成装配

车辆装配

总成试验

试验与调整

涂漆

建立维修档案

竣工检验

开具出厂合格证

交车

图 3-4　车辆大修工艺流程

2. 车辆小修工艺流程(图3-5)

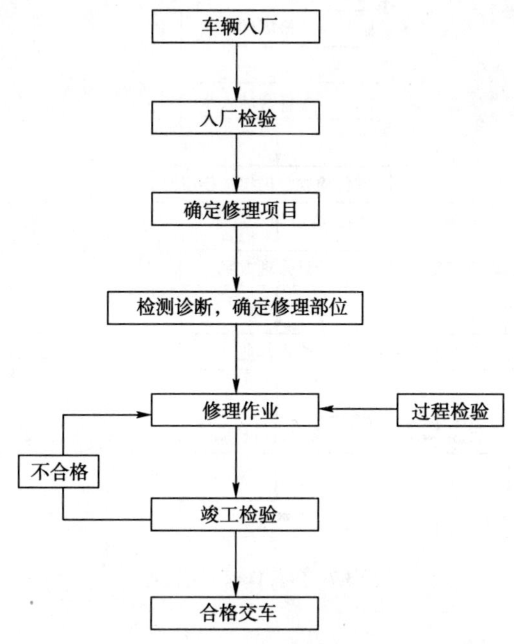

图3-5　车辆小修工艺流程

3. 总成修理工艺流程(图3-6)

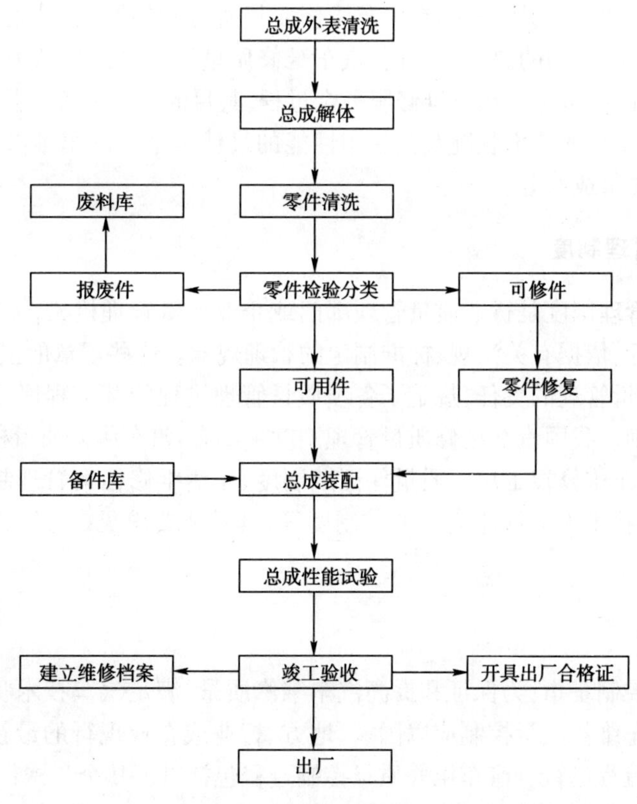

图3-6　总成修理工艺流程

4. 零件修理工艺流程(图 3-7)

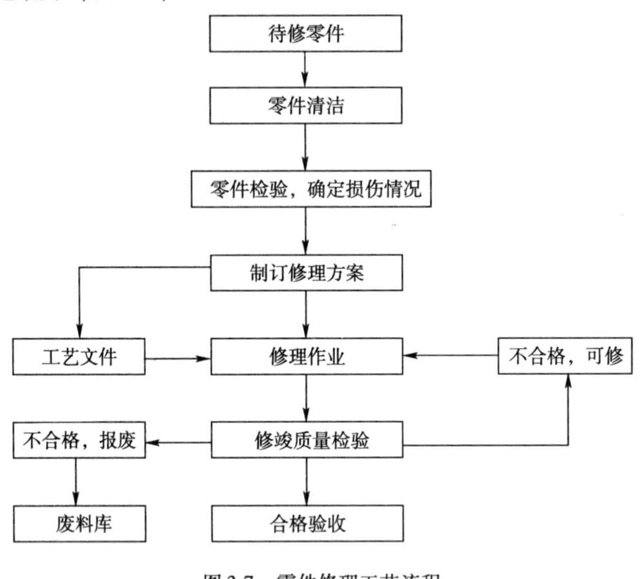

图 3-7　零件修理工艺流程

第三节　汽车维修质量管理

汽车维修质量管理是为保证和提高汽车维修质量所进行的调查、计划、组织、协调、控制、处理及信息反馈等各项活动的总称。因而,汽车维修质量管理可以理解为是一项经常性的和有计划性的工作过程,应贯穿于汽车维修服务全过程,其目的在于完善工艺方法和维修组织形式,以保证竣工出厂车辆的技术状况及其使用性能的最佳水平。汽车维修质量管理是维修企业管理系统中的重要组成部分。

一 维修质量管理制度

汽车维修质量管理制度是行业质量管理部门或企业质量管理机构,为贯彻汽车维修质量管理方针和质量目标,依据有关法规、标准制定的管理规章。这些规章的主要功效是明确质量管理方针、目标及质量管理的责任,规定了各项质量管理过程的基本程序,体现了质量管理工作的宗旨和行为准则。我国汽车维修质量管理制度主要有:汽车维修质量检验制度、维修竣工出厂合格证制度、汽车维修竣工出厂质量保证期制度、车辆维修档案管理制度、维修企业质量信誉考核制度、专业技术人员从业资格考试制度等,其具体要求见《汽车维修管理规定》的有关内容。

二 维修质量控制

汽车维修质量控制是指:为保证和提高汽车维修质量,满足汽车技术状况要求,所采取的维修技术活动。汽车维修质量控制应以国家、地方、行业或企业现行的最新技术标准为依据,采取规定的方法和流程进行。汽车维修质量控制过程包括以下几个步骤:

①确定汽车维修质量的控制对象,即确定所要控制的汽车维修竣工出厂技术经济指标,如

汽车二级维护竣工出厂应满足《汽车维护、检测、诊断技术规范》的要求；车辆大修竣工出厂应符合《车辆大修竣工出厂技术条件》的要求等。

②选取作为汽车维修质量控制依据的技术标准(国家标准、地方标准、行业标准、企业标准)。

③确定评价和衡量汽车维修质量控制对象的方法，一般应以各项标准规定的方法进行。

④衡量和评价被控制对象，即衡量和评价维修车辆的各项技术性能指标。

⑤找出维修车辆的实际技术状况与控制标准之间的差异。

⑥分析存在差异的原因，采取纠正措施。

三 维修质量保证体系

汽车维修质量保证体系是指在汽车维修行业或企业内，为了满足汽车维修技术标准所规定的质量要求，而建立的与汽车维修质量直接有关的、由技术活动和管理活动所构成的工作系统，并通过一定的制度、规章、方法、程序和机构等，把汽车维修质量保证活动系统化、标准化、制度化。

1. 汽车维修质量保证体系的特点

(1)汽车维修质量保证体系是一个有机整体。汽车维修质量保证体系以保证和提高汽车维修质量为目标，运用系统的观念和方法，把汽车维修各阶段、各环节的质量管理职能组织起来，形成一个既有明确任务、职责、权限，又把工作方法和程序、技术力量、信息等协调起来的有机整体，从而保证汽车维修质量得到不断提高。

(2)汽车维修质量保证体系的核心是“人”。即依靠人的积极性和创造性，发挥科学技术力量，确保汽车维修质量。

2. 汽车维修质量保证体系的内容

无论哪一级汽车维修质量保证体系(网络)，都必须包含以下四方面的内容(或环节)：

(1)明确责任。建立严格的责任制，规定各级质量管理人员的责任、任务和权限。

(2)健全管理机构。建立健全汽车维修质量管理机构，认真履行质量管理机构的职责。

(3)实现维修质量管理业务标准化、管理流程化。维修质量管理业务标准化是把汽车维修企业重复出现在管理工作中的处理方法，如签订维修合同、施行汽车维修竣工出厂合格证制度和质量保证期制度等制定成标准，纳入规章制度。维修质量管理程序化是使维修质量管理业务的工作过程合理并固定下来，形成汽车维修质量文件、质量体系表等。

(4)设置高效灵敏的汽车维修质量反馈系统。质量信息反馈包括汽车维修企业内部质量反馈和汽车维修质量监督检验站及托修方外部质量信息反馈。

①内部质量信息反馈包括：进厂检验、维修过程检验和竣工出厂检验质量信息反馈，由专、兼职汽车维修质量检验员组成反馈网络，填写各类检验记录表或车辆技术档案体现。

②外部质量信息反馈包括：汽车维修质量监督检验站的检测结果报告(通过检测一次合格率来反映)和车辆维修返修率以及托修方的投诉率等，通过道路运输管理机构的统计、考核等方式来体现。

四 维修企业的全面质量管理

全面质量管理是企业为了保证和提高产品质量，综合运用一整套质量管理体系、手段和方法所进行的系统管理活动。

1. 全面质量管理的特点

全面质量管理的重要特点是“三全”。这里的“三全”是指“全员参与管理”、“全面管理”和“全过程管理”。它体现在:管理的质量是全面的,管理质量的方法、手段是全面的,是全面质量、全过程、全员参与、运用全面管理办法的质量管理。因为影响质量的因素是全方位的,哪一个环节出了问题,都会影响到整体质量。

因此,质量管理应渗透到生产全过程,落实到全方位。只有全员提高质量意识,全方位抓质量,才能确保最终的产品符合质量要求。当然,在全员参与质量管理的过程中,最高领导者强有力的和持续的领导,以及该组织内所有成员的参与和培训是这种管理途径取得成功所必不可少的。

2. 全面质量管理的性质

全面质量管理的性质与企业效益目标是一致的。在全面质量管理过程中,质量目标和企业效益目标,包括经济效益和社会效益的实现有着密切的联系。现在所说的“质量是企业的生命”、“有质量就有效益”就是这个概念。另一方面,通过质量管理让“社会受益”,即满足“社会要求”,满足有关国家法律、法规、规章,以及能源和自然资源保护、安全等方面的要求,这是一个组织应尽的社会义务。因此,全面质量管理的性质可以理解为:是一种科学管理的理论方法,它强调对人员能动性的激励,能够导致企业及其所有成员为了其自身、顾客和社会的整体利益而积极参与的概念。

3. 全面质量管理工作内容

汽车维修全面质量管理工作内容主要包括:建立质量责任制、质量教育工作、计量工作、标准化和法规建设工作、质量信息工作等。

(1)质量责任制。质量责任制就是明确规定各级领导、各个部门、所有职工在汽车维修质量管理中的职务、责任、权限和利益,做到汽车维修质量工作“事事有人管,人人有专职,办事有标准,工作有检查”,这样不仅使汽车维修质量问题具有可追溯性,而且能够做到职责明确,功过分明,奖惩有据。从而把保证和提高汽车维修质量的工作与调动全体职工积极性的工作结合起来,最终使维修企业形成一个严密、高效的汽车维修质量管理职责系统。

(2)质量教育工作。汽车维修质量教育工作的主要内容包括:

①“坚持质量第一”的思想教育。

②质量管理学基本知识的普及教育。

③专业技术基础知识培训。

④汽车新结构、新技术、新设备使用等培训。

⑤质量检验人员的岗位培训。

(3)标准化和法规建设工作,具体包括以下内容:

①标准化工作。标准是质量管理的基础,标准化工作是汽车维修质量管理的重要基础工作,它包括:搜集整理有关标准文本;将国家和交通运输部颁布的有关汽车维修技术标准、相关标准,以及有关地方标准贯彻落实到生产全过程;依据国家标准、行业标准、地方标准的要求,制定汽车维修企业技术标准等。

②法规建设工作。汽车维修相关法律、规章,是指国务院、交通运输部颁布的一些涉及汽

车维修质量管理的法律和规章。企业要注意搜集最新行业规章，并依据这些行业规章及时制定和完善企业相关维修质量管理制度和管理措施，这是加强汽车维修质量管理的前提和保障。

(4)计量工作。计量工作指对企业生产质量管理工作中所涉及计量器具(仪器和设备)的管理工作。主要包括：

①严格按《机动车维修业开业条件》的要求配备专职计量管理工作人员。

②制定和贯彻计量管理制度，保证计量器具的正确操作、合理使用、科学管理，保证量值的准确性、重复性。

③按国家标准《机动车维修业开业条件》的要求，配齐计量器具和设备。

④严格执行计量器具的检定规定，做好入库检定、周期检定等工作，确保所有计量器具必须经检定合格后才能投入使用。

⑤加强计量器具的维护、修理和更新工作，保证计量器具处于良好的技术状态。

⑥抓好计量技术进步工作，改革计量器具、改进计量方法，努力实现检测手段现代化。

(5)质量信息工作。质量信息工作包括搜集、整理汽车维修生产技术质量和服务质量的基本数据、原始记录，以及维修竣工车辆在使用过程中反映出来的各种情报资料，通常称作“信息反馈”。汽车维修质量信息是汽车维修质量管理的耳目和不可缺少的重要依据；汽车维修质量信息有助于及时地反映影响汽车维修质量诸因素和汽车维修过程的原始动态、托修方的意见和要求，有助于保证和提高汽车维修质量。

第四节　汽车常见故障的检测与诊断

一　汽车故障及成因

1. 汽车故障

汽车故障是指车辆部分或完全丧失工作能力的现象。

汽车故障在结构上表现为零件的耗损和零件的相互配合关系的破坏，如零件断裂、变形、配合间隙增大或过盈丧失，固定和紧固装置松动和失效等。在性能上表现为性能降低和功能丧失，性能降低如起动困难、怠速不稳、油耗增加、转向沉重、加速无力等；功能丧失如不能起动、怠速熄火、制动失灵、空调不工作、灯光不亮等。

2. 汽车故障的成因

汽车在使用过程中，由于各种各样的原因不可避免地要发生故障，使汽车的动力性、经济性、操纵稳定性、使用安全性等发生变化。汽车故障有的是突发性的，有的是渐进性的。当汽车发生故障时，能够用经验和科学知识准确快速地诊断出故障原因，找出损坏的零部件和部位，有利于汽车的使用。

汽车在使用中不发生故障是相对的，而发生各种各样的故障是必然的。汽车故障形成原因主要有：

(1)存在易损零件。汽车设计中不可能做到汽车上所有的零件都具有同等寿命，汽车本身有些零件为易损件。例如，空气滤清器芯、火花塞、机油等使用寿命较短，均需定期更换，如没有及时更换或提前损坏，车辆就会发生故障。

(2)零件质量差异。汽车零件数量大,并由不同厂家生产,因此不可避免地存在质量差异。不合格的配件装到车辆上,更会出现问题。

(3)运行材料质量。汽车上的消耗品主要有燃油和润滑油等,这些用品品质差会严重影响汽车的使用性能和使用寿命,使汽车易发生故障。加入劣质汽油和劣质润滑油,对汽车和发动机的危害极大。

(4)使用环境影响。汽车的使用环境变化很大,涉及气温高低、风霜雨雪、交通拥堵、道路不平使汽车振动颠簸严重等,这些都容易引发车辆故障或引起突发性损坏。

(5)驾驶技术影响。驾驶技术对汽车故障的产生影响很大,使用方法不当影响更大。汽车不按规定走合和定期维护,或野蛮驾驶等,会加剧汽车损坏和出现故障。

(6)维修技术影响。汽车使用中要定期维修,在汽车使用、维护、故障诊断和维修作业中,要求汽车维修人员要了解和掌握机动车维修技术规范及新技术应用,严格按照规范操作,否则,就会使维修后的车辆存在故障隐患,容易发生故障。

3. 常见故障症状

对于汽车常见故障,可根据经验或使用仪器对外观症状的异常来判断故障原因和部位。常见的汽车故障的表现形式和症状,见表3-1。

汽车常见故障的表现和症状 表3-1

序号	表现	症　状
1	性能异常	动力性下降,如加速无力、最高车速下降;经济性下降,如油耗上升;舒适性下降,如车辆振动和噪声加大;操纵稳定性差,如方向抖振,跑偏、转向沉重等
2	工况异常	使用中出现某些异常现象。如发动机怠速抖动、加速不良、起动困难、变速器升降挡异常、空调突然不制冷等
3	声响异常	使用中出现非正常的声响,一般与车速、温度、路况等因素有关。如轮毂轴承异响、悬架系统异响、传动系统异响、转向系统异响等,若声响沉闷且伴有较强烈的抖动时,说明故障比较严重
4	排烟异常	一般有排黑烟、排蓝烟和排白烟三种情况。排黑烟说明混合气过浓,燃烧不完全;排蓝烟说明发动机烧机油;排白烟说明汽缸内进水或燃油中水分过大
5	操作异常	不能按照驾驶员意图进行加速、转向和制动等。如加速踏板、制动踏板、离合器踏板、转向盘以及变速杆操作不灵活等
6	气味异常	燃油泄漏造成的燃油味、制动器和离合器非金属材料异常摩擦造成的焦煳味,导线过载过热造成的胶皮味,以及机油、制动液、冷却液、转向助力油、变速器油泄漏造成的异味等
7	温度异常	发动机温度过高、过低,制动器温度过高、自动变速器油温过高、排气温度过高等温度的异常变化,可反映出系统或总成部件的工作状况变坏,须立即检修
8	外观失常	由于相关零部件出现变形或损坏,造成车辆外观出现纵向或横向倾斜,或由于碰撞、刮擦造成车辆外观出现变形和损伤,或由于漆面老化造成脱落和锈蚀现象,以及灯光信号失常等
9	渗漏	主要指漏液、漏气、漏电现象。如燃油、机油、变速器油、制动液、冷却液等液体渗漏;进排气系统漏气;电气系统漏电等

二 故障检测诊断的方法和程序

汽车故障诊断的基本方法是利用诊断参数来判定诊断对象的结构和性能参数,对于比较简单的诊断对象只需要一个诊断参数即可以判断其技术状况;而对于复杂的系统,往往需用多个诊断参数方能诊断其技术状况。在这种情况下,诊断工作的任务就是在一个诊断参数或多个诊断参数不合格的条件下,找出作为主要原因的、概率最大的一个或几个结构参数,这就必须运用系统分析和动态分析的方法。

汽车或总成是一个复杂系统,在日常使用中往往需要两种不同深度要求的诊断,即整体诊断和局部诊断。整体诊断是对汽车、总成和系统的工作能力进行的诊断,如车辆的加速性能、制动性能、空调性能等。局部诊断是对工作能力降低的原因的进一步诊断,并根据诊断结果确定需要维护或修理的部位。

现代汽车采用机电一体化的控制方式,其故障诊断的思路、程序和方法也有其规律和要求。一般来说,排除汽车的故障,首先应掌握其结构、原理和故障诊断与排除的基本方法,在此基础上按照一定的程序去查找,才能准确判断故障。在故障分析过程中,应充分利用电控系统的自诊装置,并与机理分析相结合,要把电控系统和机械系统综合起来考虑,对症下药,切忌盲目动手,无针对性的拆装和换件。排除现代汽车的故障是多种知识的综合运用,它要求检修人员具有一定的实践经验和分析判断能力外,还要具有一定的电工、电子学基础和分析电路原理、使用仪器、仪表的能力。

1. 故障诊断的基本方法

(1)人工经验法。汽车故障现象千变万化,故障原因复杂多样,因此故障诊断具有一定的难度,但是只要掌握基本的诊断方法,做到思路清晰,程序和方法得当,故障也容易诊断。顾名思义,人工经验法是凭借维修人员的维修经验和技术素质,按照一定的程序和方法,对汽车故障做出快速准确地判断。

人工经验法基本上可以归纳为客户询问、明察症状、细听异响、触感变化、辨嗅气味、试验求证、部件替换、分离检查和局部拆装等过程。这些步骤的应用都应有理论做指导,同时维修人员也应具备基本素质。所谓基本素质是汽车维修人员必须具有学习和掌握汽车新技术的能力,并将基本理论在实践中加以理解和应用,从而获得维修经验。

经验有个人所总结和积累的,也有从书本上和其他途径学习来的。只有将理论与实践相结合,才能更快地积累和丰富维修经验。对于疑难故障,在利用仪器和设备进行检测的过程中也要结合经验,灵活运用检测结果,对故障进行综合诊断。

①客户询问。了解车辆故障的有关信息,也是快速诊断汽车故障的前提之一。例如,汽车发生故障时,应了解汽车使用年限或行驶里程,因为可以根据这些使用情况估计可能的故障原因。因此,维修人员一定要向车主询问包括使用年限、使用情况、维修历史、发生故障时的症状以及发生故障后的状态等在内的有关情况,尽可能深入地了解与故障产生有关的信息。通过深入询问,初步判断故障可能发生的原因和部位。

②明察症状。所谓明察症状是对初步判断的故障部位进行仔细观察或模拟检测,这是人工经验法的最基本步骤。例如,发动机排气管冒蓝烟,如果是在使用过程中长期冒蓝烟,发动机使用里程又很长,一般可以判断为汽缸或活塞环磨损,配合间隙过大,机油通过活塞环与缸壁之间的间隙窜入燃烧室引起的;如果只是在发动机刚起动时冒出一股蓝烟,以后冒蓝烟又逐渐变得比较轻微,一般可以判断为发动机气门杆上的密封件老化或内孔磨损使密封功能失效,有少量机油沿着气门杆漏入汽缸引起的。

在观察过程中，还要用经验和理论作出周密的思考和推证，不能为表面现象所迷惑。除仔细观察外，还可以进行模拟检验，才能由表及里的把握故障现象的本质。

③细听异响。用听觉诊断汽车故障是常用的简便方法。当汽车运行过程中，若发动机以不同工况运转时，汽车和发动机整体发出的声音虽然嘈杂，但有一定特点。当某个部位发生故障时，就会出现异常响声。有经验者可以根据发出的异常响声，判断车辆和发动机的故障。对发动机、离合器、变速器、转向系统、传动系统、制动系统、悬架系统等都可以根据异响判断故障。

诊断发动机故障时，往往在停车状态下起动发动机，并使发动机以不同的转速运转，通过听觉检查判断发动机故障；对于底盘故障，可以用路试的方法使汽车以不同工况行驶，检查和听诊底盘故障。对于发动机的疑难故障，还可以借助听诊器和简单器具进行听诊。例如，可用听诊棒分辨曲轴、活塞连杆机构以及配气机构的响声。

④感触状态。凭借感觉器官来诊断车辆故障就像中医切脉一样，人体上感觉到的车辆状态来判断故障。例如，凭借行车中的振动情况判断悬架系统和减振器的损坏情况；凭借轮胎的偏斜和摆振情况判断轮毂轴承的紧固情况；通过触摸散热器的上部和下部，以判断节温器的工作情况；用手指的压力检查传动带的松紧度，用手指感觉喷油器的工作情况；以及用手感检查高压油管的供油情况等，都是经常用到的方法。

⑤嗅辨气味。车辆出现不正常的气味，表明车辆某些部位可能出现问题。例如，发动机排气的异味，表示发动机烧机油和发动机燃烧不好，应检查发动机；非金属材料烧糊的特殊气味，表示可能存在离合器摩擦片烧损或传动带打滑、制动拖滞现象，应进行相应的检查；车辆上有明显的燃油味，说明可能存在燃油泄漏的情况；发动机机油渗漏到运转的发动机上，温度高时会有异味；机油滴落在排气管上会发出更强烈的异味；车辆上的其他工作介质泄漏，如动力转向机油、变速器油泄漏等都会发出异味，但要仔细才能发现。

⑥试验求证。所谓试验求证就是以试验来证明车辆故障，以最终确定故障原因和部位。例如，车辆制动系统故障，可在汽车静止状态下踩下制动踏板，检测制动踏板的工作状态，也可以进一步路试，根据车辆制动后的情况判断制动系统的故障。同样，对于转向系统的故障，可在原地操纵转向盘，通过转向动作情况判断转向系统的故障，也可进一步进行路试。根据转向反应和发生的异响判断转向系统的故障。对于发动机的故障，可以原地加减速或进行路试，观察发动机运转情况，同时检测相关技术参数来验证。

⑦部件替换。所谓替换就是对可能发生故障的部位用合格的总成和零部件替换可能损坏的总成和零部件，以确定故障部位。应该指出的是，替换用的备件应是正常可靠的，新件也必须是合格品。如果不慎用不合格部件进行了替换，不但找不到故障，反而会使故障发生部位虚假化，增加诊断的难度，甚至导致扩大故障范围。

例如，发动机的机油压力指示系统发生故障，初步判断压力感应塞损坏时，用备品替换原车上的感应塞。如果换后立即解决了故障问题，则判断感应塞损坏。

对于疑难故障，可能要替换的部位很多。例如，对于发动机动力性不足的故障，如初步判断空气流量计故障，可以替换新的空气流量计，再重新试车；对于供油系统的故障，如果初步判断泵油压力不足时，可以替换新的燃油泵试验等。部件替换不失为一种简单、有效和可靠的故障判断方法。但是，合理有效的替换应是建立在对故障充分的机理分析的基础上进行，应尽量避免盲目乱换，增加不必要的工作量。

⑧分离检查。所谓分离检查就是对电路、气路、油路等具有系统性的结构，分段或隔离进行检查，以确定故障部位。检查可以按照系统从动力源到执行机构的方式进行查找，也可以与前述逆序查找，或从中间向两端开始查找。

例如，对汽车的照明和指示系统的故障，可以按电源→熔断丝→开关→继电器→导线→用电器的次序进行检查。而有经验者一般按熔断丝、继电器、灯泡、导线通断等次序隔离查找。对于制动系统的故障，可以按制动踏板→真空助力器→制动主缸→制动管路→感载比例阀→制动管路→制动轮缸→制动器的顺序进行检查。对于有经验者常从车轮制动器或制动主缸开始检查；对于转向传动系统的故障，理论上应从转向盘→转向器→转向传动装置→转向车轮的次序进行检查，但也可以从转向传动机构的某处拆开，判断故障在转向器还是传动机构。

⑨局部拆装。所谓局部拆装就是已经判明故障发生在某个总成以后，还不能准确判断具体是哪个零件发生故障的时候，可以按照总成的工作原理，局部拆卸某部分进行检查。

例如，初步判断柴油发动机的某个汽缸不工作，可用单缸断油法来检查，即局部拆卸这个缸的高压油管接头，发动机运转中的转速和响声均发生变化就是表示这个缸工作正常，而无反应则是工作不正常。发动机动力性不足初步进气不畅时，可以拆下空气滤清器芯，再进行发动机加速试验，如动力性在无空气滤清器情况下恢复，故障就是空气滤清器堵塞。

局部拆装实际上是使正常工作的总成或电路系统失去原来的功能，因此，在非正常工况下此拆装一定要慎重。当涉及安全项目时，要采取相应的安全措施。

(2)仪器仪表检测法。采用仪器仪表检测时，具体做法如下：

①车载仪表。车载仪表可以有效指示出发生的故障。例如，发动机故障报警灯可以提示控制系统故障；制动警告灯点亮，说明制动系统有故障，应进行查找；充电指示灯也可以判断发电机的发电和蓄电池的充电情况；转速表可以判断发动机的怠速状况等。

②检测仪器。用仪器、仪表及设备，按照相关标准对车辆参数进行检测，是故障诊断不可缺少的方法。例如，用汽缸压力表可以测得汽缸压力及确定各缸的压力差；万用表可以检测车辆电气系统及其元器件的电压、电流、电阻等参数；解码器可以分析电控系统的故障码以及数据流参数，进而判断出故障部位；用四轮定位仪测定车辆车轮的定位参数；废气分析仪、烟度计、制动试验台、前照灯检测仪等可进行车辆相关技术状态参数的检查等。

2. 故障诊断的基本程序

诊断一般应遵循由表及里、由简到繁、先易后难的原则，按系统、分部位、分阶段的顺序分析，逐步缩小检测诊断范围。在未查出确切的故障原因与部位之前，切忌盲目拆卸与更换部件。正确地掌握诊断故障的程序，可以节省时间、人力和材料。因此，为了高效、准确地进行故障诊断，必须认真执行基本的诊断程序，即“问、查、试”。

①问：了解故障产生状况。进行故障诊断时，首先要对车辆产生故障时的状况进行询问。一般来说，驾驶员对车辆状况了解得比较全面，可以提供故障产生的相关信息。“问”时要寻找关键、重要的现象询问，并且对驾驶员的回答要去伪存真，这需要检测人员掌握扎实的理论知识和丰富的实践经验，并对车辆基本结构、工作原理和使用性能有透彻的理解。

②查：掌握车辆具体状况。“查”是对车辆状况的基本检查，可获得车辆状况的基本信息。“查”是将传统诊断方法的“看、闻、听”进行综合，并结合必要的仪器检测。

"看"有以下内容:第一,检查仪表板上各种故障指示灯亮灭。这可初步判断是电控系统故障,还是机械系统故障。例如,轿车怠速抖动,加速性能不良,油耗大,无故障灯显示。通过检查发现,空气流量计导流网积尘,清洗后加速性能恢复正常。又如,轿车 ABS 灯点亮,这似乎是大故障,但经检查发现就是制动液缺少,补充制动液后故障灯熄灭。第二,常规的"油、液、制冷剂"的检查。即对发动机油、自动变速器油、转向助力油、齿轮油、制动液、冷却液以及空调制冷剂的检查,其性状的变化可反应某些故障的存在。例如,轿车的自动变速器油液变黑,而且有少量的沉积物,则可能导致行车中动力不足,换挡冲击或加速缓慢。

采用"闻"的方法进行故障诊断,是一种辅助判断。如通过对油液的"闻"可知油液品质及系统基本工作情况;对发动机排气的"闻",可初步判断发动机工作情况,从而为故障判断提供辅助依据。比"闻"更精确的是各种分析仪,如废气分析仪、润滑油品质分析仪等。此外,"听"也同样是一种辅助的故障判断方法,主要是针对机械故障。

除以上基本检查外,还要用仪器仪表进行深入的检测。对具有自诊断功能的汽车,可以利用诊断仪读取故障码和相关的故障状态信息。

③试:确认车辆故障状态。如果对诊断情况没有感性认识,那么对故障的认识深度也会不足,而且判断的准确性也会有偏差。"试"有助于进一步确认故障部位和原因,是进行故障诊断的关键环节。"试"包括实际运行试验,也包括模拟试验。

以上诊断步骤可以采用交叉或循环进行,并且各阶段的诊断结果相互补充和印证。

三 典型故障的检测与诊断

1. 发动机不能起动

(1)故障现象:打开点火开关,将点火开关拨到起动位置,发动机不能起动。

(2)故障产生的可能原因:

①起动系统故障:蓄电池存电不足、极柱夹松动或极柱氧化严重;电路总熔断丝断;点火开关故障;起动机故障;起动线路断路或线路连接器接触不良。

②点火系统故障:点火线圈工作不良,造成高压火花弱或没有高压火花;点火器故障;点火时间不正确。

③燃油喷射系统故障:油箱内没有燃油;燃油泵不工作或泵油压力过低;燃油管泄漏变形;断路继电器断开;燃油压力调节器工作不良;燃油滤清器过脏。

④进气系统故障:怠速控制阀或其控制线路故障;怠速控制发阀空气管破裂或接头漏气;空气流量计故障。

⑤ECU 及其控制系统故障。

(3)诊断排除方法和步骤。

①打起动档,起动机和发动机均不能转动,应按起动系统故障检查。先检查蓄电池存电情况和极柱连接和接触情况;如果蓄电池正常时,检查起动线路、熔断丝及点火开关。

②踏下加速踏板到中等开度位置,再打起动机。如果此时,发动机能够发动,则说明故障为怠速控制阀及其线路故障或者是进气管漏气,如果踏下加速踏板到中等开度位置时,仍然发动不着,应进行下一步骤的检查。

③进行外观检查。检查进气管路有无漏气之处;检查各软管及其连接处是否完好;检查曲

轴箱通风装置软管有无漏气或破裂。

④检查高压火花。如火花不正常,应检查高压线、点火线圈、分电器和电子点火器。

⑤检查点火顺序是否正确。

⑥检查供油系统的供油情况。在确认油箱有油的情况下,检查燃油管中的供油压力。

⑦检查点火正时及点火顺序;如点火正时不正确,应进一步检查点火正时控制系统。

⑧检查装在空气流量计上的燃油泵开关的工作情况。

⑨检查各缸火花塞的工作情况。

⑩检查 ECU 及其控制系统工作情况,确定是否电控系统的故障。

2. 发动机怠速不良

(1)故障现象:发动机在中等以上转速运行时工作正常,当转速为怠速或接近怠速时,出现怠速不稳,转速忽高忽低,发动机机体抖动甚至熄火的现象。

(2)故障原因:

①怠速调整过低。

②发动机电子控制系统故障。

③怠速控制阀工作不良。

④点火、供油系统工作不良。

⑤废气再循环控制阀故障。

⑥发动机机械故障。

(3)诊断排除方法和步骤:

①检查发动机怠速转速,如不正常应按规定调整发动机怠速。检查快怠速装置是否有效,否则应予排除。

②用解码器检测发动机电控系统工作状况,包括点火提前角、空燃比、压力传感器或流量计信号、喷油脉宽、冷却液温度传感器信号、氧传感器信号等,如发现异常应予以排除。如有故障码,则按故障码显示查找故障原因和故障部位。

③使用燃油压力表检测燃油压力,如燃油压力低于标准,则检查燃油泵、燃油滤清器和燃油压力调节器是否正常,如发现异常应予以排除。

④用断缸法检查各汽缸工作是否正常,如某汽缸断缸后发动机转速无明显下降,则可判断该汽缸工作不良或不工作,应检查喷油器以及火花塞工作情况,如发现异常应予以排除。

⑤检查气门间隙是否正确,如不正确应进行调整。

⑥对装有废气再循环控制阀的车辆,应检查废气再循环控制阀是否关闭不良,如发现异常应进行维修或更换。

⑦检查配气正时。打开正时盖,检查配气正时记号,如不符合技术标准应予以重新装配。

⑧检查汽缸压力。用汽缸压力表检测汽缸压力,如不符合技术标准,则发动机汽缸密封性不良,应进一步拆检发动机。

3. 发动机动力不足

(1)故障现象:发动机无负荷运转基本正常,带负荷运转时加速缓慢,上坡无力,达不到最高车速。

(2)故障原因:

①进、排气系统不畅通。

②燃油系统故障。

③点火系统故障。

④发动机电子控制系统故障。

⑤发动机汽缸密封性差或配气不正时。

(3)诊断排除方法和步骤:

①检查空气滤清器是否堵塞,节气门位置是否正常,排气系统是否堵塞,如发现异常应予以排除。

②用解码器检测发动机电控系统工作状况,包括点火提前角、空燃比、压力传感器或流量计信号、喷油脉宽、冷却液温度传感器信号、氧传感器信号等,如发现异常应予以排除。如有故障码,则按故障码显示查找故障原因和故障部位。

③使用燃油压力表检测燃油压力,如燃油压力低于标准,则检查燃油泵、燃油滤清器和燃油压力调节器是否正常,如发现异常应予以排除。

④拆检喷油器,检查喷油量是否正常,如喷油量不足或雾化不良,应进行清洗或更换。

⑤检查点火线圈和高压线电阻,以及火花塞工作情况,如发现异常应予以排除。

⑥检查配气正时。打开正时盖,检查配气正时记号,如不符合技术标准应予以重新装配。

⑦对装有废气再循环控制阀的车辆,应检查废气再循环控制阀是否工作不良,如发现异常应进行维修或更换。

⑧检查汽缸压力。用汽缸压力表检测汽缸压力,如不符合技术标准,则发动机汽缸密封性不良,应进一步拆检发动机。

4. 发动机过热

(1)故障现象:发动机的温度超过正常的最高温度范围,有时还伴有散热器开锅沸腾的现象。

(2)故障原因:

①发动机冷却系统工作不良。

②发动机热负荷过大。

(3)诊断排除方法和步骤:

①检查膨胀水箱和散热器内冷却液数量是否充足,如不足应补充冷却液。

②检查膨胀水箱和散热器之间的橡胶管是否畅通,否则应予排除。

③检查散热器盖的蒸汽阀和空气阀的开启压力是否正常,否则应更换散热器盖。

④检查散热器内外是否有过多脏物,如果有应进行清理。

⑤检查节温器开启温度及开启行程是否正常,如不正常则更换节温器。

⑥装有硅油风扇离合器的应检查冷却液温度在 90 ~ 95℃时,风扇能否达到全速。简易检测的方法是:在高温时熄火,用手拨动风扇,感觉费力为正常;否则,就需要进行检修。对温控电动风扇的检查,以桑塔纳轿车为例:正常情况下,当温度达到 93 ~ 98℃时,风扇开始低速运转;当温度上升到 99 ~ 105℃时,风扇开始高速运转。否则,应更换温控开关。

⑦检查冷却风扇工作是否正常,如不正常应进行修理或更换。

⑧检查水泵工作是否正常,如不正常应予更换。

⑨检查点火提前角是否过晚，否则应进行调整。

5. 轮胎异常磨损

(1)故障现象：轮胎磨损速度加快，胎面形状出现异常。

(2)故障原因：

①轮胎气压不符合要求、轮胎长期未换位。

②前轮定位不正确，尤其是前束与外倾角配合不正确，造成轮胎外侧或内侧出现偏损。

③纵横拉杆、转向器、轮毂轴承松旷或转向节与主销松旷。

④钢板弹簧U形螺栓松动或钢板弹簧衬套与主销松旷。

⑤车轮动不平衡，车轮径向圆跳动和端面圆跳动太大，造成前轮摆振。

⑥前轴与车架纵向中心线不垂直或两侧轴距不等。

⑦前桥刚度不足，转向横拉杆或横拉杆臂刚度不足，发生弯、扭变形。

⑧轮胎螺栓松动、轮胎质量不佳。

⑨经常超载、偏载、起步过急、高速转弯或制动过猛。

⑩转向梯形改变，出现过度转向或不足转向。

(3)诊断排除方法和步骤：

①查看胎面磨损是否有规律性。若无规律性，磨损是由零部件松旷、变形，以及轮胎质量不佳或车辆使用不当造成的；若有规律，查看胎面中部磨损严重还是两侧胎肩磨损严重。

②胎面中部磨损严重系轮胎气压过高所致，两侧胎肩磨损严重，系轮胎气压过低所致。

③胎面外侧胎肩磨损严重是前轮外倾角过大造成的。

④胎面内侧胎肩磨损严重是前轮负外倾、轮胎长期不换位或前桥在垂直平面内中部向下弯曲所致。

⑤查看胎面磨损是外重内轻且磨痕从外向内，是由前束过大或前桥在水平平面内两端向前弯曲所致。

⑥若胎面磨损是内重外轻且磨痕是从内向外，是由前束过小或负前束以及前桥在水平平面内两端向后弯曲所致。

⑦若胎面呈羽毛状磨损，系前束过大或负前束所致。

⑧若胎面呈锯齿状磨损，系长期超载行驶，又未按期换位所致。

⑨若胎面呈碟片状或波浪状磨损，是由车轮不平衡，车轮径向圆跳动和端面圆跳动太大，或轮毂轴承、转向节、横拉杆悬挂等处松旷所致。

6. 液压制动系统制动跑偏

(1)故障现象：在正常路面紧急制动时车辆出现向左或向右的扎头或甩尾现象。

(2)故障原因：

①制动时车辆左右车轮的制动器制动力相差过大或制动时刻不一致。

②左右车轮轮胎的磨损或胎压相差过大。

③车架变形或悬架系统故障。

(3)诊断排除方法和步骤：

①进行路试，观察在紧急制动时车辆的跑偏方向。

②检查左右车轮轮胎的磨损或胎压，如发现异常应予以排除。

③检查车架是否存在变形,悬架系统是否存在连接松旷及部件损坏现象,如发现异常应予以排除。

④检查左右车轮制动器的制动间隙是否相差过大,如是应按规定予以调整。

⑤检查左右制动器的制动轮缸有无漏油现象,如发现异常应予以排除。

⑥检查制动系统中是否有空气,如有应按规定予以排气。

⑦最后拆检制动器,检查制动鼓(盘)、摩擦片是否磨损过大,是否有油污,制动轮缸或制动钳是否卡死等。

7. 液压制动系统制动力不足

(1)故障现象:制动距离过长或者在制动检验台上检测出的制动力达不到国家标准的要求,甚至无制动力。

(2)故障原因:

①轮胎气压不足或者轮胎磨损严重。

②制动器制动间隙过大。

③制动器制动摩擦片(块)磨损严重。

④制动器的制动轮缸漏油或者制动轮缸活塞犯卡、锈死。

⑤液压制动系统制动液不足。

⑥真空助力器漏气或不起作用。

⑦液压制动主缸故障。

(3)诊断排除方法和步骤:

①检查轮胎气压是否符合规定。若不符合规定,调整气压。

②检查制动系统的制动液液面是否正常,否则应按规定添加。

③踩住制动踏板,如缓慢下行,说明制动主缸或制动轮缸密封不良,应拆检。如感觉制动踏板很软,说明制动系统中有空气,应按规定放气。

④检查制动系统真空助力器是否有效。踩住制动踏板,在起动发动机瞬间,感觉制动踏板是否明显下沉,若下沉,则说明真空助力器正常,否则应对真空助力器检修或更换。

⑤支起车轮检查制动器制动间隙是否过大,过大应进行调整,调整到规定的范围内。

⑥拆下车轮,打开制动器检查制动片(块)是否磨损严重,制动轮缸是否漏油或卡滞。若制动片(块)磨损严重应更换制动摩擦片,制动轮缸漏油或卡滞应更换制动轮缸。

⑦拆检制动主缸是否有故障。若有故障应进行修理或更换。

【综合训练题目】

一、单项选择题

1. 可以从事相应车型的整车修理、总成修理、整车维护、小修、维修救援、专项修理和维修竣工检验工作的维修企业属于(　　)。

A. 一类维修企业　　B. 二类维修企业　　C. 三类维修企业　　D. 特约维修企业

2. 发动机汽缸磨损的规律具有(　　)的特点。

A. 必然性　　B. 渐发性　　C. 偶发性　　D. 突发性

3. 汽车技术状况的变化规律是指车辆的(　　)与行驶里程或使用时间之间的关系。

A. 使用性能　B. 完好情况　C. 故障率　D. 技术状况

4. 以清洁、润滑、紧固为作业中心内容，并检查有关制动、操纵等安全部件，由维修企业负责执行的车辆维护作业是(　　)。

A. 日常维护　B. 一级维护　C. 二级维护　D. 换季维护

5. 我国目前将汽车修理按其作业范围划分为车辆大修、总成大修、车辆小修和(　　)。

A. 零件修理　B. 专项修理　C. 维护　D. 视情修理

6. 特约维修企业(4S 店)适合采用的修理作业方法是(　　)。

A. 定位作业法　B. 就车修理法　C. 综合修理法　D. 总成互换法

7. 以下不属于汽车维修质量管理制度的是(　　)。

A. 汽车维修质量检验制度　B. 维修竣工出厂合格证制度

C. 车辆维修档案管理制度　D. 客户回访制度

8. 与客户签订维修合同一般是在(　　)。

A. 接车进厂后　B. 维修估价前　C. 维修估价后　D. 维修结算前

9. 当维修项目需要调整时，维修人员应(　　)。

A. 修完后告知客户　B. 修完后告知业务接待

C. 通知技术主管后再维修　D. 征求客户意见后再维修

10. 以清洁、补给和安全检视为作业中心内容的维护是(　　)。

A. 日常维护　B. 一级维护　C. 二级维护　D. 三级维护

11. 评价车辆动力性的指标是(　　)。

A. 燃油消耗量　B. 爬坡能力　C. 滑行距离　D. 机油消耗量

12. 以下不属于车辆大修工艺流程内容的是(　　)。

A. 总成解体　B. 零件清洗

C. 确定附加作业项目　D. 试验与调整

13. 如果某汽缸断火后发动机转速无变化，则可判断该汽缸的工作情况是(　　)。

A. 工作不良　B. 不工作　C. 工作正常　D. 不能判断

14. 某 4 缸发动机，若 4 缸断火后发动机异响消失，则可判断(　　)缸存在异响。

A. 1　B. 2　C. 3　D. 4

15. 汽车维修质量控制的依据是(　　)。

A. 技术标准　B. 操作规程　C. 生产计划　D. 工艺规范

16. 由驾驶员负责执行的车辆维护作业是(　　)。

A. 日常维护　B. 一级维护　C. 二级维护　D. 车辆小修

17. 进行车辆维修竣工检验的人员是(　　)。

A. 维修工　B. 技术负责人　C. 质量检验员　D. 维修班组长

18. 以下叙述不正确的是(　　)。

A. 汽车维修是汽车维护和修理的总称

B. 汽车技术状况是指定量测得的某一时刻车辆外观和性能参数的总和

C. 汽车故障是指车辆部分或完全丧失工作能力的现象

D. 汽车技术状况的变化规律是指车辆的技术状况与维护周期之间的关系

19. 以下与制动跑偏无关的选项是(　　)。

A. 左右车轮的制动力相差过大

B. 左右车轮轮胎的磨损或胎压相差过大

C. 车架变形或悬架系统故障

D. 制动踏板自由行程过大

20. 踩住制动踏板,在起动发动机瞬间,感觉制动踏板是否有明显下沉现象,该操作的目的是检验(　　)的好坏。

A. 制动主缸　　B. 制动轮缸　　C. 真空助力器　　D. 制动踏板自由行程

二、多项选择题

1. 影响车辆技术状况变化的因素包括(　　)。

A. 驾驶技术　　B. 道路条件　　C. 配件质量

D. 燃油质量　　E. 维修质量

2. 评价车辆底盘技术状况的技术参数有(　　)。

A. 曲轴箱窜气量　　B. 总成工作温度　　C. 侧滑量　　D. 机油消耗量

3. 汽车维修全面质量管理工作内容主要包括(　　)。

A. 建立质量责任制　　B. 质量教育工作　　C. 计量工作

D. 标准化和法规建设工作　　E. 质量信息工作

4. 评价车辆制动性能的指标是(　　)。

A. 制动时间　　B. 制动距离　　C. 制动力　　D. 制动减速度

5. 以下属于车辆二级维护工艺流程内容的有(　　)。

A. 总成性能试验　　B. 车辆检测　　C. 确定附加作业项目

D. 试验与调整　　E. 竣工检验

6. 按照维修业务了流程要求,需要客户签字确认的表单有(　　)。

A. 维修合同　　B. 维修估价单　　C. 接车验收单

D. 进厂维修单　　E. 结算清单

7. 发动机不能起动的故障部位可能有(　　)。

A. 点火系　　B. 燃油泵

C. 空气流量计　　D. 冷却液温度传感器

E. 三元催化器

8. 发动机怠速不稳的可能原因有(　　)。

A. 燃油压力过高　　B. 离合器分离不彻底

C. 怠速控制阀工作不良　　D. 点火、供油系统工作不良

E. 怠速转速过低

9. 制动距离过长的可能原因有(　　)。

A. 制动器制动间隙过大　　B. 制动器制动摩擦片(块)磨损严重

C. 真空助力器漏气或不起作用　　D. 制动液不足

E. 制动主缸故障

10. 以下叙述正确的是(　　)。

A. 若胎面呈羽毛状磨损，系前束过大或负前束所致

B. 若胎面呈锯齿状磨损，系长期超载行驶，又未按期换位所致

C. 若胎面呈碟片状或波浪状磨损，是由车轮不平衡造成的

D. 胎面外侧胎肩磨损严重是前轮外倾角过小造成的

E. 两侧胎肩磨损严重，系轮胎气压过高所致

三、判断题（以下各题，说法正确的请在括号内打“√”，说法错误的请在括号内打“×”）

1. 汽车修理是为了维持车辆的完好技术状况或工作能力而进行的作业。（　　）
2. 二类企业可从事整车修理、总成修理、小修、专项修理工作。（　　）
3. 由于总成大修是车辆大修基础，总成是否大修间接决定车辆是否大修。（　　）
4. 车辆行驶中发动机突然熄火属于渐发性故障。（　　）
5. 汽车可靠性是指汽车在特定条件下和规定时间内，完成规定功能的能力。（　　）
6. 我国将汽车维护分为走合维护、一级维护和二级维护三个级别。（　　）
7. 总成互换修理法适用生产规模较大、承修车型比较单一的修理厂家。（　　）
8. 目前，我国对营运车辆实行视情维护制度。（　　）
9. 检查仪表板上各种故障指示灯的亮灭，可初步判断是电控还是机械系统故障。（　　）
10. 排气管排蓝烟说明发动机烧机油。（　　）
11. 现场 5S 管理即整理、整顿、清扫、清洁、素养 5 个方面。（　　）
12. 维修竣工后，结算员应收齐车间与配件部有关单据，列出清单，做好核算。（　　）
13. 在维修估价的过程中主要考虑维护客户的利益。（　　）
14. 维修质量管理主要是做好维修质量检验工作。（　　）
15. 车辆小修工艺流程不包括过程检验内容。（　　）
16. 前束与外倾角配合不正确，会造成轮胎外侧偏磨损。（　　）
17. 节温器打不开会造成发动机温度过低。（　　）
18. 废气再循环控制阀故障会造成发动机怠速不稳。（　　）
19. 排气管堵塞会造成发动机动力不足。（　　）
20. 左右车轮轮胎的磨损或胎压相差过大会造成车辆制动跑偏。（　　）

四、简答题

1. 简述影响车辆技术状况变化的因素有哪些？
2. 我国现行的汽车维修制度是什么？
3. 维修质量管理制度主要有哪些？
4. 简述汽车维修质量保证体系的概念？
5. 简述车辆故障诊断的基本程序？

第四章 汽车维修财务知识

学习目标

通过对本章内容的学习,您需要:

1. 了解客户对汽车维修费用的各种结算方式;
2. 熟悉支票、银行汇票、信用卡、银行本票等的基本使用方法;
3. 掌握发票的开具要求与方式。

第一节 汽车维修的收费结算方式

客户结算维修费用时,除了直接用现金结算外,还可能会选择其他的不同方式,有必要对这些结算方式予以了解。

一 支票

支票是由出票人签发,委托办理支票存款业务的银行或者其他金融机构在见票时无条件支付确定金额给收款人或持票人的票据。

开立支票存款账户和领用支票,必须有可靠的资信,并存入一定资金。支票分现金支票和转账支票。支票一经背书即可转让,具有通货作用,成为替代货币发挥流通手段和支付手段职能的信用流通工具。运用支票进行货币结算,可以减少现金流通量,节约货币流通费用。

1. 支票的种类

支票的种类

▲普通支票。

▲现金支票。

▲转账支票。

现金支票是支票上印有"现金"字样的支票,只能用于支取现金。它可以由存款人签发用于到银行为本单位提取现金,也可以签发给其他单位和个人用来办理结算或者委托银行代为支付现金给收款人。转账支票只能用于转账,它适用于存款人给同一城市范围内的收款单位划转款项,以办理商品交易、劳务供应、清偿债务和其他往来款项结算。普通支票既可用于支取现金,也可用于转账。但在普通支票左上角划两条平行线的,为划线支票,只能用于转账,不能支取现金。

2. 支票适用范围

单位和个人在同一票据交换区域的各种款项结算,均可以使用支票。

自2007年6月25日起,支票实现了全国通用,异城之间也可使用支票进行支付结算。支票全国通用后,出票人签发的支票凭证不变,支票的提示付款期限仍为10天;异地使用支票款项最快可在2~3h之内到账,一般在银行受理支票之日起3个工作日内均可到账。为防范支付风险,异地使用支票的单笔金额上限为 50 万元。

3. 支票的填写

(1)出票日期需用大写填写。出票日期 1 ~ 9 月分别写成零壹、零贰、……、零玖,10 月、11 月、12 月分别写成壹拾月、壹拾壹月、壹拾贰月;1 ~ 10 日分别写成零壹、零贰、……、零壹拾日;11 日写成壹拾壹日,20 日写成零贰拾日,30 日写成零叁拾日,31 日写成叁拾壹日。也可以盖日期章,印泥用红色、蓝色都可以(图 4-1)。

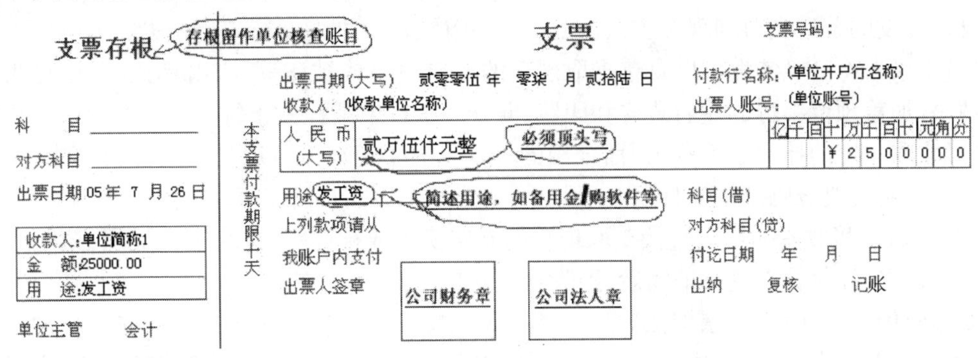

图 4-1 支票的填写

(2)收款人名称必须填全称,收款人也可以刻制本单位章,填进账支票时直接盖上去,可多次使用,印泥要求同上。一般情况下出票人会把收款人预先填好,不用收款人填写。

(3)款项用途需清晰明了,金额要用大小写同时填写。金额小写要用 ¥ 封头,大写时应紧接“人民币”字样填写,不得留有空白。大写遇到 0 时要注意。比如 1030. 50 元可以写成壹仟零叁拾元零伍角整,也可以写成壹仟零叁拾元伍角整,两种写法都是对的。

(4)支票要用黑色碳素笔填写,也可打印。书写时不能重笔,不能涂改,有密码的还要填写密码。存根联是企业留存的,填写要求不是很高,简单按支票右边内容填就可以了。

4. 支票必须记载的事项

支票上必须记载以下事项:表明“支票”字样;无条件支付委托;确定金额;付款银行名称及地址(未载明付款地点者,付款银行所在地视为付款地点);出票日期及出票地点(未载明出票地点者,出票人名字旁的地点视为出票地);出票人名称及其签字;收款人名称。

支票上未记载上述规定事项之一的,无效;支票上的金额可以由出票人授权补记,未补记前的支票,不得使用;支票上未记载收款人名称的,经出票人授权,可以补记;支票上未记载付款地的,付款人的营业场所为付款地;支票上未记载出票地的,出票人的营业场所、住所或者经常居住地为出票地;出票人可以在支票上记载自己为收款人。

5. 支票的使用

(1)支票一律记名,转账支票可以背书转让。

(2)支票有效付款期为 10 天(从签发支票的当日起,到期日遇假日顺延)。

(3)支票签发的日期、大小写金额和收款人名称不得更改,其他内容有误,可以划线更正,并加盖预留银行印鉴之一证明。

(4)支票发生遗失,可以向付款银行申请挂失;挂失前已经支付,银行不予受理。

(5)出票人签发空头支票、印章与银行预留印鉴不符的支票、使用支付密码但支付密码错误的支票,银行除退回支票外,还要按票面金额处以5%但不低于1000元的罚款。

(6)支票的背书。现金支票不存在背书的问题,因为付款方在给你支票的时候就已经在现金支票的正面和反面盖章了,只要拿到现金支票的开户银行去,就可以取款。

转账支票只要在有效期内(10天)可无数次背书转让(银行有粘贴单),但背书必须连续。若出票人注明“不得背书转让”字样的则不可背书转让。

6. 支票的挂失

已经签发的普通支票和现金支票,如遗失或被盗,应立即向银行申请挂失。

(1)出票人将已经签发可以直接支取现金的支票遗失或被盗等,应出具证明,填写两联挂失申请书,加盖预留银行的签名式样和印鉴,向开户银行申请挂失止付。银行查明该支票确未支付,经收取一定的挂失手续费(票面金额的1%,但不低于5元)后受理挂失,在挂失人账户中用红笔注明支票号码及挂失日期。

(2)收款人将收受的可以直接支取现金的支票遗失或被盗等,也应出具证明,填写两联挂失止付申请书,经付款人签章证明后,到收款人开户银行申请挂失止付。

依据中华人民共和国《票据法》第15条第3款规定:“失票人应当在通知挂失止付后3日内,也可以在票据丧失后,依法向人民法院申请公示催告,或者向人民法院提起诉讼。”即可以背书转让的票据的持票人在票据被盗、遗失或灭失时,须以书面形式向票据支付地(即付款地)的基层人民法院提出公示催告申请。在失票人向人民法院提交的申请书上,应写明票据类别、票面金额、出票人、付款人、背书人等票据主要内容,并说明票据丧失的情形,同时提出有关证据,以证明自己确属丧失的票据的持票人,有权提出申请。

失票人在向付款人挂失止付之前,或失票人在申请公示催告以前,票据已经由付款人善意付款的,失票人不得再提出公示催告的申请,付款银行也不再承担付款的责任。由此给支票权利人造成的损失,应当由失票人自行负责。银行暂停止付权限为12天,超过12天未收到人民法院止付通知的,自第13天起,挂失止付通知书失效。

按照规定,已经签发的转账支票遗失、被盗等,由于这种支票可以直接待票购买商品,银行不受理挂失,但可以请求收款人及其开户银行协助防范。如果丧失的支票超过有效期或者挂失之前已经由付款银行支付票款的,由此所造成的损失,由失票人自行负责。

7. 支票的交存

在支票背面右边盖上预留印签,不要压线,包括财务章和法人章。盖章时要清楚,持支票到银行再填进账单(表4-1)一式三联送存银行就可以了。填进账单时左边为出票人的(付款

银行进账单　　表4-1

<table>
<tr><td rowspan="2">收款单位</td><td>全称</td><td colspan="2"></td><td>款项往来</td><td colspan="2"></td></tr>
<tr><td>账号</td><td colspan="2"></td><td>款项性质</td><td colspan="2">票据(分页填写)</td></tr>
<tr><td colspan="5" rowspan="2">人民币
(大写)</td><td colspan="2">十亿千百十万千百十元角分</td></tr>
<tr><td colspan="2"></td></tr>
<tr><td colspan="3">托收票据目录第1页　共　页</td><td rowspan="2">款项
性质</td><td colspan="2">金额</td><td rowspan="6">(收款银行盖章)</td></tr>
<tr><td>付款行交换号码</td><td>付款单位账号</td><td>凭证号码</td><td colspan="2">千百十万千百十元角分</td></tr>
<tr><td></td><td></td><td></td><td></td><td colspan="2"></td></tr>
<tr><td></td><td></td><td></td><td></td><td colspan="2"></td></tr>
<tr><td></td><td></td><td></td><td></td><td colspan="2"></td></tr>
<tr><td></td><td></td><td></td><td></td><td colspan="2"></td></tr>
</table>

此联由银行盖章后退回单位

人）全称、账号、开户银行（支票上有），右边为收款人（自己单位）的全称、账号、开户银行（公司银行），最后填写金额。

8. 支票真伪的辨别

支票真伪辨别

▲检查支票号码，是否为挂失支票。

▲检查支票印章是否齐全，现金支票正反面印章必须一样；转账支票只在正面预留印鉴章。

▲检查是否有涂改，避免退票。

▲检查票面字迹、印章是否清晰，位置是否正确，金额大小写是否一致并正确。

▲检查支票日期是否准确、是否为有效期，日期行必须大写。

▲转账支票加盖有银行的签章三处，可拨打出票单位开户行电话查询。

▲凭密码支取的支票，查验是否填写了密码，密码是否正确。

二 银行汇票

银行汇票是汇款人将款项存入当地出票银行，由出票银行签发的，由其在见票时，按照实际结算金额无条件支付给持票人或收款人的票据。

1. 银行汇票的使用

（1）使用范围。银行汇票适用于先收款后发货或钱货两清的商品交易，单位和个人各种款项结算都可以使用银行汇票。银行汇票可以用于转账，填明“现金”字样的银行汇票还可以用于支取现金。银行汇票的付款期限一般为出票日起 1 个月内，超过付款期限提示付款不获付款的，持票人应当在票据权利时效内作出说明，并提供本人身份证或单位证明，持银行汇票和解讫通知书向出票银行请求付款。

（2）记载事项。表明“银行汇票”的字样；无条件支付的承诺；收款人姓名或单位；汇款人姓名或单位；签发日期（发票日）；汇款金额、实际结算金额、多余金额；汇款用途；兑付地、兑付行、行号；付款日期。

（3）提示付款期限。银行汇票的提示付款期限自出票日起 1 个月。持票人超过付款期提示付款的，代理付款人不予受理。

2. 银行汇票的申请

（1）单位需要使用银行汇票时，应填写银行汇票请领单，具体说明领用银行汇票的部门、经办人、汇款用途、收款单位名称、开户银行、账号等，由请领人签章，并经单位领导审批同意后，由财务部门具体办理相关手续。银行汇票请领单的格式见表 4-2。

银行汇票请领单　　　　表 4-2

请领日期　　年　　月　　日

收款人		开户银行		账号	
汇款用途					
汇款金额	人民币（大写）		¥		
部门负责人意见		单位领导审批意见		请领人签章	

（2）申请使用银行汇票办理结算业务的单位，财务部门应向签发银行提交“银行汇票委托书”，并在其上逐项写明汇款人名称和账号、收款人名称和账号、兑付地点、汇款金额、汇款用

途等,并在“汇款委托书”上加盖汇款人预留银行的印鉴,由银行审查后签发银行汇票。如汇款人未在银行开立存款账户或个人要求签发银行汇票,则可以交存现金办理汇票。

(3)汇款人办理银行汇票,能确定收款人的,须详细填明单位、个体经济户名称或个人姓名。确定不了的,应填写汇款人指定人员的姓名。

(4)交存现金办理的汇票,需要在汇入银行支取现金的,应在汇票委托书上的“汇款金额”大写栏先填写“现金”字样,后填写汇款金额。这样,银行可签发现金汇票,以便汇款人在兑付银行支取现金。如需要在兑付银行支取现金的,必须是申请人或收款人是个人,申请人或收款人是单位的,不得办理“现金”汇票。

(5)签发银行受理“银行汇票委托书”,经过验对“银行汇票委托书”内容和印鉴,并在办妥转账或收妥现金之后,即可向汇款人签发转账或支取现金的银行汇票。对个体经济户和个人需要支取现金的,在汇票“汇款金额”栏先填写“现金”字样,后填写汇款金额,再加盖印章并用压数机压印汇款金额,将汇票和解讫通知交汇款人。

银行汇票一式四联,第一联为卡片,由签发行结清汇票时作汇出汇款付出传票;第二联为银行汇票,与第三联解讫通知一并由汇款人自带,在兑付行兑付汇票后此联作联行往来账付出传票;第三联是解讫通知,在兑付行兑何后随报单寄签发行,由签发行作余款收入传票;第四联是多余款通知,在签发行结清后交汇款人。

3. 银行汇票的解付

收款人收到银行汇票时,应该认真审查,审查的内容主要包括:收款人或背书人是否确为本单位;银行汇票是否在付款期内,日期、金额等填写是否正确无误;印章是否清晰,压数机压印的金额是否清晰;银行汇票和解讫通知是否齐全、相符;汇款人或背书人的证明或证件无误,背书人证件上的姓名与其背书相符。

审查无误后,在汇款金额以内,根据实际需要的款项办理结算,并将实际结算金额和多余金额准确、清晰填入银行汇票和解讫通知的有关栏内(实际结算金额和多余金额如果填错,应用红线划去全数,在上方重填正确数字并加盖本单位印章,只限更改一次)。多余金额由签发银行退交汇款人。全额解付的银行汇票,应在“多余金额”栏写上“0”符号。

填写完结算金额和多余金额后,收款人或被背书人将银行汇票和解讫通知同时提交兑付银行,缺少任何一联均无效,银行将不予受理。

在银行开立账户的收款人或被背书人受理银行汇票后,在汇票背面加盖预留银行印鉴连同解讫通知和二联进账单送交开户银行办理转账。

持票人为未在银行开户的个人,可以向所选择的任何一家商业银行提示付款,提示付款时,应在汇票的背面签章,并填写本人身份证名称、号码及发证机关,由其本人向银行提交本人身份证及其复印件。

4. 银行汇票的退款

汇款单位因汇票超过付款期限或其他原因没有使用汇票时,可分情况申请退款:

(1)在银行开立账户的汇款单位要求签发银行退款时,应当备函向签发银行说明原因,并将未用的“银行汇票联”和“解讫通知联”交回汇票签发银行办理退款。银行将“银行汇票联”和“解讫通知联”和银行留存的银行汇票“卡片联”核对无误后办理退款手续,将汇款金额划入汇款单位账户。

(2)未在银行开立账户的汇款单位要求退款时,应将未用的“银行汇票联”和“解讫通知联”交回银行,同时向银行交验申请退款单位的有关证件,经银行审核后办理退款。

(3)汇款单位因“银行汇票联”和“解讫通知联”缺少其中一联而不能在兑付银行办理兑付,而向签发银行申请退款时,应将剩余的一联退给汇票签发银行并备函说明短缺其中一联的原因,经签发银行审查同意后办理退款手续。

5. 银行汇票的背书

银行汇票如果其收款人为个人的,可以经过背书将汇票转让给在银行开户的单位和个人。如果收款人为单位的,不得背书转让。

汇票必须转让给在银行开户的单位和个人,不能转让给未在银行开户的单位和个人。在背书时,背书人必须在银行汇票第二联背面“背书”栏填明其个人身份证件及号码,并签章,同时填明被背书人名称,并填明背书日期。

6. 银行汇票遗失后的处理

(1)如果遗失了注明“现金”字样的银行汇票,应立即向签发银行或兑付银行请求挂失止付。申请时应提交汇票挂失申请书(可用汇票委托书代替),并在凭证备注栏内写明“汇票挂失”。如果在银行受理挂失以前,包括对方银行收到挂失通知以前,汇票金额已被人冒领的,银行不承担付款责任。持票人一旦发现汇票遗失,应尽快申请挂失,同时,依据《中华人民共和国票据法》第 15 条第 3 款规定:“失票人应当在通知挂失止付后 3 日内,也可以在票据丧失后,依法向人民法院申请公示催告,或者向人民法院提起诉讼”,以免遭到不必要的利益损失。

(2)如果遗失了注明收款单位、个体经济户名称的汇票,失票人应当立即通知收款单位、个体经济户、收款人、兑付银行、签发银行,请求这些单位或个人协助防范。因为这类汇票遗失后,银行不办理挂失止付。

(3)如果遗失了指定收款人姓名的汇票,不能到银行申请挂失止付。因为这种汇票可以背书转让,无法确定被背书人,无法挂失,兑付行和签发行都不予协助防范。因此,这种银行汇票的持票人一定要认真保管,切勿遗失。银行汇票遗失后,在付款期满后 1 个月确实没有发生什么问题的,可以由汇款人写出书面证明,说明情况,到签发银行办理退款。

7. 银行汇票结算的相关规定

(1)银行汇票的签发和解付。银行汇票的签发和解付,只能由中国人民银行和商业银行参加“全国联行往来”的银行机构办理。跨系统银行签发的转账银行汇票的解付,应通过同城票据交换将银行汇票和解讫通知提交同城的有关银行审核支付后抵用。省、自治区、直辖市内和跨省、市的经济区域内,按照有关规定办理。在不能签发银行汇票的银行开户的汇款人需要使用银行汇票时,应将款项转交附近能签发银行汇票的银行办理。

(2)银行汇票一律记名。在汇票中指定某一特定人为收款人,其他任何人都无权领款;但如果指定收款人以背书方式将领款权转让给其指定的收款人,其指定的收款人有领款权。

(3)银行汇票的汇票金额起点为 500 元。500 元以下款项银行不予办理银行汇票结算。

(4)银行汇票的付款期为 1 个月。这里所说的付款期,是指从签发之日起到办理兑付之日止的时期。从签发日开始,不论月大月小,统一到下月对应日期止的一个月。如果到期日遇节假日,可以顺延。逾期的汇票,兑付银行将不予办理。

8. 银行汇票的真假鉴别

(1)眼观。用肉眼看银行汇票的纹路是否清晰,波峰是否依弧形彩虹的形状有规律的出现,银行汇票汉语拼音微缩的字母是否连续排列有序,银行汇票各要素是否填写齐全,金额大小写是否一致,日期是否正确,有无涂改。

(2)手摸、耳听。用手触摸纸张较挺拔,轻轻击打会发出比较响亮、清脆声,与鉴别人民币的方法基本相同。

(3)仪器鉴别。一般的汇票鉴别仪有4项功能,一是放大功能,把银行汇票放在银行汇票鉴别仪下观察,各要素会看得更清楚、逼真,若有涂改,很容易发现。二是长波功能,主要是观察有色或无色荧光纤维。三是短波功能主要是观察银行汇票背面二维荧光。四是水印功能,把银行汇票背面放在银行汇票鉴别仪下,可观察到汉语拼音"HP"字样。

(4)收到银行汇票,除了对银行汇票本身的真伪进行辨别外,还要对背书转让的银行汇票检查背书是否连续,背书人签章是否齐全。汇票的出票日期、汇票号码、收款人名称、实际结算金额等是否有更改的迹象。对经更改的票据要坚决拒收。

(5)按银行汇票上的出票人电话直接电话咨询出票人,向出票人进行核实。

三 信用卡

信用卡是商业银行向个人和单位发行,凭以向特约单位购物、消费和向银行存取现金,具有消费信用的特制载体卡片,其形式是一张正面印有发卡银行名称、有效期、号码、持卡人姓名等内容,背面有磁条、签名条的卡片。

凡在中华人民共和国境内金融机构开立基本存款账户的单位可申请领单位卡,单位卡可申领若干张,持卡人资格由申领单位法定代表人或其委托的代理人书面指定和注销。凡具有完全民事行为能力的公民可以申领个人卡。

单位或个人申领信用卡,应按规定填制申请表,连同有关资料一并送交发卡银行,符合条件并按要求交存一定金额的备用金后,银行为申领人开立信用卡存款账户并发给信用卡。

1. 信用卡的种类

(1)按是否向发卡银行交存备金分贷记卡、准贷记卡两类,贷记卡是发卡银行给予持卡人一定的信用额度,持卡人可在信用额度内先消费、后还款的信用卡。准贷记卡则是先按发卡银行要求交存一定金额备用金的信用卡。我们现在所说的信用卡,一般单指贷记卡。

(2)按使用对象分为单位卡和个人卡。

(3)按信用等级分为金卡和普通卡。

2. 信用卡使用注意

(1)单位账户的资金一律从基本存款账户转账存入,不得交存现金,不得将销货收入的款项存入其账户。

(2)信用卡仅限于合法持卡人本人使用,持卡人不得出租或转借信用卡。

(3)单位信用卡不得用于10万元以上的商品交易,劳务供应款项的结算。

(4)持卡人用卡购物时,需将信用卡和身份证一并交特约单位并在签购单上签名确认。

(5)特约单位不得通过压卡、签单和退货等方式支付持卡人现金。

(6)单位卡一律不得支取现金。

(7)信用卡透支额,金卡最高不得超过10000元,普通卡量高不得超过5000元,透支期限最长60天。

(8)持卡人不得恶意透支。

(9)持卡人不需要继续使用信用卡的,应持信用卡主动到发卡银行办理销户。销户时,单位卡账户余额转入其基本存款账户,不得提取现金。

3. 信用卡的真假鉴别

(1)看塑料底片。真卡表面光滑,颜色不易脱落,底片有防伪标志;伪卡表面粗糙,颜色易脱落,底片无防伪标志。

(2)看印刷。真卡颜色鲜明,字样清晰,卡面条纹清晰整齐;伪卡字样模糊,颜色过深或过浅,卡面条纹不整齐,有如贴在白卡上。

(3)看签名栏。真卡有发卡公司的商标;伪卡无公司商标,即全白色或有涂改痕迹,且签名不流畅。

(4)看压印。真卡卡号大写英文字母整齐有序;伪卡压印号与英文字母不整齐或大小有别,其中涂改卡旧卡号在卡面隐约可见。

四 银行本票

银行本票是申请人将款项交存银行,由银行签发的承诺自己在见票时无条件支付确定的金额给收款人或者持票人的票据。分定额本票和不定额本票两种,定额银行本票面额为1000元、5000元、10000元和50000元。

银行本票见票即付,付款保证程度高。适用于同一票据交换区域内的个人各种款项结算。

1. 银行本票的相关规定

(1)银行本票可以用于转账,填明“现金”字样的银行本票,也可用于支取现金,现金银行本票的申请人和收款人均为个人。

(2)银行本票可以背书转让,填明“现金”字样的银行本票不能背书转让。

(3)银行本票的提示付款期限自出票日起2个月。

(4)在银行开立存款账户的持票人向开户银行提示付款时,应在银行本票背面“持票人向银行提示付款签章”处签章,签章须与预留银行签章相同。未在银行开立存款账户的个人持票人,持注明“现金”字样的银行本票向出票银行支取现金时,应在银行本票背面签章,记载本人身份证件名称、号码及发证机关。

(5)银行本票丧失,失票人可以凭人民法院证明,向出票银行请求付款或退款。

(6)银行本票的出票人,为经中国人民银行当地分支行批准办理银行本票业务的银行。

(7)签发银行本票必须记载下列事项:表明“银行本票”的字样;无条件支付的承诺;确定的金额;收款人名称;出票日期;出票人签章。欠缺记载上列事项之一的,无效。

(8)持票人超过付款期限提示付款的,代理付款人不予受理。

(9)银行本票的代理付款人是代理出票银行审核支付银行本票款项的银行。

(10)申请人使用银行本票,应向银行填写“银行本票申请书”,填明收款人名称、申请人名称、支付金额、申请日期等事项并签章。申请人和收款人均为个人需要支取现金的,应在支付金额栏先填写“现金”字样，后填写支付金额；申请人或收款人为单位的，不得申请签发现金银行本票。

(11)出票行受理银行本票申请书，收妥款项签发银行本票。用于转账的，在银行本票上划去“现金”字样；申请人和收款人均为个人需要支取现金的，在银行本票上划去“转账”字样。不定额银行本票用压数机压印出票金额。出票行在银行本票上签章后交给申请人。

(12)申请人或收款人为单位的，银行不得为其签发现金银行本票。申请人应将银行本票交付给本票上记明的收款人。

2. 收款人受理银行本票时，应审查的事项

(1)收款人是否确为本单位或本人。

(2)银行本票是否在提示付款期限内。

(3)必须记载的事项是否齐全。

(4)出票人签章是否符合规定，不定额银行本票是否有压数机压印的出票金额，并与大写出票金额一致。

(5)出票金额、出票日期、收款人名称是否更改，更改的其他记载事项是否由原记载人签章证明。

(6)收款人可以将银行本票背书转让给被背书人。被背书人受理时，还应审查：背书是否连续，背书人签章是否符合规定，背书使用粘单的是否按规定签章；背书人身份证件。

3. 付款与退款

(1)持票人超过提示付款期限不获付款的，在票据权利时效内向出票银行作出说明，并提供本人身份证件或单位证明，可持银行本票向出票银行请求付款。

(2)申请人因银行本票超过提示付款期限或其他原因要求退款时，应将银行本票提交到出票银行，申请人为单位的，应出具该单位的证明；申请人为个人的，应出具该本人的身份证件。出票银行对于在本行开立存款账户的申请人，只能将款项转入原申请人账户；对于现金银行本票和未在本行开立存款账户的申请人，才能退付现金。银行本票丧失，失票人可以凭人民法院出具的其享有票据权利的证明，向出票银行请求付款或退款。

五 商业汇票

商业汇票是指由付款人或存款人(或承兑申请人)签发，由承兑人承兑，并于到期日向收款人或被背书人无条件支付确定金额款项的一种票据。

按其承兑人的不同，可以分为商业承兑汇票和银行承兑汇票两种：商业承兑汇票是指由收款人签发，经付款人承兑，或者由付款人签发并承兑的汇票；银行承兑汇票是指由收款人或承兑申请人签发，并由承兑申请人向开户银行申请，经银行审查同意承兑的汇票。

商业汇票一般有三个当事人，即出票人、收款人和付款人。

1. 使用商业汇票必须遵守的原则

(1)使用商业汇票的单位必须是在银行开立账户的法人。

(2)签发商业汇票必须以合法的商品交易为基础，禁止签发无商品交易的汇票。

(3)商业汇票经承兑后，承兑人负有到期无条件支付票款的责任。

(4)商业汇票承兑期限最长不得超过 6 个月。如属分期付款，应一次签发若干张不同期

限的汇票。

2. 商业汇票业务办理注意事项

(1)办理商业汇票必须以真实的交易关系和债权债务关系为基础,出票人不得签发无对价的商业汇票用以骗取银行或其他票据当事人的资金。

(2)商业汇票的出票人,应为在银行开立存款账户的法人以及其他组织,与付款人(即承况人)具有真实的委托付款关系,并具有支付汇票金额的可靠资金来源。

(3)签发商业汇票必须按规定详细记载必须记载事项。

(4)我国目前使用的商业承兑汇票和银行承兑汇票所采用的都是定期付款形式,出票人签发汇票时,应在汇票上记载具体的到期日。

(5)商业汇票可以在出票时向付款人提示承兑后使用,也可以在出票后先使用再向付款人提示承兑。商业承兑汇票和银行承兑汇票的持票人员均应在汇票到期日前向付款人提示承兑。承兑不得附有条件。

(6)商业汇票的持票人向银行申请贴现时,必须提供与其直接前手之间的增值税发票和商品发运单据复印件,贴现银行办理转贴现、品发运单据复印件。贴现利息的计生机算,承兑人在异地的,贴现、转贴现和再贴现的银行应另加3天的划款日期。

商业汇票的票款结算一般采用委托收款方式。商业汇票的提示付款期,自汇票到期日起10日。持票人应在提示付款期内通过开户银行委托收款或直接向付款人提示付款。对异地委托收款的,持票人可匡算邮程,提前通过开户银行委托收款。

3. 商业汇票鉴别

(1)商业汇票的特征。商业汇票具有七项特征。

商业汇票特征

▲由中国人民银行统一监督印制,具有统一规定格式、联次、颜色和规格。

▲紫光灯下在规定位置有人民银行行徽或各专业银行行徽的荧光反应。

▲承兑汇票的票号以二位英文字母冠首,其后是八位阿拉伯数字。

▲票号是以渗透性油墨印制,正面为黑色,字迹清晰、端正、间隔相等;反面为浅红色,整个号码区域用手摸有明显凹凸感。

▲大写金额红水线栏使用水溶性荧光油墨,在紫光下有荧光反应。

▲在白光照射下,显现满版水印,银行承兑汇票和商业承兑汇票水印不同。

▲背面有二维标识码,在紫光下有微弱荧光反应。

(2)商业汇应该具备的要素。商业汇票应该具备以下几点要素:

①表明“商业承兑汇票”或“银行承兑汇票”字样;

②无条件支付的委托;

③确定的金额,票据金额以中文大写和数码同时记载,两者必须一致,不一致的票据无效;

④收款人名称与付款人名称不能相同,其开户银行可以相同也可以不同;

⑤商业汇票的出票日期必须是中文大写,且到期日与出票日间隔最长不超过6个月。

出票人签章不符合规定则无效;单位在票据上的签章,应为该单位的财务专用章或公章,加其法定代表人或其授权代理人的签名或者盖章,商业承兑汇票的承兑人在票据上的签章应为其预留银行的签章;银行承兑汇票的承兑人签章,应为经中国人民银行批准使用的该银行汇票专用章,加其法定代表人或授权经办人的签名或盖章。银行用公章进行承兑的,亦应承担票据责任。承兑人签章不符合有关规定,其签章无效,但不影响其他符合规定签章的效力。

票据上的记载事项应真实,不得伪造、变造;票据上有伪造、变造签章的,不影响票据上其他真实签章效力;票据上其他记载事项被变造的,在变造之前签章的人,对原记载事项负责;在变造之后签章的人,对变造之后的记载事项负责;不能分清的,视同在变造前签章。

票据金额、日期、收款人名称不得更改,更改的票据无效。

对于其他记载事项,原记载人可以更改,更改时应由原记载人签章证明。银行承兑汇票的原记载人为出票企业,银行不得更改银行承兑汇票。

商业汇票的流通应当在规定的区域内进行,限定流通区域的票据,只能在限定的区域内流通,注明“不得转让”字样的票据,不得背书转让,只能持票到期收款。

(3)商业汇票的鉴别。商业汇票的真伪鉴别方法是:

一是观看其纸张颜色、印章颜色和形状是否有异,观看汇票的纹印是否清晰,观看号码、金额部位是否有涂改迹象。

二是摸汇票的纸张是否有轻薄的感觉,手感是否有异;摸号码区域是否有毛糙感觉,是否有明显凹凸感。

三是在白光和紫光下照射、观看号码区、金额书写部位,观看二维标识码及背书印刷字体颜色,是一样还是有异。

4. 票据贴现

(1)概述。票据贴现是持票人在需要资金时,将其收到的未到期承兑汇票,经过背书转让给银行,先向银行贴付利息,银行以票面余额扣除贴现利息后的票款付给收款人,汇票到期时,银行凭票向承兑人收取现款。就客户而言,贴现即贴息取现。一般地讲,用于贴现的商业汇票主要包括商业承兑汇票和银行承兑汇票两种。

(2)申请票据贴现的条件。申请票据贴现的单位必须是具有法人资格或实行独立核算、在银行开立基本账户并依法从事经营活动的经济单位。贴现申请人应具有良好的经营状况,具有到期还款能力,贴现申请人持有的票据必须真实,票据填写完整、盖印、压数无误,凭证在有效期内,背书连续完整。贴现申请人在提出票据贴现的同时,应出示贴现票据项下的商品交易合同原件并提供复印件或其他能够证明票据合法性的凭证,同时还应提供能够证明票据项下商品交易确已履行的凭证(如发货单、运输单、提单、增值税发票等复印件)。

(3)银行在贴现票据时,贴现付款额的计算公式:

$$\text{银行贴现付款额} = \text{票据面额} \times (1 - \text{年贴现率} \times \text{贴现后到期天数} \div 365\ \text{天})$$

六 现金结算

现金结算是维修行业普遍采用的一种方式,但主要适用与个人结算,注意事项有:

(1)收取现金至少清点两遍。

(2)严格按现金开支范围使用好收取的现金。

(3)注意识别现金的真伪。

第二节　发　票

发票是指在购销商品、提供或者接受服务以及从事其他经营活动中,开具、收取的收付款凭证。它是消费者的购物凭证,是纳税人经济活动的重要商事凭证,也是财政、税收、审计等部门进行财务税收检查的重要依据。

一 发票的分类

1. 普通发票

普通发票主要由营业税纳税人和增值税小规模纳税人使用,增值税一般纳税人在不能开具专用发票的情况下也可使用普通发票。

普通发票由行业发票和专用发票组成。前者适用于某个行业和经营业务,如商业零售统一发票、商业批发统一发票、工业企业产品销售统一发票等;后者仅适用于某一经营项目,如广告费用结算发票,商品房销售发票等。

普通发票的基本联为三联:第一联为存根联,开票方留存备查用;第二联为发票联,收执方作为付款或收款原始凭证;第三联为记账联,开票方作为记账原始凭证。

2. 增值税专用发票

增值税专用发票是我国实施新税制的产物,是国家税务部门根据增值税征收管理需要而设定的,是增值税一般纳税人销售货物或者提供应税劳务开具的发票,是购买方支付增值税额并可按照增值税有关规定据以抵扣增值税进项税额的凭证。专用发票既具有普通发票所具有的内涵,同时还具有比普通发票更特殊的作用。它不仅是记载商品销售额和增值税税额的财务收支凭证,而且是兼记销货方纳税义务和购货方进项税额的合法证明,是购货方据以抵扣税款的法定凭证,对增值税的计算起着关键性作用。

增值税专用发票由基本联次或者基本联次附加其他联次构成,基本联次为三联:发票联、抵扣联和记账联。发票联,作为购买方核算采购成本和增值税进项税额的记账凭证;抵扣联,作为购买方报送主管税务机关认证和留存备查的凭证;记账联,作为销售方核算销售收入和增值税销项税额的记账凭证。其他联次用途,由一般纳税人自行确定。

二 发票的作用

发票是记录经营活动的一种原始证明;发票是加强财务会计管理,保护国家财产安全的重要手段;发票是税务稽查的重要依据;发票是维护社会秩序的重要工具。随着市场经济的发展,商品流通的不断扩大,发票在整个社会经济活动中,特别是在税收征管及财务管理中起的作用越来越大。其作用主要有以下几个方面:

(1)发票是记录经营活动的原始证明。由于发票上载明的经济事项较为完整,既有填制单位印章,又有经办人签章,还有监制机关、字轨号码、发票代码等,具有法律证明效力。它为工商部门检查经济合同,处理合同纠纷,法院裁定民事诉讼,消费者向销货方要求调换、退货、修理商品,公安机关核发车船牌照,保险公司理赔等,提供了重要依据。所以消费者个人养成主动索取发票的习惯是维护自身合法权益的保障。

(2)发票是加强财务会计管理,保护国家财产安全的重要手段。发票是会计核算的原始凭证,正确填制发票是正确进行会计核算的基础。只有填制合法、真实的发票,会计核算才会真实可信,核算质量才有可靠保证,提供的会计信息才会准确、完整。

(3)发票是税务稽查的依据。发票一经开具,票面上便载明征税对象的名称、数量、金额,为计税基数提供了原始依据。发票还为计算应税所得额、应税财产提供必备资料。离开了发票,要准确计算应纳税额是不可能的,所以税务稽查往往从发票检查入手。

(4)发票是维护社会秩序的工具。发票具有证明作用,在一定条件下又有合同性质。各类发票违法行为,不仅与偷税骗税有关,还与社会秩序的诸多方面(如投机倒把、贪污受贿、走私贩私等)的案件关系甚大。发票这一道防线一松,将为经济领域的违法犯罪打开方便之门。所以,管好发票,不仅是税务机关自身的责任,也是整个社会的工作。

三 普通发票的开具规定

(1)在销售商品、提供服务以及从事其他经营活动对外收取款项时,应向付款方开具发票。特殊情况下,由付款方向收款方开具发票。向消费者个人零售小额商品,也可以不开发票,但如果消费者索要发票时,则不得拒开。

(2)开具发票应按规定时限、顺序,逐栏、全部联次一次性如实开具,并加盖单位财务印章或发票专用章。

(3)使用计算机开具发票,须经国税机关批准,并使用国税机关统一监制的机外发票,并要求开具后的存根联按顺序号装订成册。

(4)发票限于领购单位和个人在本省、自治区、直辖市范围内使用。临时到本省、自治区、直辖市以外从事经营活动的单位或个人,应凭所在地税务机关证明,向经营地税务机关申购经营地的发票。省、自治区、直辖市税务机关可以作出跨市、县开具发票的办法。

(5)开具发票的单位和个人的税务登记内容发生变化时,应办理发票和发票领购簿的变更、缴销手续。注销税务登记前,应当缴销发票领购簿和发票。

(6)所有单位和从事生产、经营的个人,在购买商品、接受服务,以及从事其他经营活动支付款项时,向收款方取得发票,不得要求变更品名和金额。

(7)对不符合规定的发票,不得作为报销凭证,任何单位和个人有权拒收。

(8)发票限于领购的单位和个人自己填用,任何单位和个人不得转借、转让、代开发票,未经税务机关批准,不得拆本使用发票;不得自行扩大专业发票使用范围。禁止倒买倒卖发票、发票监制章和发票防伪专用品。

(9)开具发票的单位和个人应按税务机关的规定存放和保管发票,不得擅自损毁。已经开具的发票存根联和发票登记簿,应保存五年。保存期满,报经税务机关查验后销毁。

(10)对于退回的普通发票,假如购货方和销货方均未作账务处理的,销货方必须收回原发票并注明“作废”字样,与存根联及其他联次一起粘贴以备核查;购货方未作账务处理,销货方已作账务处理的,销货方必须收回原发票后开具蓝字退货进仓单,方可开具等额的红字发票。同时,必须把红字发票记账联撕下作为冲账凭证,其余联次不得撕下,并把收回的原发票粘贴在红字发票存根联背面以备核查。

(11)任何单位和个人未经批准,不得跨区域携带、邮寄、运输空白发票。禁止携带、邮寄或者运输空白发票出入境。

(12)开具发票的单位和个人应当建立发票使用登记制度,设置发票登记簿,并定期向主管税务机关报告发票使用情况。

四 增值税专用发票的开具规定

1. 一般规定

(1)字迹清楚,填写齐全,正确无误,不得涂改。如填写有误,应另行开具,并在误填发票上注明"误填作废"。如开具后因购货方不索取而成为废票的,也应按填写有误办理。

(2)票、物相符,票面金额与实际收取的金额相符。

(3)全部联次一次填开,上、下联的内容和金额一致。

(4)发票联和抵扣联加盖财务专用章或发票专用章。

(5)按照规定时限开具专用发票。

(6)不得开具伪造的专用发票;不得拆本使用专用发票。

(7)不得开具票样与国家税务总局统一制定的票样不相符合的专用发票。开具的专用发票有不符合上列要求者,不得作为扣税凭证,购买方有权拒收。

2. 具体规定

(1)一般纳税人应通过增值税防伪税控系统(以下简称"防伪税控系统")使用专用发票。使用(包括领购)、开具、缴销、认证纸质专用发票及其相应的数据电文。

(2)专用发票实行最高开票限额管理。最高开票限额,是指单份专用发票开具的销售额合计数不得达到的上限额度。最高开票限额由一般纳税人申请,税务机关依法审批。最高开票限额为10万元及以下的,由区县级税务机关审批;最高开票限额为100万元的,由地市级税务机关审批;最高开票限额为1000万元及以上的,由省级税务机关审批。防伪税控系统的具体发行工作由区县级税务机关负责。

(3)一般纳税人销售货物或者提供应税劳务,应向购买方开具专用发票。增值税小规模纳税人(以下简称"小规模纳税人")需要开具专用发票的,可向主管税务机关申请代开。

(4)增值税专用发票开具的要求:项目齐全,与实际交易相符;字迹清楚,不得压线、错格;发票联和抵扣联加盖财务专用章或者发票专用章;按照增值税纳税义务的发生时间开具。对不符合上述要求的专用发票,购买方有权拒收。

(5)增值税专用发票的开具时间:按照增值税纳税义务的发生时间开具。

(6)有下列情形之一的,一般纳税人不得领购开具增值税专用发票:

①会计核算制度不健全,不能向税务机关准确提供增值税销项税额、进项税额、应纳税额数据及其他有关增值税税务资料的。

②有《中华人民共和国税收征管法》规定的税收违法行为,拒不接受税务机关处理的。

③有下列行为之一,经税务机关责令限期改正而仍未改正的:虚开增值税专用发票;私自印制专用发票;向税务机关以外的单位和个人买取专用发票;借用他人专用发票;未按本规定第十一条开具专用发票;未按规定保管专用发票和专用设备;未按规定申请办理防伪税控系统变更发行;未按规定接受税务机关检查。

(7)纳税人有下列行为不得开具增值税专用发票:向消费者销售应税项目;销售免税项

目;销售报关出口的货物;在境外销售应税劳务;将货物用于非应税项目;将货物用于集体福利和个人福利;将货物无偿赠送他人;提供非应税劳务转让无形资产或销售不动产。

向小规模纳税人销售应税项目可以不开具专用发票。

(8)增值税专用发票的作废。一般纳税人在开具专用发票当月发生销货退回、开票有误等情形,收到退回的发票联、抵扣联同时符合下列条件的,可即时作废:收到退回的发票联、抵扣联时间未超过销售方开票当月;销售方未抄税并且未记账;购买方未认证或者认证结果为“纳税人识别号认证不符”、“专用发票代码、号码认证不符”,按作废处理;开具时发现有误的。

作废专用发票须在防伪税控系统中将相应的数据电文按“作废”处理,在纸质专用发票(含未打印的专用发票)各联次上注明“作废”字样,全联次留存。

第三节 税务知识

一 税务登记

税务登记有利于税务机关了解纳税人基本情况,掌握税源,加强征收与管理,建立税务机关与纳税人之间正常的工作联系,强化税收政策和法规的宣传,增强纳税意识等。

税务登记包括开业登记、变更登记、停业复业登记、注销登记和外出经营报验登记等。

1. 税务登记的范围

凡有法律、法规规定的应税收入、应税财产或应税行为的各类纳税人,均应按规定办理税务登记。不从事生产、经营活动,但是依照法律、法规规定负有纳税义务的单位和个人,除临时取得应税收入或发生应税行为以及只缴纳个人所得税、车船使用税的外,也应按规定向税务机关办理税务登记。

各类企业,企业在外地设立的分支机构和从事生产、经营的场所,个体工商户和从事生产、经营的事业单位,应当自领取营业执照之日起(或自工商行政管理部门办理变更登记之日起)30 日内向所在地税务机关申请办理税务登记。

2. 税务登记内容和时间

(1)开业税务登记。从事生产、经营的纳税人、个体工商户和从事生产、经营的事业单位,应当自领取营业执照之日起 30 日内向所在地税务机关申请办理税务登记;其他纳税人应自成为纳税义务人之日起 30 日内向所在地税务机关申报办理税务登记。

(2)变更登记。自工商行政管理部门办理变更登记之日起 30 日内,持相关证件到原税务登记机关申报办理变更税务登记;纳税人按照规定不需在工商行政管理机关办理变更登记的,或者其税务登记的内容与工商登记内容无关的,应自有关机关批准或者宣布变更之日起 30 日内,持相关证件到原税务登记机关申报办理变更税务登记。

(3)停业、复业登记。需要停业的,应向税务机关提出停业登记,说明停业的理由、时间、停业前纳税情况和发票的领、用、存情况,并如实填写申请停业登记表。税务机关经过审核,应当责成申请停业的纳税人结清税款并收回其税务登记证件、发票领购薄和发票,办理停业登记。纳税人的发票不便收回的,税务机关应当就地予以封存;经核准停业在 15 日以上的纳税人,税务机关应当相应调整已经核定的应纳税额;纳税人停业期间发生纳税义务,应当及时向主管税务机关申报,依法补缴应纳税款。恢复生产、经营之前,应向税务机关提出复业登记申请,经确认后,办理复业登记,领回或启用税务登记证件和发票领购簿及其领购的发票,纳入正常管理;纳税人停业期满不能及时恢复生产、经营的,应当在停业期满前向税务机关提出延长停业登记;纳税人停业期满未按期复业又不申请延长停业的,税务机关应当视为已恢复营业,实施正常的税收征收管理。

(4)注销登记。纳税人发生解散、破产、撤销以及其他情形,依法终止纳税义务的,应当在向工商行政管理机关办理注销登记前,向原税务登记管理机关申报办理注销税务登记。按照规定不需在工商行政管理机关办理注销登记的纳税人,应自有关机关批准或者宣告终止之日起 15 日内,向原税务登记机关申报办理注销税务登记。

纳税人因生产、经营场所变动而涉及改变税务登记机关的,应在向工商行政管理机关申请办理变更或注销登记前或者生产、经营地点变动前,向原税务登记机关办理注销税务登记,再向迁达地税务机关申报办理税务登记。

纳税人被工商行政管理机关吊销营业执照的,应当自营业执照被吊销之日起 15 日内,向原税务登记机关申报办理注销登记。

纳税人因生产、经营地点发生变化注销税务登记的,原税务登记机关在对其注销税务登记的同时,应向迁达地税务机关递解纳税人迁移通知书,由迁达地税务机关重新办理税务登记。如遇纳税人已经或正在享受税收优惠待遇的,迁出地税务机关应在迁移通知书上注明。

(5)外出经营报验登记。从事生产、经营的纳税人到外县(市)进行生产经营的,应向主管税务机关申请开具外出经营活动税收管理证明;外出经营活动结束,纳税人应当向经营地税务机关填报《外出经营活动情况申报表》,并按规定结清税款、缴销未使用完的发票。经营地税务机关应当在《证明》上注明纳税人的经营、纳税及发票使用情况。纳税人应持此《证明》,在《证明》有效期届满 10 日内,回到所在地税务机关办理《证明》缴销手续。

3. 纳税申报的内容

(1)纳税人领取税务登记证 15 日内应向税务机关报送财务、会计制度。

(2)纳税人使用计算机记账的,应在使用前将会计电算化系统的核算软件、使用说明书及有关资料报送主管税务机关备案。

(3)报送纳税申报表和财务报表,与纳税有关的合同、协议书及凭证,外出经营活动税收管理证明和异地完税证明,公证机构出具的有关证明文件,纳税申报的时间和期限,纳税人申报时间和扣缴义务人申报、结报、代扣代缴、代收代缴税款的时间等,由县(市)税务机关按照税法规定和纳税人、扣缴义务人的具体情况确定;税人到税务机关办理纳税申报有困难的,经税务机关批准,可以邮寄申报。邮寄申报以寄出地邮戳日期为实际申报日期。

二 税种与税率

1. 税种

我国现行使用的税种有:增值税、消费税、营业税、资源税、所得税、外商投资企业和外国企业所得税、固定资产投资方向调节税、城市维护建设税、城镇土地使用税、房地产税、车船使用税、印花税、土地增值税、契税、进出口关税等。

2. 税率

税率是应纳税额与征税对象之间的比例,是计算税额的尺度,反映了征税深度。在征税对象数额已定的情况下,税率高低决定了税额多少,我国税率分为三种。

(1)比例税率。是对同一征税对象,不论数额多少,按照所需税目,都按同一比例征税。这种税率在税额和征税对象之间的比例是固定的。

(2)累进税率是按照征税对象的数额大小或比率高低,划分为若干等级,每个等级由低到高规定相应的税率。税率与征税对象数额或比率成正比,征税对象数额大、比率高;反之,税率就低。

(3)定额税率是按征税对象的一定计量单位直接规定一定数量的税额,而不是征收比例。定额税率一般只适用于从量计征的某些税种。

3. 增值税纳税人及税率

根据《中华人民共和国增值税暂行条例》,凡在中华人民共和国境内销售货物或者提供加工、修理修配劳务以及进口货物的单位和个人,为增值税的纳税义务人。增值税税率为:

(1)纳税人销售或者进口下列货物,税率为13%:粮食、食用植物油;自来水、暖气、冷气、热水、煤气、石油液化气、天然气、沼气、居民用煤炭制品;图书、报纸、杂志;饲料、化肥、农药、农机、农膜。

(2)小规模纳税人征收率为6%(生产、加工的小规模纳税人)或4%(批发、零售的小规模纳税人)。

三 税收年检

(1)检查纳税人的账簿、记账凭证、报表和有关资料.检查扣缴义务人代扣代缴、代收代缴税款账簿、记账凭证和有关资料。

(2)到纳税人的生产、经营场所和货物存放地(不包括生活区和机关)检查纳税人应纳税的商品、货物或其他财产,检查扣缴义务人与代扣代缴、代收代缴税款有关经营情况。

(3)责成纳税人、扣缴义务人提供与纳税或代扣代缴、代收代缴税款有关的文件、证明材料和有关资料。

(4)询问纳税人、扣缴义务人与纳税或代扣代缴、代收代缴税款有关的问题和情况。

(5)到车站、码头、机场、邮政企业及其分支机构检查纳税人托运、邮寄应纳税商品、货物或其他财产的有关单据、凭证和有关资料。

(6)经县以上税务局(分局)局长批准,凭全国统一格式的检查存款账户许可证明,查核从事生产、经营的纳税人、扣缴义务人在银行或其他金融机构的存款账户;查核从事生产、经营的纳税人的储蓄存款,须经银行县、市支行或市分行的区办事处核对,指定所属储蓄所提供材料。

(7)税务机关在行使“查核”职权时,应指定专人负责,凭全国统一格式的检查存款账户许可证明进行,并有责任为被检查人保守秘密。税务机关派出的人员进行税务检查时,应出示税务检查证件。无税务检查证的,纳税人、扣缴义务人及其他当事人有权拒绝检查。

第四节 汽车维修企业的财务报告

一 财务会计报告的内容及编制要求

1. 财务会计报告的内容及会计报表的种类

会计报表是根据日常会计核算资料归集、加工、汇总而形成的结果，综合反映了企业资产、负债和所有者权益的情况及一定时期的经营成果和现金流量，是会计核算的总结。主要包括资产负债表、利润表、现金流量表、所有者权益（或股东权益）变动表附注等。会计报表可按不同标准进行分类。

（1）按照会计报表所反映内容，分动态会计报表和静态会计报表。动态会计报表是反映一定时期内资金耗费和资金收回的报表。静态报表则是指综合地反映企业在某一时点资产总额和权益总额的会计报表。

（2）按照会计报表编报时间，分为月报、季报和年报。月报要求简明扼要、及时反映，如资产负债表、利润表等；年报要求揭示完整、反映全面，如现金流量表等；季报在会计信息的详细程度方面，介于月报和年报之间。

（3）按照会计报表的编制单位，可以分为单位报表和汇总报表。单位报表是指企业在自身会计核算的基础上，对账簿记录进行加工而编制的会计报表，以反映企业本身的财务状况和经营成果。汇总报表是指由企业主管部门或上级机关，根据所属单位报送的会计报表，连同本单位会计报表汇总编制的综合性会计报表。

（4）按照会计报表各项目所反映的数字内容，可以分为个别会计报表和合并会计报表。个别会计报表各项目数字所反映的内容，仅仅包括单个企业的财务数据。合并会计报表是由母公司编制的，一般包括所有控股子公司会计报表的数字，通过编制和提供合并会计报表，可以向会计报表使用者提供公司集团总体的财务状况和经营成果。

（5）按照会计报表的服务对象，可以分为内部报表和外部报表。内部报表是指为适应企业内部经营管理需要而编制的不对外公开的会计报表，如成本报表就属于内部报表。外部报表是指企业向外提供的会计报表，如资产负债表、利润表、现金流量表、所有者权益（或股东权益）变动表等就属于外部报表。

2. 会计报表的编制要求

为保证会计报表所提供的信息能够及时、准确、完整地反映企业的财务状况和经营成果，满足信息使用者的需要，企业在编制会计报表时，就必须做到数字客观真实、计算准确、内容完整、手续齐备和报送及时等编制会计报表的一般要求。

二 利润表

1. 利润表的结构和内容

利润表分单步式和多步式两种。单步式利润表是指以收入总额减去一切费用总额而计算出的净利润。多步式利润表是指按净利润形成的主要环节，将营业利润、利润总额和净利润等分步进行计算，从而得出最终成果（表4-3）。我国采用多步式利润表格式。

多步式利润表计算步骤如下：一是以营业收入为基础，扣除企业或其他经济组织日常主要经营活动中所发生的成本、税金、期间费用及资产减值损失，加上公允价值变动收益和投资收益等，从而计算出营业利润；二是在营业利润的基础上，加减营业外收支项目，从而计算出利润总额；三是以利润总额扣除所得税后，得出净利润。最后，利润表必须列示每股收益项目，包括基本每股收益和稀释每股收益项目。

2. 利润表的编制方法

编制月报时，“本期金额”栏反映各项目的本月实际发生数，“本年累计金额”栏反映各项目自年初起至报告期末止的累计实际发生数。编报年报时，“上年金额”栏内各项数字，应根据上年度利润表“本年金额”栏内所列数字填列。如果上年度利润表与本年度利润表的项目名称和内容不相一致，应对上年度利润表项目的名称和数字按本年度的规定进行调整，填入本表“上年金额”栏内。利润表中“本期金额”栏内各项目的内容和填列方法如下：

多步式利润表　　表 4-3

××年×月　　单位：元

项　　目	本月数	本年累计数
一、营业收入 减：营业成本 营业税金及附加 销售费用 管理费用 财务费用 资产减值损失 加：公允价值变动净收益 投资净收益		
二、营业利润 加：营业外收入 减：营业外支出		
三、利润总额 减：所得税费用		
四、净利润		
五、每股收益 （一）基本每股收益 （二）稀释每股收益		

（1）“营业收入”项目，反映企业经营业务所取得的收入总额。本项目应根据“主营业务收入”账户和“其他业务收入”账户的发生额合计填列。

（2）“营业成本”项目，反映企业经营业务发生的实际成本。本项目应根据“主营业务成本”账户和“其他业务支出”账户的发生额合计填列。

（3）“营业税金及附加”反映了企业经营业务应负担的营业税、消费税、城市维护建设税、资源税、土地增值税等。本项目应根据“营业税金及附加”账户的发生额分析填列。

（4）“销售费用”项目，反映企业在销售商品和商品流通企业在购入商品等过程中发生的费用。本项目应根据“销售费用”账户的发生额分析填列。

(5)“管理费用”项目,反映企业发生的管理费用。本项目应根据“管理费用”账户的发生额分析填列。

(6)“财务费用”项目,反映企业发生的财务费用,应根据账户发生额分析填列。

(7)“资产减值损失”项目,反映企业因资产减值而发生的损失。本项目应根据“资产减值损失”账户的发生额分析填列。

(8)“公允价值变动净收益”项目,反映企业资产因公允价值变动而发生的损益。本项目应根据“公允价值变动损益”账户的发生额分析填列。

(9)“投资净收益”项目,反映企业以各种方式对外投资所取得的收益。本项目应根据“投资收益”账户的发生额分析填列;如为投资损失,以“ - ”号填列。

(10)“营业外收入”项目,反映企业发生的与其经营活动无直接关系的各项收入。本项目应根据“营业外收入”账户的发生额分析填列。

(11)“营业外支出”项目,反映企业发生的与其经营活动无直接关系的各项支出。本项目应根据“营业外支出”账户的发生额分析填列。

(12)“所得税费用”项目,反映企业按规定从本期损益中减去的所得税。本项目应根据“所得税费用”账户的发生额分析填列。

(13)“净利润”项目,反映企业实现的净利润。如为净亏损,以“ - ”号填列。

(14)“基本每股收益”和“稀释每股收益”项目,反映企业根据每股收益准则计算的两种每股收益指标的金额。

三 资产负债表

资产负债表是反映企业某一特定日期财务状况的会计报表。它根据“资产 = 负债 + 所有者权益”会计等式,按照一定分类标准和顺序,把企业在一定日期的资产、负债、所有者权益等予以适当排列,并对日常工作中形成的大量数据进行高度浓缩整理后编制而成的。

资产负债表能够提供资产、负债和所有者权益的全貌。它可以提供某一日期资产的总额,表明企业拥有的经济资源及分布情况,是分析企业生产经营能力的重要资料;可以反映某一日期的负债总额及结构,表明企业未来需用多少资产或劳务清偿债务;可以反映所有者权益的情况,表明投资者在企业资产中所占份额,了解权益的结构情况。资产负债表还能够提供进行财务分析所需的基本资料,即可以通过该表计算流动比率、速动比率、资产负债率等,以了解企业的短期和长期偿债能力等。

1. 资产负债表的内容和结构

资产负债表包括:各项资产总额及构成(含流动资产和非流动资产);负债总额及构成(含流动负债和非流动负债);所有者权益总额及构成(含投资者投入资本及留存收益)。

资产负债表主要有报告式和账户式(表4-4)两种。我国一般采用账户式。

2. 资产负债表的编制

资产负债表“期初余额”栏各项数字应根据上年末“期末余额”栏内所列数字填列。“期末余额”栏各项目主要是根据资产、负债和所有者权益期末余额记录编制的。

(1)“货币资金”项目,反映企业期末持有的现金、银行存款和其他货币资金等的总和。本项目应根据“库存现金”、“银行存款”、“其他货币资金”账户的期末余额相加后填列。

资产负债表

表 4-4

编制单位：× × 20 × ×年 × 月 31 日 单位：元

资 产	期末余额	年初余额	负债和所有者权益	期末余额	年初余额
流动资产：			流动负债：		
货币资金			短期借款		
交易性金融资产			交易性金融负债		
应收票据			应付票据		
应收账款			应付账款		
预付款项			预收款项		
应收利息			应付职工薪酬		
应收股利			应交税费		
其他应收款			应付利息		
存货			应付股利		
一年内到期的非流动资产			其他应付款		
其他流动资产			一年内到期的非流动负债		
流动资产合计			其他流动负债		
非流动资产：			流动负债合计		
可供出售金融资产			非流动负债：		
持有至到期投资			长期借款		
长期应收款			应付债券		
长期股权投资			长期应付款		
投资性房地产			专项应付款		
固定资产			预计负债		
在建工程			递延所得税负债		
工程物资			其他非流动负债		
固定资产清理			非流动负债合计		
生产性生物资产			负债合计		
油气资产			所有者权益：		
无形资产			实收资本(或股本)		
开发支出			资本公积		
商誉			减：库存股		
长期待摊费用			盈余公积		
递延所得税资产			未分配利润		
其他非流动资产			所有者权益合计		
非流动资产合计					
资产总计			负债和所有者权益(或股东权益)总计		

(2)“交易性金融资产”、“应收票据”、“预付账款”、“应收股利”、“应收利息”、“待摊费用”、“其他流动资产”、“可供出售金融资产”、“在建工程”、“工程物资”、“固定资产清理”、“开发支出”、“商誉”、“递延所得税资产”、“其他非流动资产”等项目，反映企业持有的相应资产的期末价值，一般应根据各个账户的期末借方余额直接填列。其中，“预付账款”账户所属

有关明细账期末有贷方余额的,应在本表“应付账款”项目内填列。

(3)“应收账款”、“其他应收款”、“长期应收款”、“存货”、“消耗性生物资产”、“持有至到期投资”、“投资性房地产”、“长期股权投资”、“固定资产”、“生产性生物资产”、“油气资产”、“无形资产”等资产项目,反映企业期末持有的相应资产的实际价值,应当以扣减提取的相应资产减值准备后的净额填列。其中,“固定资产”、“无形资产”、“生产性生物资产”、“油气资产”项目,还应按减去相应的“累计折旧”、“累计摊销”、“生产性生物资产累计折旧”、“累计折耗”期末余额后的金额填列。材料采用计划成本核算以及库存商品采用计划成本或售价核算的,“存货”项目还应按加上或减去“材料成本差异”、“商品进销差价”期末余额后的金额填列。如果“应收账款”账户中所属明细账期末有贷方余额,应在本表“预收账款”项目内填列。“代理业务资产”减去“代理业务负债”后的余额在“存货”项目中反映。建造承包商的“工程施工”期末余额大于“工程结算”期末余额的差额,应在“存货”项目中反映。“长期应收款”项目,应按减去相应的“未实现融资收益”期末余额后的金额填列。企业期末持有的公益性生物资产,应在“其他非流动资产”项目中反映。

(4)“短期借款”、“交易性金融负债”、“应付票据”、“应付账款”、“预收账款”、“应付职工薪酬”、“应交税费”、“应付利息”、“应付股利”、“其他应付款”、“预提费用”、“预计负债”、“其他流动负债”、“长期借款”、“应付债券”、“专项应付款”、“递延所得税负债”、“其他非流动负债”等项目,一般应反映企业期末尚未偿还的短期借款、应付未付给职工的各种薪酬、应交未交税费等,一般应根据各个账户的期末贷方余额直接填列。其中,“应付职工薪酬”、“应交税费”等期末转为债权的,应以“－”号填列。

如果“应付账款”账户所属各明细账期末有借方余额,应在本表“预付账款”项目内填列,如果“预收账款”账户所属有关明细科目有借方余额的,应在本表“应收账款”项目内填列。建造承包商的“工程施工”期末余额小于“工程结算”期末余额的差额,应在“应付账款”项目中反映。“递延收益”应在“其他流动负债”项目中反映。

(5)“实收资本”、“资本公积”、“盈余公积”、“库存股”等项目,一般应反映企业期末持有的接受投资者投入企业的实收资本、从净利润中提取的盈余公积余额、企业收购的尚未转让或注销的本公司股份金额等,应根据各个账户的期末贷方余额直接填列。其中,期末累计未分配利润、资本公积为负数的,以“－”号填列。

(6)企业与同一客户在购销商品结算中形成的债权债务关系,应当单独列示,不应当相互抵消,即应收账款不能与预收账款相互抵消、预付账款不能与应付账款相互抵消、应付账款不能与应收账款相互抵消、预收账款不能与预付账款相互抵消。长期应收款中将于一年内(含一年)到期的部分,在“一年内到期的非流动资产”项目中反映;长期待摊费用中将于一年内(含一年)摊销的部分,在“待摊费用”项目中反映;长期应付款中将于一年内到期的部分,在“一年内到期的非流动负债”项目中反映。

四 现金流量表

是反映企业在一定会计期间内有关现金和现金等价物的流入和流出的报表。是以现金为基础编制的财务状况变动表。这里的现金是相对广义的现金,不仅包括库存现金,还包括企业随时支用的银行存款、其他货币资金,以及现金等价物。

1. 现金流量及其分类

企业一定时期内现金流入和流出是由各种因素产生的,现金流量表首先要对企业各项经济业务发生的现金流量进行合理的分类。企业一定时期内发生的现金流量可分为以下三大类,即经营活动产生的现金流量、投资活动产生的现金流量和筹资活动产生的现金流量。

2. 现金流量表的基本格式

现金流量表属于年报,其由报表主表和补充资料两部分组成,具体格式见表4-5。

现金流量表

表4-5

编制单位: ××年度 单位:元

项　目	本期金额	上期金额
一、经营活动产生的现金流量		
销售商品、提供劳务收到的现金		
收到的税费返还		
收到的其他与经营活动有关的现金		
经营活动现金流入小计		
购买商品、接受劳务支付的现金		
支付给职工以及为职工支付的现金		
支付的各项税费		
支付的其他与经营活动有关的现金		
经营活动现金流出小计		
经营活动产生的现金流量净额		
二、投资活动产生的现金流量		
收回投资所收到的现金		
取得投资收益所收到的现金		
处置固定资产、无形资产和其他长期资产收回的现金净额		
处置子公司及其他营业单位收到的现金净额		
收到其他与投资活动有关的现金		
投资活动现金流入小计		
购建固定资产、无形资产和其他长期资产支付的现金		
投资支付的现金		
取得子公司及其他营业单位支付的现金净额		
支付的其他与投资活动有关的现金		
投资活动现金流出小计		
投资活动产生的现金流量净额		
三、筹资活动产生的现金流量		
吸收投资收到的现金		
取得借款收到的现金		
收到的其他与筹资活动有关的现金		
筹资活动现金流入小计		
偿还债务支付的现金		
分配股利、利润或偿付利息支付的现金		
支付的其他与筹资活动有关的现金		
筹资活动现金流出小计		
筹资活动产生的现金流量净额		
四、汇率变动对现金的影响额		
五、现金及现金等价物净增加额		
加:期初现金及现金等价物余额		
六、期末现金及现金等价物余额		

3. 现会流量表的编制基础及披露

现金流量表的编制基础是收付实现制。编制现金流量表时，应当调整那些由于运用权责发生制原则而增减了本期的净利润但并没有增加或减少现金的一些收益和费用、支出以及存货、应收应付等项目。现金流量表附注主要披露以下三个方面的内容：

(1)企业应采用间接法在附注中披露将净利润调节为经营活动现金流量的信息。

(2)企业应当披露当期取得或处置子公司及其他营业单位的有关信息。

(3)企业应当披露现金及现金等价物的信息。

五 所有者权益变动表

所有者权益(或股东权益)变动表是反映企业年末所有者权益(或股东权益)增减变动情况的报表。按照《企业会计准则第30号——财务报表列报》的规定，所有者权益(或股东权益)变动表至少应当单独列示下列信息的项目：

(1)净利润。

(2)直接计入所有者权益的利得和损失项目及其总额。

(3)会计政策变更和差错更正的累积影响金额。

(4)所有者投入资本和向所有者分配利润等。

(5)按照规定提取的盈余公积。

(6)实收资本、资本公积、盈余公积、未分配利润的期初和期末余额及其调节情况。

六 会计报表之间的勾稽关系

会计报表之间存在着一定的勾稽关系，它们从不同的角度说明企业的财务状况、经营成果和现金流量情况。会计报表的勾稽关系主要包括主表与主表之间等的勾稽关系。

1. 资产负债表与利润表之间的勾稽关系

资产负债表反映的是某一个时点上的财务状况，属于静态报表。而利润表反映的是某一时期的经营成果，属于动态报表。利润表中的净利润是所有者权益的一个组成部分，在资产负债表中以留存收益的形式出现，作为资产负债表的一个投入量。相应地，资产负债表将各个会计期间的经营成果联结在一起，它是两个会计期间利润表之间的桥梁。

2. 资产负债表、利润表与现金流量表之间的关系

经过大量的研究，得出的一个结论是，将现金流量表和以应计制为基础的资产负债表和利润表结合起来使用，要比任何单独的一项更为有用，也就是说，在评价企业经营业绩和未来前景时，两者都是必需的。从某种意义上来说，现金流量表与资产负债表、利润表的勾稽关系直接体现在现金流量表的编制方法之中。现金流量表的编制是以利润表和资产负债表的数据为基础，通过对这两种报表的收入、费用等一些项目进行调整，把权责发生制核算原则转换成收付实现制下的现金流入、现金流出和现金流量净增加额。主要体现在以下几点：

(1)在现金流量表的编制基础不包括现金等价物的情况下，年末资产负债表中“货币资金”的年末数与年初数之差必须与现金流量表正表和补充资料中的“现金及现金等价物净增加额”相等。

(2)现金流量表中的“投资活动产生的现金流量”主要是指企业长期资产增减变动所引起

的现金流量的增减变动,它主要依据资产负债表中的“固定资产”、“无形资产”等长期资产项目及相关账户资料来反映;“筹资活动产生的现金流量”是指导致企业所有者权益及借款规模和构成发生变化的活动所引起的现金流量的增减变动,它主要依据资产负债表中的“银行借款”、“应付账款”等负债项目来反映。

【综合训练题目】

一、单项选择题

1. 转账支票可以用做说明用途为(　　)。

A. 支出现金　　B. 转账　　C. 抵账　　D. 抵押

2. 支票的提示付款期限为(　　)。

A. 5 天　　B. 7 天　　C. 10 天　　D. 15 天

3. 目前,支票的使用范围为(　　)。

A. 本市　　B. 本省　　C. 全国　　D. 全球

4. 支票遗失后,失票人在向付款人挂失止付或申请公示催告前,票据已经由付款人善意付款的,给支票权利人造成的损失,应当由(　　)负责。

A. 出票人　　B. 收票人　　C. 银行

5. 银行汇票的提示付款期限自出票日起为(　　)。

A. 10 天　　B. 15 天　　C. 1 个月　　D. 2 个月

6. 信用卡透支期限最长不得超过(　　)天。

A. 30 天　　B. 60 天　　C. 90 天　　D. 120 天

7. 商业汇票承兑期限最长不得超过(　　)个月。

A. 1 个月　　B. 2 个月　　C. 3 个月　　D. 6 个月

二、多项选择题

1. 按照支付方式,支票分为哪几种?(　　)

A. 普通支票　　B. 现金支票

C. 实物支票　　D. 转账支票

2. 标有“现金”字样的银行汇票可以用于(　　)。

A. 转账　　B. 支取现金　　C. 典当

3. 信用卡是商业银行向个人和单位发行,其主要用途有(　　)。

A. 凭以向特约单位购物　　B. 凭以向特约单位消费

C. 向朋友借款　　D. 向银行存取现金

4. 商业汇票一般有哪几个当事人?(　　)

A. 出票人　　B. 收款人　　C. 持票人　　D. 付款人

5. 普通发票可以由什么人使用?(　　)

A. 营业税纳税人　　B. 增值税小规模纳税人

C. 汽车维修工　　D. 维修接待员

6. 发票是维护社会秩序的工具,主要具有哪些作用?(　　)

A. 相互见面　　　B. 证明作用　　　C. 合同性质

三、判断题(以下各题,说法正确的请在括号内打"√",说法错误的请在括号内打"×")

1. 支票是由收票人签发,委托办理支票存款业务的银行或者其他金融机构在见票时无条件支付确定金额给收款人或持票人的票据。 (　　)

2. 现金支票是支票上印有"现金"字样的支票,只能用于支取现金。 (　　)

3. 支票是允许涂改的,只要出票人单位的公章清晰即可。 (　　)

4. 银行汇票不能用于转账。 (　　)

5. 贷记卡是发卡银行给予持卡人一定的信用额度,持卡人可在信用额度内先消费、后还款的信用卡。 (　　)

6. 银行本票是申请人将款项交存银行,由银行签发的承诺自己在见票时无条件支付确定的金额给收款人或者持票人的票据。 (　　)

7. 商业汇票是指由付款人或存款人(或承兑申请人)签发,由承兑人承兑,并于到期日向收款人或被背书人无条件支付确定金额款项的一种票据。 (　　)

8. 假如本单位的维修发票已经用完,可以向邻近修理厂借用。 (　　)

四、复习思考题

1. 什么是支票？支票的有效期为几天？

2. 如何填写支票的日期？试填写2018年8月8日开出的支票日期。

3. 银行汇票可以如何使用？

4. 什么样的信用卡可以透支？

5. 发票分哪几种？各适用于什么场合？

6. 作废发票应该怎么处理？

7. 客户将发票丢失,要求补开,应该怎么应对？

第五章 汽车维修管理软件

第一节 汽配汽修管理软件的选择和使用

随着汽车维修业务和维修客户数量的不断增加,如何有效进行客户管理,对工作业务量进行梳理和总结,对业务情况做好分析和改进,这是当代维修管理人员必备的知识。

现代化的管理手段,有利于体改效率,改进质量,因此汽车修理厂需要使用汽配汽修管理软件处理业务,这对整个公司的业务运作有着重要的影响。目前,比较著名的汽配汽修管理软件品牌有:北京清华怀远、博士德、驷惠和超越等。

不同品牌的汽配汽修管理软件功能、质量、价格、服务都相差很大。需要维修企业仔细比较,精心选择,购买适合业务开展,并且经济性好,维护使用简单的软件。

一个汽车维修企业选择和采购汽配汽修管理软件,主要是由企业负责人或系统管理员执行,但软件的使用涉及财务部、业务部、车间管理、库房管理、客户服务部门、结算部等诸多部门。所购置的软件必须各个环节的功能都能满足,才是真正优秀的管理软件。因此,工作人员或者结算人员的使用需求及意见应当受到足够重视。

一 汽修管理软件的基本要求

1. 功能性和适用性

对汽配汽修管理软件的最基本要求是可以满足维修企业的业务管理要求。

要想让计算机管理所有的流程和环节是不可能的,也是不切实际的。计算机具有很好的记录、分类、汇总、分析以及计算统计功能,这些工作信息量大、烦琐、复杂,我们可以将这些功能分配给计算机来做。而对于数据的录入、维护、管理等工作仍需由人工来完成,实现人机的互补,最大限度发挥人机功能。所以,如何将计算机管理和人工管理实现最好的结合,相互之间没有空白也没有重叠,是需要仔细规划的。这种设计过程,需要由汽车修理厂的业务主管、工作人员、系统管理员和软件公司的软件工程人员,参照其他企业的运作模式,优化重组企业的业务流程作出决策。最后,提出对软件功能的要求,写出软件需求报告。

系统管理员根据软件需求报告,选择合适的软件产品和版本。在需求报告中,至少需要考虑以下几点:

(1)是单机还是网络,需要几台计算机?

(2)局域网还是广域网?如果有相距较远的多家分店或仓库,就需采用广域网。

(3)计算机放在哪些工位?

(4)利用计算机处理哪些工作?

(5)由谁负责这些工作?

(6)打印哪些单据和报表,这些单据和报表由谁阅读,谁签字?

(7)相互之间的工作如何衔接?

在选择软件时，不仅要考虑公司目前的规模和营销能力，还要考虑软件公司专业性和服务能力，同时要考虑软件的延续性，为后续软件更新维护做好准备。以适应企业未来更高的管理要求。

2. 操作方便

操作人员每天都要和计算机打交道，利用该软件完成记录和统计工作，在汽修管理软件使用过程中，操作是否方便快捷，对于提高工作效率和工作质量至关重要。软件操作方便，就意味着：

(1)可在最大程度上减少使用者的记忆精力。

(2)可在最大程度上减少使用者的手工统计以及计算工作量。

(3)可在最大程度上减少使用者的翻阅以及查找次数。

(4)尽可能实现方便快捷的工作界面。

例如：对于零件编号，在软件中如果只提供按编号的头几位查询，那么就需要工作人员把零件编号和修理项目编号的头几位完全背下来，那是很困难的。如果软件还能提供按照零件编号和修理项目编号的模糊查询、零件名称的模糊查询、零件名称的拼音字头查询、原厂编号查询、商品别称查询、厂家编号查询、车型查询、通用车型查询、互换号查询和规格查询等多种查询方式等，就会给工作人员带来极大方便。

3. 使用灵活

工作人员在使用汽配汽修管理软件中，往往要处理很多复杂情况。例如：为应付客户讲价，要求快速查询过去的维修记录、付款记录、维修单位信息、车辆基本信息、维修人员和服务记录等；遇到零部件缺货或型号存在差异时，需要快速查询采购计划和订货档案。

如果维修管理软件可以提供这些灵活功能，可以大大提高工作人员处理各类复杂业务的能力。这些功能至少应当包括：

(1)快速查询客户档案，包括往来记录、应收应付款和客户积分等；

(2)快速查询车辆档案，包括修理历史和维护计划；

(3)快速查询材料档案，包括当前库存数量价格和在途库存等。

4. 严谨性

汽修管理软件严谨就意味着不易出错。各类数据报表清晰明确、严谨、准确、符合一般的财会和统计规定。

作为使用者，应当特别关心有关自己业务的报表数据，可以采用一些包含各种业务现象的模拟数据，对软件加以测试，同时用手工计算加以核对，验证软件的严谨性。

5. 运行速度

若汽配汽修管理软件运行速度快，可以提高工作人员的工作效率。软件的速度主要取决于该软件的编程技巧和数据平台。

6. 可靠性

计算机网络故障、病毒和误操作几乎是不可避免的。所以，汽配汽修管理软件应当尽可能保证在各种故障情况下，数据依然完整无误。即使在操作系统和数据库损坏的情况下，只要重新安装了系统，恢复的备份数据依然是完整无误的。因为对于汽车修理厂的经营者而言，最重要的其实不是计算机，而是经营数据。

7. 易于维护

汽配汽修管理软件是一个复杂的产品。它的使用需要多种因素的配合，由于硬件故障、误操作、病毒等原因，发生错误是不可避免的。如果出现任何大小问题，都需要系统管理员或软件公司处理，就会耽误太多时间。软件最好具有易维护性，工作人员自己就可处理偶然发生的软件问题。

二 价格

汽配汽修管理软件的价格一般在几千元到几万元。

作为汽车修理厂的经营者，往往因为对计算机软件的细节不够了解，盲目追求低价位，而追求到的往往是低品质的产品和服务，这点需要特别注意。这会给工作人员带来极大的麻烦。因此，在基本功能得到满足的情况下，经测试性能后再比较价格才是合理的选择。

三 售后服务

由于汽配汽修管理软件的复杂性和重要性。其长期稳定使用必然依赖软件公司的良好售后服务。这种服务是否有保证，需要考虑以下因素：

(1)软件公司提供的人员培训和技术支持；

(2)软件公司的规模、信用、品牌和长期生存能力；

(3)软件公司是否专门从事这种软件的开发，有没有长期从事这种软件开发的计划；

(4)软件公司的技术能力和行业基础；

(5)软件销售商的代理权限和代理商的基本情况。

第二节　软件基本功能介绍

本文以北京清华怀远科技中心开发的“清华怀远汽配汽修管理软件”S 系列软件为例，简略讲解汽配汽修管理软件的功能。

一 系统进入管理

对于管理系统，可以实现多用户登陆，按人、按职级权限使用。不同使用者设置不同的用户登陆名称，设置相应密码，对应不同数据操作和读取权限。一线员工、部门管理人员、售后服务负责人，不同职级的员工对应的阅览权限不同，能够操作的权限不同，有利于数据的保密和集中管理(图 5-1)。

进入系统后，一般就可看到软件主菜单，这里就罗列了软件的基本功能。

二 客户接待

客户送修车辆，首先由工作人员听取车主诉求，对车辆进行仔细检查。然后将车辆信息以及客户信息登录在维修管理系统中，便于后续的表单制作、维修管理、派工结账以及后维护提醒、客户维系等流程。

客户接待业务工作流程:接车员接车检查后,手填接车单→前台打印托修单→客户签名确认→打印派工单到维修车间→维修过程中可根据实际需要修改托修单内容→维修车辆完工后打印结算单给客户,并收款。

图 5-1 系统登录窗口

1. 新客户登记

如果客户是新的,要登记客户车辆的购置日期、车型、车牌号码、配置信息、行驶里程、车辆技术状况、车辆用途、车主单位、姓名、电话。有时还要登记该车的 VIN、发动机号和底盘号等。总之,按照软件提示,尽可能登录统计比较详细、完整的客户和车辆信息,为下一步的客户群体分类管理奠定基础。

在有条件的情况下,可以一边询问客户,一边录入。如果时间不允许,可以利用表格来记录以后整理。对于客户的不理解,可以以积分、会员等形式对客户进行说明,取得客户的信任和理解。以防止客户担心个人信息泄露,而产生不快心理。

2. 老客户接待

老客户前来维修没有这么麻烦。一般在客户管理系统中输入客户车牌号码即可,此时客户在管理系统中存储的各种信息就会自动显现出来,只要加以核对即可,对本次修理任务以及补充信息进行有效添加。

3. 维修类别登记

对于前来送修的车辆,因损坏原因,可能存在不同维修类别。通常可按正常维护、故障维修、三包索赔(包修、包换、包退)、事故维修、首次维护等性质的车辆维修作业。有的属于保险出险车,有的属于特殊客户(如俱乐部会员)。所以,修理价格或出资方都不一样,这些在软件中都要加以记录,以便进行不同的业务处理,便于对客户分类管理。可选择项目有:快修客户的维系、故障诊断客户的维系、三包索赔客户的维系、事故车辆客户的维系、首保客户的维系。

4. 随车附件登记

业务员应对入厂车辆进行必要登记,这是对车主负责任,同时也是管理的规范性,以免出厂时与车主交接不清。业务人员可根据接车登记单记录的信息录入系统,系统内随车附件的种类应当是可以灵活定义的。

5. 接待诊断管理

维修故障车辆或在普通故障诊断过程中可能又发现和提出新的故障，接待人员并不可能根据客户描述或车辆简单故障表象准确判断故障原因而确定修理项目。对于复杂的维修项目或需动用多种检测设备才得以确定故障的维修过程，只有通过拆检以及综合分析才能最终确定维修内容，对故障进行合理分析，从而进行有效维修。这时工作人员首先要把故障现象记录在软件中，以便后续的维修确认及返修、返工核实。

接待诊断是车辆维修过程中非常重要的一环，接待环节的规范与否，直接影响故障的维修和排除，只有通过诊断才能充分了解客户需求，准确诊断出车辆故障所在，为客户提供最优维修方案；只有诊断准确才能正确制定维修方案、确定维修费用以及估算维修时间等。同时准确记录诊断过程以及维修过程也是工时费用的基础。

通过诊断过程的工作以及相应记录，可让客户清楚故障原因、维修时间及费用。因此，在接待过程中对诊断内容和过程进行简单记录，便于工作人员记录以及后续的沟通。必要时展示给客户，以及减少客户疑虑。故障车辆接待环节如下。

(1)故障车辆接待：

①接待人员主动与客户打招呼，积极问话；

②了解客户来店目的：定期维护、保修、付费维修；是否有预约？是否有特殊要求等；

③对于首次来店维护的车辆，应请客户出示购车凭证及保修凭证，并将客户资料归档；

④在听取客户描述过程中，应帮助客户尽量将故障描述清楚；

⑤对客户所提问题解释说明(包括价格信息、交车时间及方式、质量承诺等内容)。

(2)确定维修项目：

①接待人员仔细倾听客户对车辆故障的描述，明确维修项目；

②诊断车辆故障时，做好防护工作，确认有无贵重物品或遗留物，如有，应当场交还客户；

③如有必要应与客户同乘试车，以确认故障现象；

④尽量做到一次将车辆故障诊断清楚，可利用客户以往修车档案来帮助进行故障诊断；

⑤根据诊断结果推测发生故障的原因、确定具体维修项目；

⑥接待人员确保故障判断准确率达90%以上；

⑦根据以上确认信息，开具“任务委托书”，并由客户确认，签字；

⑧有关接待的步骤和内容，各个服务厂商要求不一，但是接待过程托修人的信息、车辆的信息机故障描述、接待人员等信息应必须记录在相应的表单中，作为后续维修服务的依据，同时便于录入管理系统(图5-2)。

(3)时间及费用估算：

①接待人员判断是否属于保修期内的零件，如属索赔件，需经索赔员确认；

②对于正常维修零件，根据上述检查结果，接待人员估算完工时间，并依据零部件手册、零部件价格表等对费用估价；

③如属于保修期内零件，接待人员可直接估算完工时间，而跳过费用估算和付款方式确认；

④查询配件库存状态，若发现有配件库存短缺，将配件到货期告知客户；

⑤与客户确认付款方式。

表 3　　　　　　　　________服务站任务委托书　　　　　　　　经销商代码：

表单号：

经销商名称			地址			联系电话	
客户姓名							
地址				送修日期			
电话				预计交车时间			
版照号		颜色		VIN 码		发动机号	
里程		驾驶证号码				付款方式	现金□　信用卡□
车型			旧件保留	是□　否□			
修理工位	修理项目名称		性质	工时	工时费	起止时间	主修人

注：性质包括：1. 一般维修　2. 定何　3. 索赔

检验员________　　　　服务顾问________　　　　客户________

客户凭此委托书提车，请妥善保管！

图 5-2　某品牌 4S 店维修任务委托书样表

(4)客户确认：

①根据确定的维修项目、交车时间和付款方式等，让客户在“任务委托书”上签字确认；

②交接客户车辆的钥匙，填写车辆入厂检验单，经客户签字确认；

③安排客户到指定地点休息或送走客户；

④为客户提供适当的交通服务(如租车服务)，方便客户。

“任务委托书”主要项目

▲客户信息，包括：车主姓名、联系人姓名、地址、电话、传真等。

▲车辆信息，包括：车牌号、底盘号、发动机号、车型等。

▲维修信息，包括：送修原因、故障原因、维修措施、维修操作代码、维修工时。

▲配件信息，包括：配件号、配件名称、配件数量、配件价格等。

▲用户认可的付款方式。

▲约定交车时间。

6. 维护提醒和计划制定

在当前的汽车维修业务中，车辆维护所占比重越来越大，同时也是售后服务业务中最为稳定的优质部分。此类服务项目需要业务人员及时与客户进行有效沟通。

无论新客户还是老客户，工作人员应了解车辆维护计划，或由系统自动提醒。在大型维修企业通常有专人定期搜集、查阅客户维护信息，通过电话、信件、短信等多种方式与客户联络，通知客户厂方推荐的车辆维护计划。通过提醒客户维护，客户上门服务，也是维持良好客户关系、避免客户流失的有效方法。提醒客户，也是维修企业促销新的服务项目的手段，可谓一举多得。

目前，在汽车维修行业竞争激烈的大背景下，越来越多的维修企业注重对客户的预约。所谓预约,就是维修企业与客户预先约定维护项目、时间和费用的行为。预约分为主动预约和被动预约,即企业主动联系邀约客户和客户主动联系邀约企业。预约服务是汽车维修服务发展的一大趋势。

通过预约,维修企业可根据自身作业容量、作业能力以及客户时间,确定车辆入场时间、作业时间,以保证较高作业效率,合理分布作业时段,使每日的作业量基本均衡。同时,预约也是汽车维修服务流程的首个环节,是与客户建立良好关系的机会。

预约的好处

对客户的好处:

▲客户可以方便地根据自己的日程安排服务时间。

▲缩短客户等待时间。

▲获得更多的个别关照。

▲更充分的诊断时间从而得到质量更好的服务。

对经销商的好处:

▲可合理安排维修工作量,提高生产效率。

▲确保接待时间,以免遗漏客户要求。

▲使客户车辆得到迅速、优质维修,提高客户满意度和忠诚度。

▲避免客户集中出现,可从容应对,避免不必要纠纷。

▲可以实现计划工作和单车过程控制。

▲可事先准备配件,实行计划作业。

▲可以预先安排工作协作,加强计划。

因此,做好预约环节,对维修企业是至关重要的一个环节。充分利用维修管理系统的数据统计、分析和记录能力,掌握客户维护周期和维护计划,存储和调阅客户的车辆信息,将汽车维修管理系统的功能充分的发挥出来(参阅图5-3所示的预约管理流程)。

利用维修管理系统的统计能力,对预约的每个环节都做好记录,落实人员,便于预约效率的提高和人员管理。图5-4所示为东风标致车型的预约登记表。其基本预约过程如下。

(1)主动预约前准备:

①查询客户档案;

②接待人员应依照预约登记表,依次整理预约客户所有资料;

③熟悉邀约客户基本资料,以提升邀约成功率;

④打印客户邀约建议名单,名单内容需包括客户姓名、车号、电话、约定维护里程等。

(2)主动预约邀约:

①电话访问时以方便客户为原则,时间不超过3min,电话访问前直接说明来意;

②接通电话,首先表明公司名称、自己的职位与姓名;

③提醒客户做必要的维护,介绍服务站提供预约服务;

④提供服务站的地址、服务热线电话;

⑤解答客户所关心的问题;

⑥若客户同意的话,完成客户预约登记表。如果是第一次来此进行维修的客户,建立客户档案;

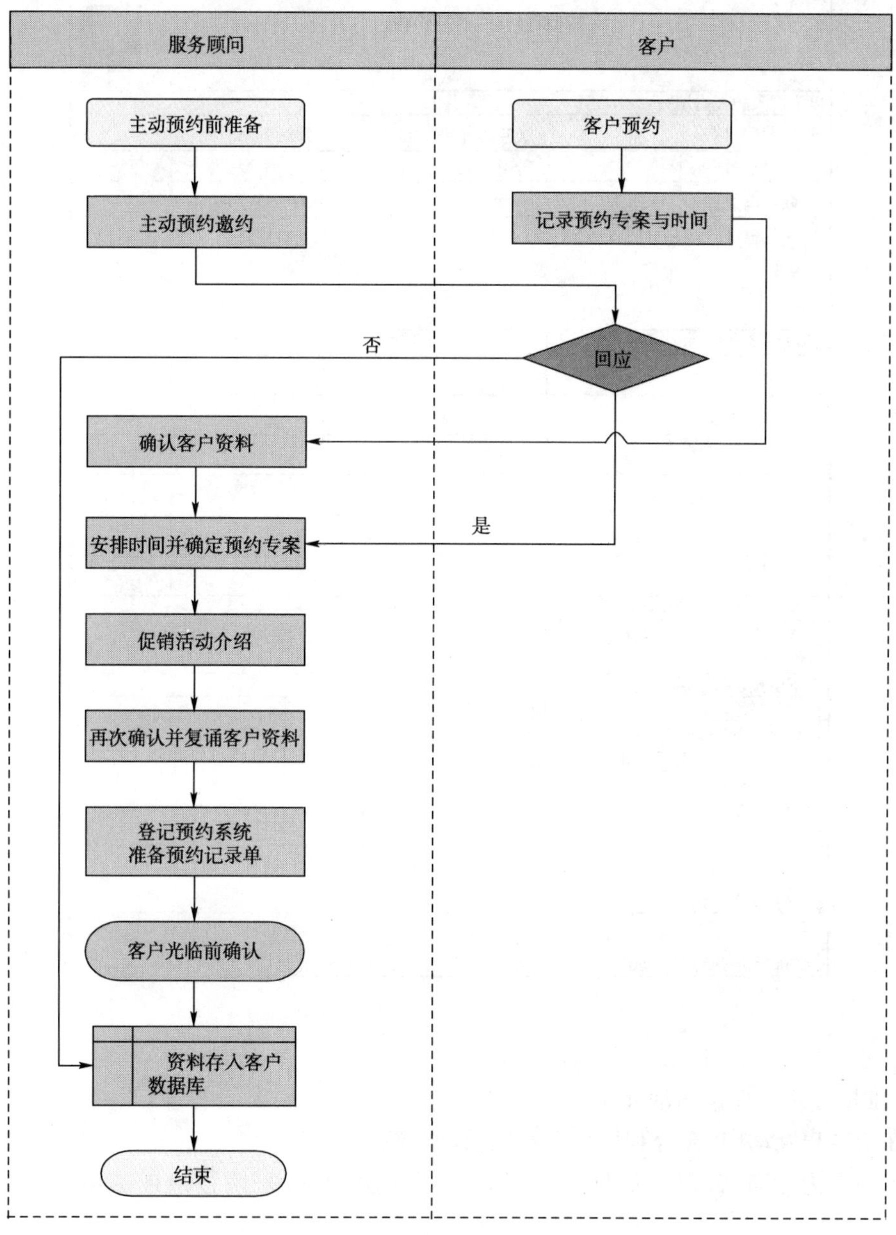

图 5-3　某品牌 4S 店预约流程图

⑦依照预约登记表管理预约，预约时段以每 15min 为一个控管单位。

(3)客户预约：

①先作自我介绍与礼貌开场，并就客户来电表示感谢；

②询问客户需求，记录客户所需预约时间与项目；

③针对预约客户在系统内确认客户资料；

④核对预约登记表，避免预约时段冲突，预约时段以每 15min 为一个控管单位；

⑤在时间许可时，进入系统确认配件是否欠料，如有欠料则另约时间；

东风标致特许销售服务商
预约登记表

东风标致

以下由预约人员填写：					
预约登记日期：		服务助理：		预约维修时间：	
客户姓名：		车牌号：		车型：	①
联系电话：	②	行驶里程：	③	预定服务顾问：	
联系描述： ④					

预约维修内容：	工时费用：	所需备件：	价格：	备件状态：
⑤				

与客户提前一天确认预约	是	否	⑥
预约所需备件是否已准备	是	否	
预约时间是否改变	是	否	新预约时间：
以下由预定服务顾问填写：			⑦
预约所需维修技工是否已准备	是	否	
预约所需备件是否已准备	是	否	
与客户提前一小时确认预约	是	否	
填写预约欢迎板：	是	否	
预约时间是否改变	是	否	新预约时间：
取消预约分析：			
用户主动取消预约			
特约商未能执行预约原因			

图 5-4 东风标致车型预约登记表

⑥在客户自愿情况下，留下其电话、姓名。

(4)维护提示及促销活动介绍：

①在与客户互动中，充分利用现有行销活动邀约客户回店；

②以客户为导向，针对不愿回店的客户进行说服，不可采用强迫或威胁手段迫使客户接受；

③将客户状况存入客户数据管理系统。

(5)再次确认并复诵客户更新资料：

①提醒客户维修或定期维护所需携带的证件；

②确认与客户下次联络或提醒的时间；

③针对客户需求，以复诵方式确认，复诵内容应含有预约时段、预约项目、联系方式等；

④通话完毕前，对客户预约表达感谢，并对预约的种种好处请客户广为宣传。

(6)登记预约系统准备预约记录单：

①在预约登记表或系统内登记预约客户资料，例如：姓名、车号、项目等；

②打印客户基本资料、车辆基本资料及车辆维修记录；

③准备预约客户相关资料并放置于特定位置，提醒接待人员注意，通知相关人员；

④提供预约维修项目给配件部，以便配件部视需在前一天预先检料、备料或订料；

⑤所有信息若可直接在计算机系统处理，则不用进行分派，否则须通知相关人员；

注：《预约登记表》为一式三联，第一联交接待人员，第二联交备件人员，第三联交维修技工。

(7)客户入厂前确认：

①查看预约登记表或系统，在客户进场前一日，将客户资料登入预约欢迎看板；

②登入资料应包含客户姓名、车号、预约项目与预约时间；

③确认准备预约客户的相关资料；

④在客户预约进店前一日，预约员应做客户进店确认，提醒客户携带所需相关资料，如客户需变更时间，则重新确认变更排程。

(8)预约应用实例。

预约信息设置：按“客户管理”页面的“客户信息录入”按钮，弹出图 5-5 所示的页面，可以进行客户信息录入，并可设定维护到期提示，系统会提前 5 天在打开程序的“客户提醒”页面里显示，方便管理。

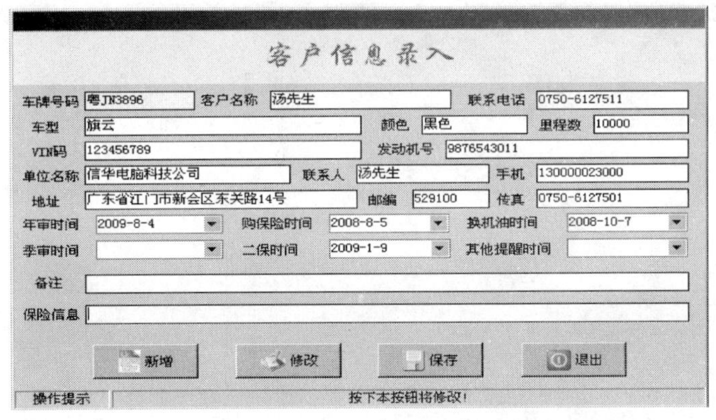

图 5-5　客户信息录入窗口

客户信息查询：按“客户管理”页面的“客户信息查询”按钮，弹出“客户信息查询”页面，可以查询某段时间内某车牌客户的信息，包括消费情况。

客户消费积分：按“客户管理”页面的“客户消费清单”按钮，弹出“客户消费积分”页面，可以按客户名称或车牌号码查询某段时间内该客户的消费积分情况。

会员卡开卡：按“客户管理”页面的“会员卡开卡”按钮，弹出图 5-6 所示的“会员卡开卡”页面。

有些软件支持条码卡、磁卡、ID 卡，会员卡开卡时先刷卡或输入会员卡编号按“回车”键，再输入车牌号码，双击“会员卡名称”输入框，选择会员卡类型，然后选择会员卡类别，如果是计次卡，则输入可使用次数，如果是计时卡则选择使用时限。

会员卡查询：可按会员卡号、车牌号码、会员卡名称、会员卡类别来查询某段时间内会员卡情况。

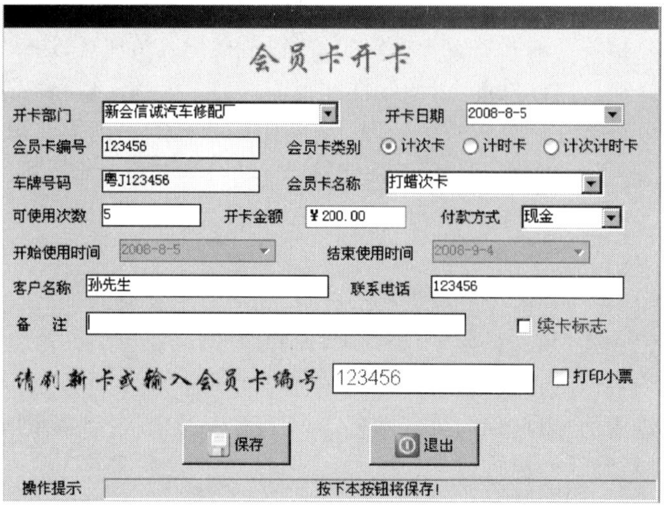

图 5-6　会员卡管理窗口

客户清单:可汇总所有的客户资料,并导出到 EXCEL 表格中去。

客户提醒:该页面会自动显示维护到期的客户信息,方便管理(图 5-7)。

图 5-7　预约提醒设置窗口

7. 修理项目与材料清单

服务人员依照系统记录与客户确定维修项目、维修价格,打印维修确认单,并由客户、接待人员签字确认。维修费用根据不同客户类型确定,并有相应说明和标注。维修项目的描述、维修费用的构成、维修总价,都应在维修确认单上表明,做到规范标准。

如果已经进行维修,并且根据客户要求或维修人员建议,并征得客户同意需附加费用,此时费用明细应在维修管理系统中标明,并打印新的维修项目确认单,或追加清单,由客户签字,并在软件中加以记录。

整个维修过程所需各种零部件、耗材的费用清单,与客户确定维修需要的材料和价格。不同客户自动享受不同材料价格。

8. 打印委托修理合同

对于需要签订维修合同的业务，需根据系统记录信息打印委托修理合同书。合同书一般为三份，车主一份，工作人员一份，转交车间一份。

同时施工单应能够转为“工作中”状态，表示车辆正在维修。

三 车间调度

通过业务人员转至车间的委托修理单，对照计算机网络上的当前维修人员工作记录，车间调度员可决定调派修理工修理该车辆。涉及派工、项目更改、进程管理、质量检验等环节。

(1)派工。派工时，可通过计算机查询每个修理工的工作状态，手头是否有未完成工作。派工时应指定该工人可以得到的劳动工时，工人可按劳动工时得到奖金。

一个项目可以同时派给几个工人，例如，一个师傅和一个徒弟，在他们之间，自动按照规定比例加以分配工时。派工时，需要给工人打印派工单。

(2)维修项目变更。如果在修理过程中，发现有需要增加的维修项目，那么在软件中记录为“加修”项目。这些项目如价格较高，应通知前台工作人员与车主联系，得到其认可。

如果在修理过程中，发现某些预定项目不需维修，那么就减少修理项目，在软件中记录为“减修”项目，结算时向客户说明。

(3)工作过程管理。如果某个修理项目因故停工，应在计算机上记录停工时间和停工原因。业务主管应对停工时间和停工原因加以控制，一旦停工时间超标，就应对各个造成停工的相关部门进行追究。

例如，停工原因是待料，如果待料时间超过规定时限，就应追究库房责任；如停工原因是停工等待车主，如等待时间超标，就应追究前台工作人员责任；如停工原因是等待设备，就应考虑设备维护或增购问题。

修理工手头项目一旦停工，就可派给他其他工作。停工项目复工后应记录复工时间。

(4)项目完工。一个修理项目完工了，要记录完工时间。便于统计工作效率，以及便于尽快安排其他维修任务。

(5)项目检验。完工的项目要进行检验，记录检验人和检验时间。如果所有修理项目都已完工检验了，那么应对车辆进行总检，在软件中记录总检验时间和总检验人。

车辆总检后，即算完工。

四 配件管理

为保证维修工作服务及时，配件仓库通常配备大量配件。将配件按使用频率分类购置及存放，业内通行做法是分为易损件、事故车件、维护件及装具精品等。4S 店通常的配件存储量为 300 ~400 万元。配件管理是一项复杂而重要的工作，如何做好分类存储零部件，既可满足基本要求，又不占用过多资金，是利用计算机管理的重要任务。

为什么使用系统管理可以最大程度满足销售需要、库存资金最小、订货成本最低三者间的矛盾呢？

如果单纯为了提高销售满足率，可以加大库存量，但这样就会占用过多的库存资金。如果既提高销售满足率，又不占用过多库存资金，也可以加大采购频率，但这样又会加大采购运输成本。实际上,保证最大程度满足销售、库存资金最小和订货成本最小,三个管理目标总是互相矛盾的。

很多企业,不但订货总金额控制不好,而且订货的具体品种、数量、时机都不合理,库存高限和低限制定不合理,订货数量往往凭感觉。有的零件缺货了,迟迟无法补货,有的零件积压了,还在订货。在有多个分店的情况下,有的分店某个零件已经积压了,可另外一个分店还在盲目订货;由于订货没有计划,几乎每天都在订货,采购部工作效率很低。有时今天刚从一个供应商处订货,第二天又再次订货,造成该供应商多次小批量发货,运输成本增高。其实,不但一个供应商的供货,而且一个地区的几个供应商的供货,都应当尽可能汇总在一个车辆运输,这样才可以降低运费。由于订货没有计划,无法和公司现金流配合,有时公司需要订货,却没有现金。有现金时,订货时机又已经错过。

由于解决不好订货这个问题,很多汽配汽修企业的库存流动缓慢、积压严重、占用了宝贵的流动资金。每年度的采购中,都会形成一部分呆滞库存,无法处理,直接造成资金损失。

可以说,采购订货是物流企业中最重要也是最复杂的工作。对于大部分汽配汽修企业而言,也是最薄弱的环节。

现在,一般企业在销售满足率达到95%以上时、库存年周转率只能达到4%左右,而不是理想的8%~10%。

但更可怕的是,现在一般的汽配汽修企业老板,对此都认为没有办法,任其自流。我们可以预言,将来大部分汽配公司,如果失败,就是输在这一点上。

那么规范仓库管理,将仓库管理与业务部门、维修部门、销售部门统一协调、数据共享则可大大提高工作效率。汽车维修企业常用的软件通常具备的功能如下。

1. 零件档案

首先建立常用零件目录。对零件各种属性加以记录。无论维修业务人员还是维修人员、仓管人员,对零部件编号、库存量等都能有效查询,并能快速为客户估算价格。

2. 零件进货

管理过程中首先应能记录进货的零件种类、数量和价格等。做到核对进货单、清点检验货物后,进行入库和付款,如果质量有问题,做退货处理。另外采用先进的库存管理技术,保证较高的周转率是零部件管理的关键。

例如:采用代号为“JIT”(Just in time——准时订货理论)的库存管理原理,该方法以丰田公司首创、在世界大型物流企业普遍应用的模式。这个方法的基本原则就是以零库存为库存管理的终极目标,尽可能保证“卖多少、进多少”,做到每次进货前库存近似为0。由于市场销售的不平稳性,我们需要保持一定的库存量应付销售的不时之需。

如何具体在材料订货业务中使用JIT模式,同时满足提高库存周转率,提高销售满足率和降低采购成本的要求,清华怀远给出的基本原则可以归纳为:

(1)使用精确的定期订货模型,而不是目前通用的定量订货模式。即所谓的“T,Q”模式,而不是××模式。

(2)根据经济批量原则或供应商供货周期决定订货周期,这样可以保证降低采购成本。

(3)在可能的情况下,尽力缩短订货周期和运输周期,以保证提高库存周转率。

(4)考虑到市场的不平稳性,给每种商品订货时,考虑一定的安全库存周期,以保证提高销售满足率。

(5)高价值商品的安全库存周期要短或为0,低价值商品安全库存周期要长,这样就可以达到兼顾销售满足率和提高库存周转率的效果。

(6)对于季节性商品或新上市产品,给予特殊考虑。

3. 材料出库

在车辆修理过程中,修理工可以来领料。在计算机上,记录领料的工号、品种、价格和领料人等。

4. 材料退回与辅料计算

修理人员领取材料或者配件后,由于某种原因未能使用,在不影响二次销售的情况下可以退回仓库。但零部件出入库信息应在计算机管理系统上加以记录清楚,以便后续对该零部件的跟踪管理。

有些修理用料,属于公共辅料,如棉丝、润滑脂,这种辅助材料费,应作为修车成本分摊到每辆车上或者维修企业有辅料预算,单独管理核算。

5. 外销统计与供求分析

有些修理厂的库房也同时对外销售配件,很多修理厂往往就是前店后厂的模式。

对外销售时,可以利用软件制作销售单。对外销售的业务处理,如何处理销售定价、返利、含税或不含税、发票种类、紧急销售等种种业务情况,比修理领料业务要复杂得多。

例如:为了实现JIT目标,清华怀远参考日本丰田公司的订货模型,提出了一套适合中国国情和连锁店的“清华怀远订货计划模型”。

在这个模型中,把零件分为常备库存零件、非常备库存零件、季节性商品、非季节性商品,订货计划分为补充库存订货计划和紧急订货计划两种,进行订货计算时,考虑到每种零件的最佳供应商、供应商订货周期、到货周期、安全库存量、预计需求量、当前各分店的库存、在途库存、已订货量、已计划量、待入库量、待出库量、客户订货B/O量、零件互换关系等因素,而安全库存又受到零件流动性和进货价格影响进行定义;预计需求量,可以参考过去12月逐月销量、过去3年逐年销量等销售历史,采购指数法预测计算。订货计划又可以自动拆分为不同供应商的采购订单。

在制订订货计划时,还要充分考虑公司现金流,可以知道每月何时需要订货、需要多少现金、何时需要这些现金,便于财务安排。

以上所有的计算,完全都是软件自动运算的,非常简便。

值得指出的是,根据采购计划公司得到的计划量都是可以修改的。计算机计算,并不会剥夺人脑的最终决定权,计算机只是充当了人的高级参谋。

有效使用订货计划,可以大幅度提高订货效率、库存周转率、资金利用率、客户销售满足率。这正是清华怀远S软件的精华之一。

6. 仓库管理应用实例

(1)物品入库:单击“物品”页面的“物品入库”按钮,弹出图5-8所示页面。

单击“新建”按钮,先选择时间,再双击选择交货单位、入库类型,再双击表间,弹出“物品选择录入”页面,双击选中某种物品(也可以通过模糊查询来查某种物品),然后输入物品单价、数量,系统会自动求出金额合计,保存后可打印入库单,库存物品数量即时增加。

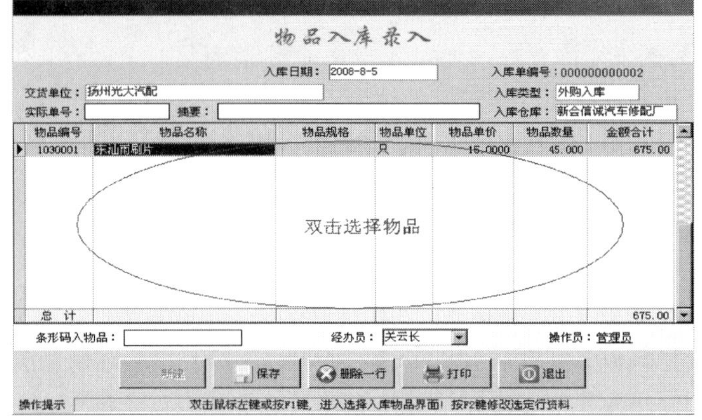

图 5-8　物品录入窗口

(2)物品出库:单击“物品管理”页面“物品出库”按钮,弹出图 5-9 所示页面。

图 5-9　物品出库窗口

单击“新建”按钮,先选择时间,再双击选择收货单位、出库类型,再双击表间,弹出“物品选择录入”页面,双击选中某种物品(也可以通过模糊查询来查询某种物品),然后输入物品数量,系统会自动求出金额合计,保存后可打印出库单,库存物品数量即时减少。

(3)仓库盘点:单击“物品管理”页面的“仓库盘点”按钮,弹出“仓库盘点”页面,可按物品类别、仓库打印盘点表。然后拿这盘点表到仓库进行实物盘点。

(4)盘盈盘损:单击“物品管理”页面的“盘盈盘损”按钮,弹出“盘盈盘损”页面。如图 5-10 所示。

对仓库盘点后物品数量有差额的,若实际数量小于账面数量,将用盘损方式将账面数量按差额减为实际数量,输入盘损单。若实际数量大于账面数量,将用盘盈方式将账面数量按差额增加到实际数量,输入盘盈单。

(5)出入库流水账:按“物品管理”页面的“出入库流水账”按钮,弹出“出入库流水账”页面,可以查看某段时间内某物品的出入库流水账。如图 5-11 所示。

(6)库存情况:按“物品管理”页面的“库存情况”按钮,弹出“库存情况”页面,可以查看当前库存物品情况。

图 5-10　盘盈盘损统计窗口

图 5-11　出入库记录窗口

(7)物品查询:按右键,弹出快捷菜单,单击“物品查询”按钮,弹出“物品查询”页面,可以模糊查询某物品当前的库存数量及建议销售价、最低销售价。本功能在“业务查询”菜单也能找到。如图 5-12 所示。

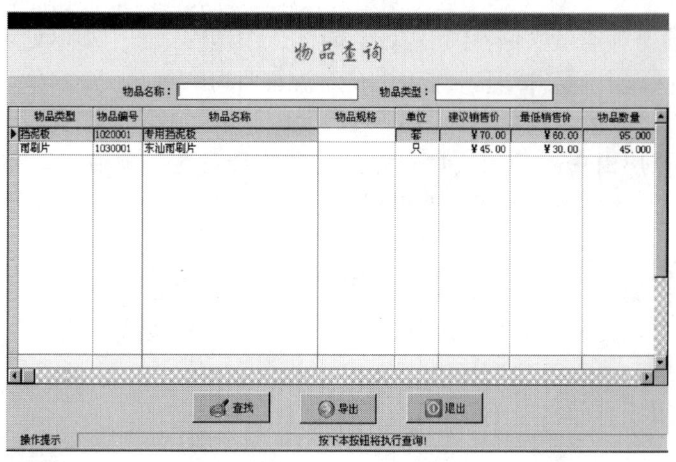

图 5-12　物品查询窗口

(8)盘盈损查询:按“物品管理”页面的“盘盈损查询”按钮,弹出“盘盈损单查询”页面,可按录入日期、实际单号、盘点仓库来查找盘点单。双击盘点单编号可显示该盘点单详细内容。

(9)库存初始化:按“物品管理”菜单的“库存初始化”按钮,弹出“库存初始化”页面,可以用来录入期初数,但注意期初数的录入是一次性的,不可以修改(也可用“业务录入”页面的“物品入库”录入期初数)。如图5-13所示。

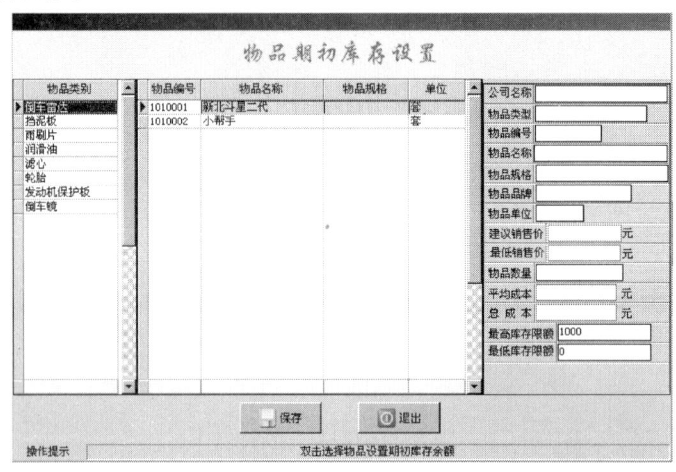

图5-13 物品期初库存设置

五 结算

1. 打印结算单

当车辆维修完工后,经过质检人员检验,业务人员对维修结果进行核实后,就可以进入结算程序了。

结算时,由计算机计算工时费、材料费和其他可能的附加费用。然后,打印结算单、附录修理项目清单和用料清单,同时记录对车主的应收款。

2. 优惠处理

有时给车主结算时,根据不同情况,可以给车主某些优惠。优惠方法很多,如材料费、工时费、其他费用、个别项目优惠或整体优惠,这些都可在计算机软件中加以记录。

3. 分单结算

若某些修理项目属于三包范围,那么其费用会由汽车制造厂家负责;若某些修理项目属于保险范围,那么其费用由保险公司负责。计算机系统会对这些项目自动加以分割,形成对车主、保险公司、汽车制造厂不同的应收款单据。

4. 结款

结算后,车主就该交款了。一般说来,必须交款后才能提车。但对某些有长期合作关系的车主或保险公司,可以允许先提车后结款,即享受一定信用额度或账期。

5. 出厂

结算完毕后,可以打印出厂单,车辆出厂。

6. 返修

维修车辆在保修期内又发生同样故障,可以做返修处理。返修工时费可以免收。

7. 服务跟踪

对维修后的车辆跟踪，记录反馈信息，保证服务质量。

六 统计分析

使用计算机管理的主要目的就是能迅速、准确、完整地获得大量统计分析，向有关部门呈报，作为各部门分析决策之用。作为工作人员，应明确如何制作报表和修改报表。

在清华怀远汽配汽修管理软件中，有多达数百种的各种报表，同时又可自由修改和制作报表。

1. 报表及表单的使用

(1)屏幕报表。报表有两种：一种是显示在屏幕上的报表，称之为屏幕报表；一种是打印出来的报表，称之为打印报表。屏幕报表的长度和宽度都不受限制，格式可以随时变化，非常灵活。作为工作人员，应主要从屏幕报表查询各种统计结果。

作为汽车修理厂的领导，也应尽可能学会从计算机上直接查看数据，而不是完全依赖打印报表，这样既可节省打印纸，又可实时掌握企业情况。

屏幕报表灵活性表现在：

第一，可以设定过滤条件，以专门统计某些特定数据。如统计修车情况，就可以设定统计某段时期、某种车型、某种品牌的修车情况。

第二，可以设定显示字段，且字段数不受限制。这就是说报表中要显示的内容可以自己定义，内容会非常丰富。例如，统计配件的发料情况，就可以不但显示领料的品种、编号、数量、价格，还可根据自己要求，设定显示车型、规格、原厂编号、毛利、毛利率等。

第三，可以设定显示排序。例如，统计修车情况，就可设定按照车牌号、金额、毛利、毛利率等各种方法排序。

第四，可以设定分组合计条件。例如，统计修车情况，就可设定按日期分组合计，这样就可查询逐日的修车情况。如果设定按照车型分组合计，就可查询每种车型的修车情况。

所有的过滤条件、显示字段、排序条件和分组条件，都可由系统管理员或工作人员自己来定义。如果工作人员掌握了报表的灵活定义方法，厂长要什么数据，工作人员可以马上提供相应数据，就会成为厂长可以信赖的好帮手。

(2)屏幕报表的图形显示。数字总是枯燥的，而图形总能吸引人的目光。因此，屏幕报表都被设计为可以以图形显示。

(3)报表导出。有时我们希望将汽配汽修管理软件中的报表，导出为 Excel 格式的报表，作进一步加工，以便应付不同要求。一般软件都可实现这个功能。

(4)打印报表。有些报表希望打印出来。每个汽车修理厂要求的打印报表种类和格式都不一样。因此，报表格式也应可以由工作人员自己定义。

(5)即时打印报表。打印报表的格式变化主要反映打印时显示哪些内容。很多软件，例如清华怀远汽配汽修管理软件，都可实现所见即所得的修改。

(6)表单种类。汽车 4S 店维修管理软件的系统模块在设计上都本着“简单、实用、易学、高效”原则，使得界面友好简洁，操作简单实用，可以缩短操作人员的培训学习时间。

软件基本有以下八大功能模块：即维修业务、维修报表、配件业务、配件报表、库存管理、客户管理、汽车销售、系统管理。使用时既可提高企业服务在客户中的形象,又提高了企业在同行业中的竞争力,更节省了人力、物力成本,从而为企业创造更大财富。

通常在如下功能方面进行有效统计,并形成不同的报表。

①维修业务表单。委托修理单、派工单、维修领料单、车间调度、结算单、保险跟踪、维修服务跟踪、证件年检查询、保险索赔登记、保险索赔统计、投保登记、投保统计等。

②维修报表。维修收入利润账、维修档案管理、维修工种统计表、接车人统计表、维修领料统计表、维修领料性质统计、修理项目性次统计、修理工业务员统计表等。

③配件业务表单。订货单、订货入库、采购入库、工具入库、入库退货单、客户订单、订单销售、销售单、工具领用管理、销售退货、工具归还管理、急件订货单等。

④配件表单。销售单查询、入库单查询、订货单明细表、入库汇总表、入库明细表、入库退货明细表、入库退货汇总表、工具入库统计表、销售汇总表、销售明细表、销售退货汇总表、销售退货明细表、客户订单明细表、工具领用统计表、货品进销明细表、货品进销汇总表、急件订货单查询等。

⑤库存管理表表单。库存查询、库存修改、库存调拨、库存调拨报表、库存盘点、盘点损益表、货品损耗统计表等。

⑥财务管理表单。维修收款单、维修收款对账单、维修收款总账、维修工工资表、入库付款单、入库付款对账单、入库付款总账、入库退货收款单、入库退货收款对账单、入库退货收款总账、销售收款、销售应收款对账单、销售收款总账、销售退货付款单、销售退货付款对账单、销售退货付款总账、营业外收支、财务收支汇总账、经营状况查询、凭证科目管理、简易凭证录入、简易凭证管理、凭证报表、发票登记管理、发票登记统计等。

⑦客户关系表单:客户档案、客户关系分析、客户回访及联系统计、龙卡快速洗车。

⑧汽车销售表单:客户跟单、意向订单、汽车入库、汽车销售、交车结算、汽车入库退货、汽车销售退货、各种代办、相关报表等。

⑨系统管理表单及看板:初始化、系统清零、系统备份、商品类别定义、用户及权限管理、数据上传、短信账号设置、短信管理后台、短信发送、工作提醒看板、内部通信、系统锁定、重新登陆、退出系统等。

2. 常用统计分析指标

企业的管理要用数字说话。工作人员要善于运用各种报表,分析问题查找原因。

客户要求的销售单是不一样的,有的要求含税格式,有的要求不含税格式,有的要求如实开,有的要求可以只显示开票价,不显示实际成交价。

清华怀远 S 软件,允许你任意定义的销售单以及任何其他单据报表的格式,这些格式修改后,你可以保存起来,为你专用。

(1)销售和领料分析。主要用于分析零件销售的数量、金额、毛利和毛利率。具体分析项目有:

①按照汽车或零件品种分析,得知哪些零件销售量大、利润大,为进货订货的参考;

②按照零件的车型分析,得知哪种车型的零件更好卖;

③按照零件的品质分析,得知正厂件、配套件、副厂件中,哪类销量大和毛利高;

④按照工作人员分析,得知哪个工作人员的业绩好,可以对其实行奖励;

⑤按照客户分析，得知谁是你最重要的客户，给出客户销售额排行榜；

⑥按照销售用途分析，得知零售、批发、自用、领料、同行调拨等方式的比例；

⑦对存在问题的客户分析，以便及时解决；

⑧对其他费用和收入分析，如仓储费、运杂费和手续费等的统计，控制非采购成本。

(2)零件库存分析。主要用于分析库存商品的数量、占压资金、周转率和其他分析，具体分析项目有：

①分析可销售的库存量，供销售员分析使用；

②分析库房的实际库存，供库房管理员分析和查库用；

③分析商品的账面库存，即材料三级账，可供财务人员对账用；

④各库存之间库存调拨分析，掌控各个仓库之间的商品出入情况；

⑤在途库存的分析和销售待发货商品的分析；

⑥委托代销商品的分析，分析其返款率、销售率、毛利和毛利率；

⑦受托代销商品的分析，分析其返款率、销售率、毛利和毛利率；

⑧呆滞库存分析，以便及时处理残旧货物，加快库存周转率；

⑨按品种分析库存，掌握每种商品库存的动态；

⑩按照车型和品质分析库存，掌握每种车型和品质的商品库存分布，把握比例；

⑪按照仓库分析库存，掌握各个仓库的库存分布情况；

⑫商品采购分析，以便控制进货来源、质量和价格；

⑬采购退货分析，与销售退货率对照，分析供应商的产品质量和服务质量；

⑭库存破损率分析，分析破损原因，以提高运输和库存保管水平；

⑮盘亏盘盈分析，分析原因和库存保管水平；

⑯仓库警戒线分析，以便对低于警戒线的库存及时进货，控制最佳库存。

(3)采购订货分析。主要用于分析订货数量、到货期、价格等，具体分析项目有：

①最佳订货量分析，以实现满足供应、减少库存资金占用和保证规模采购三者的平衡；

②交货满足率分析，以判断供应商的供应水平；

③到货准时率分析，以判断供应商的供应水平和服务水准。

(4)销售订货分析。主要用于分析销售订货数量、交货期、价格等，具体分析项目有：

①销售满足率分析，以判断本公司的采购水平；

②交货准时率分析，以判断本公司的服务水平。

(5)修车收入和成本分析。主要用于分析工时和材料等收入、工时和材料成本等，具体分析项目有：

①单车收入和成本，包括工时收入和材料收入及成本，进行单车核算；

②按照修理项目和工种，分析工时收入和工时成本；

③按照修理材料明细，分析材料收入和成本；

④按照车型分析，判断修车收入主要来自哪种车型；

⑤按照车型的品牌分析，判断修车收入主要来自哪种车型；

⑥按照修车类型分析，得知修车收入主要来源于大修，还是小修或维护；

⑦按照客户分析，得知修车收入主要来自哪些客户；

⑧按照客户地区分析,得知修车收入主要来自哪些地区的客户;

⑨按照日期分析,研究修车收入和日期,特别是节假日,有多大的联动关系。

(6)修车周期分析和质量分析。主要用于分析修车的速度和质量,具体分析项目有:

①修车周期和延期天数分析,以便加快在修车辆周转,提高交车准时率;

②修车的返修率分析,将工人的修车质量与其奖金挂钩;

③客户满意率分析,以提高服务质量,体现客户关怀。

(7)部门效率分析。主要用于分析各部门的效率和工作水准,具体分析项目有:

①工人劳动工时分析,将工人劳动工时与劳动工资挂钩;

②班组劳动工时分析,将各工组劳动工时量与班组奖金挂钩;

③车间劳动工时分析,将各车间劳动量与车间奖金挂钩;

④工人满负荷工作率分析,研究修理工的任务是否饱和,以便人员再分配和加减;

⑤修理项目的正点完工率分析,得知调度是否合理和如何提高工人的劳动效率;

⑥修理项目的停工时间和比率分析,分析停工原因和加快修车周期的方法;

⑦停工待料时间分析表,考核材料部供应水准;

⑧停工待客户答复时间的分析,考核客户服务部或接待部的业务水平;

⑨停工待设备时间分析,考核设备维护水平和设备使用率。

(8)修理状态分析。主要用于实时监控待修车、人员、工位的状态,具体分析项目有:

①修理项目状态分析,监控每辆车的修理项目状态,是待修、派工、停工,还是完工;

②实时工位状态分析,监控每个工位是满还是空、是否可以派车;

③工人工作状态分析,监控每个工人的工作状态,是否可以派工;

④在修车辆状态分析,监控每辆车的状态,预计完工日期,进行提醒和监督。

(9)应收应付款分析。几乎所有汽配汽修企业,都希望能占用一部分供应商资金。但如果占用过多,又会影响公司信誉,所以应给每个供应商控制一个合理的回款率。另外,客户往往也会延时付款,占用本公司流动资金,通过这种方式虽然可以笼络客户,但也存在巨大的呆账风险。

所以,优秀的维修系统管理软件同样也应考虑以上问题。财务分析的重点之一是提供专门报表,计算和控制每个供应商的回款率,以及大客户的延付情况,以期保持一定的平衡。维修管理软件可以通过多种方式控制应收款和应付款的产生和大小,具体做法是:

①通过给每个客户设置信用额度,保证对一般客户不赊账,特殊客户的赊账金额有控制;

②随时监控每个客户的赊账总额,在连锁经营情况下,一个客户的赊账额是在所有分店的赊账总额;

③可以随时监控每个客户的每笔应收款的账龄;

④可以监控每个客户的回款率。

用于应收应付、预收预付款监控,规避付款或呆账风险的措施如下:

①应收应付、预收预付的明细账,与对方核对账目用;

②应收账款的账龄分析,防止出现呆账;

③客户偿付能力分析,资信度分析,规避呆账风险;

④按照客户和工作人员分析应收账款,以便对客户催款和对工作人员考核。

(10)客户的流失率分析。根据营销学理论,开发一个新客户的成本是保留一个老客户成本的5~10倍。可是,目前一般维修企业,往往很不注意或没有能力分析新老客户比例,分析客户流失率。

客户流失率:流失的客户数量/全部客户数量×100%

优秀的汽车维修管理软件,配套了多种分析客户来厂频率、客户流失率分析方法,充分运用这套方法,可以大大减少客户流失率。

①客户流失率分析。可以认为,那些固定周期来修车或采购的客户,是我们的固定客户。如果他突然长时间不来了,是否就应认为该客户有流失危险了?客户流失率分析,可以让我们及早发现这类客户。

②客户满足率分析(B/O分析)。在很多维修企业,对待销售中的缺货情况都没有处理,这是非常不对的。在营销管理中,常备商品的缺货是一个事故,是公司销售利润和商业声誉的损失!所以,必须对缺货发生的品种、频率、金额、责任人加以自动分析,必须在下次采购中自动弥补,在清华怀远S软件中设计一项重要的分析指标,即B/O分析。通过系统的分析工具可以参考一下降低顾客流失率的4个步骤:

a.确定和衡量合理的客户保持率,尽量做到不流失,应根据经营形式将客户流失率控制在合理范围内;

b.找出导致客户流失的原因,并找出哪些属于可以改进的地方;

c.估算一下当失去这些不该失去的客户时所导致的利润损失,当一个客户流失时,损失的利润就相当于这位客户的价值,即相当于这位客户在正常年限内持续购买所产生的利润;

d.计算降低流失率所需要的费用,只要这些费用低于所损失的利润,公司就该去花这笔钱。

【综合训练题目】

一、单项选择题

1.维修结算处理是指:车辆在车间修理完后,经车间检验后,即可转入________模块进行结算处理。

A.登记　　B.领料　　C.结算　　D.维护

2.对重要的业务系统及设备,次序制定急情况处理方案,系统中,每个操作员都必须使用自己的登录名和客户密码来登录系统,客户采用________的方法,每个客户只能看到已授权的模块信息,严格控制操作员的管理权限。

A.按模块授权　　B.按系统指定　　C.自动登录　　D.没有多少限制

3.汽车维修企的计算机系统多数为三台以上的计算机管理系统,组成企业内部________网,并与Internet连接。

A.局域网　　B.广域网　　C.办公网　　D.互联网

4.在使用系统的配件管理前,需要先对仓库的配件库存信息进行________的盘库建档处理,以建立与实际仓库库存相符的真实配件进销存管理。

A.期初　　B.原始　　C.积余　　D.当月

5.计算机流程管理是将车辆信息、配件、生产调度、结算管理和客户档案管理等用数据库共享的方式连接在一起,将复杂的管理予以规范和系统化,实施全面的数据化管理,以设备资源、________、资金一体管理。

A. 客户　　B. 人员　　C. 车辆　　D. 厂房

6. 派工时,可以通过计算机查询每个修理工的工作状态,手头是否有未完成的工作。派工时,应指定该工人可以得到的________,工人可以按照劳动工时得到奖金。

A. 工资　　B. 奖励　　C. 劳动工时　　D. 工具支持

7. 对于需要签订维修合同的业务,需根据系统记录信息打印委托修理合同书。合同书一般为三份,________,工作人员一份,转交车间一份。

A. 经理一份　　B. 车主一份　　C. 财务一份　　D. 配件一份

8. 预约实现对经销商的好处:可以合理安排维修工作量,节约时间,从而提高生产效率,以及________。

A. 节约配件　　B. 避免纠纷

C. 确保接待时间,以免遗漏客户要求　　D. 增加收入

9. 在故障车辆维修时,或者在普通故障诊断过程中又发现和提出新的故障时,在很多汽车维修企业,接待工作人员并不可能根据客户的描述或者车辆的简单故障表象马上判断出来车辆故障原因而确定修理项目。需要进行________。

A. 时间及费用估算　　B. 确定维修项目　　C. 客户确认　　D. 客户登记

10. 对于前来送修的车辆,因损坏原因,可能存在不同的维修类别。通常情况下可以按照正常维护、________、三包索赔(包修、包换、包退)、事故维修、首次维护等性质的车辆维修、维护作业。

A. 车辆清洁　　B. 故障维修　　C. 车辆试验　　D. 车辆美容

二、多项选择题

1. 日渐完善的汽车维修管理系统主要运用于汽车修理厂和汽车销售服务公司的售后甚至全程业务管理,包括________到车辆出厂,汽车配件管理和客户档案管理,以及服务质量分析,操作可简可繁,各种业务票据可直接打印。

A. 接车登记　　B. 估价　　C. 派工　　D. 检验

2. 汽车维修管理系统中,客户管理模块包括________、会员设置、会员折扣、维护提醒、生日问候、节日关怀等,大大弥补了人工记忆力的不足,改善手工记录的混乱情况。

A. 合同管理　　B. 预约　　C. 意见反馈　　D. 访问

3. 入库管理包括采购入库、调拨入库、销售退货入库、________、盘盈入库、随进随出入库等,录入配件的供应商、配件、价格、数量以及所入的仓库信息,复核后自动进行上账处理,财务管理模块中会生成相应的配件收付款记录。

A. 询价　　B. 发料　　C. 领料退料　　D. 出库

4. 汽车维修管理系统中,配件管理模块一般包括进价查询、________,销售出库和查询、配件库存查询、出入库统计、配件盘点等一系列功能,给配件管理提供更多的方便。

A. 询价　　B. 采购入库　　C. 接待　　D. 出库查询

5. 使用汽车维修计算机系统的工作人员调离时,必须移交全部技术手册及有关资料,并更换计算机的有关________和密钥。涉及业务核心部分的技术人员调离本系统时,应当确认对

苯系统安全不会造成危害后方可调离。

A. 登记` B. 制度 C. 口令 D. 秘钥

三、判断题(以下各题,说法正确的请在括号内打"√",说法错误的请在括号内打"×")

1. 如果属于保险事故车辆,接待人员可以直接估算完工时间,而跳过费用估算和付款方式确认。 ( )

2. 事实上让计算机管理所有的流程和环节是不可能的,也是不切实际的。 ( )

3. 计算机车辆档案是系统中相关客户在公司的维修车辆信息,任何人可随时查询车辆的维修记录与维修详情,便于更好地做好客户服务工作。 ( )

4. 汽修管理软件的严谨性,意味着软件不易出错。各类数据报表清晰明确、严谨、准确、符合一般的财会和统计规定。 ( )

5. 对重要的数据只要建立数据备份制度,定期进行备份,无须异地保存。 ( )

6. 在软件中进行修改业务程序和系统参数时,不用必须履行一定的审批手续,并做好文档资料的相应修改。 ( )

7. 根据已录入的维修工单和派工单信息,对接车业务员、责任工程师、维修工的业务数据进行统计,方便明了地掌握员工的工作及业绩状况。 ( )

8. 客户开车来送修,首先,由工作人员听取车主的诉求,对车辆进行仔细检查。然后将车辆信息以及客户信息登录在维修管理系统中,便于后续的表单制作、维修管理、派工结账以及后维护提醒、客户维系等流程。 ( )

9. 每一个报表都应进行权限控制,通过系统控制有效保证客户数据的安全。 ( )

10. 对于初次来店客户,输入其车牌号码,此时客户在管理系统中存储的各种信息就会自动显现出来了,对本次修理任务以及补充信息进行有效的添加。 ( )

四、简答题

1. 客户流失率的分析统计方法?

2. 部门效率的统计指标。

第六章 汽车维修价格结算

第一节 概 述

汽车维修的收费，受国家法律法规和行业管理规章监管。作为汽车维修价格结算员，必须熟练掌握有关法律、法规和规章，如《中华人民共和国价格法》、《中华人民共和国合同法》、《中华人民共和国消费者权益保护法》、《机动车维修合同实施细则》、《道路运输车辆维护管理规定》、《道路运输行政处罚规定》以及当地省市交通行政管理部门制定的《机动车维修工时定额标准》，才能使本企业的收费行为合法化。

另外，各汽车维修企业因内部管理和市场竞争的需要，也会制定一系列的收费标准，如各维修项目的工时单价等，使得收费标准反映出本企业的技术质量和管理水平。在现实社会中，价格因素对客户具有很大吸引力，企业要在市场竞争中取得优势，就要在法律法规的基础上作出符合本企业实际的收费标准。

汽车维修价格结算员的主要工作，就是按照本企业规定的收费标准进行统计和决算。汽车维修情况多样，可能只涉及单项维修，也可能涉及多个工种，汽车维修价格结算工作就是要对从汽车进厂到出厂所涉及的全部作业项目进行统计。因此，价格结算员要本着对企业、对客户负责的态度进行作业项目的统计和审核。审核内容包括各工种的工时是否准确、材料价格是否真实、收费项目是否全面等。

1. 价格结算员工作职责

一般说来，价格结算员的岗位职责为：

(1)严格按照国家法律法规、行业管理规章以及本企业规章制度，做好汽车维修价格结算工作，合理收费。

(2)实事求是地统计核实汽车维修全过程、各工种和各项目的收费。

(3)热情耐心地向托修方解释说明各项收费及其依据。

(4)及时掌握汽车维修市场的价格变化信息并向企业做好信息反馈工作。

(5)及时学习和掌握汽车维修价格结算的新政策、新知识，并运用在岗位工作上。

2. 价格结算员工作内容

(1)工时审核。一是审核维修过程中所列作业项目是否符合车辆实际报修情况；二是审核每项作业项目是否符合交通行政管理部门规定的工时定额标准和本企业规定的工时单价，发现过高部分应予扣减，过低部分给予调整，使收费符合规定。

(2)材料费审核。汽车维修配件材料的价格会因进货时间、渠道不同而有所变动，应注意市场价格变化情况。材料价格的审核是指汽车维修所使用的材料价格与当前市场价格是否一致，过低和过高都要向客户进行说明。否则，价格过低会使客户误以为是采用假冒伪劣产品，价格过高会被认为是乱收费。

(3)项目审核。价格结算的项目审核是指在项目统计过程中是否有遗漏、重复现象。要特别注意三种情况：一是车辆经过多个工种维修或由于维修周期长，派工单是否会有部分遗失，造成漏单现象；二是作业内容应包含的项目又被另外单列为附加项目，造成重复统计；三是车辆出场检验中因维修质量而返工所发出的修理派工单，造成重复统计。

由于汽车维修价格结算的项目有可能涉及多个工种和项目，托修方会根据自己对车辆技术状况的了解，对维修作业项目和价格提出各种疑问，如果处理不好，会造成托修方的误解和不信任，严重的还会发生争执，甚至拒付。

(4)处理客户疑问。客户满意是企业追求的目标，托修方提出的疑问往往存在一定的合理性。因此，要求汽车维修价格结算员应以其良好的修养认真听取客户意见，耐心细致地解释各项收费的因由和依据，做到以理服人。同时，这也是宣传本企业的好机会，通过解答客户疑问，宣传本企业的服务宗旨，本企业的价格优势、技术优势和质量优势。客户在理解企业之后，在接受到客户所期望的优质服务之后，客户就可能会成为本企业的回头客。

(5)参与价格决策。市场的变化使得汽车维修市场的价格不断变更，这些变更的原因可能是国家宏观经济政策的调整（如外贸政策、税务政策、劳工政策等），也可能是政府行为（如政府采取采购政策等），也可能是汽车工业技术进步的结果（如新车型中采用了新技术、新修理工艺或设备工具的更新换代等），或者可能是个别地区的人为因素（如某个汽配公司的季节性处理积压商品或某企业实施价格战等）。这些因素，影响着当地汽车维修市场价格的变化，如果企业不及时作出调整，势必会严重削弱本企业的市场竞争能力。

因此，要求汽车维修价格结算员要随时掌握市场价格的变化，洞察其中因由，分析价格变化的长短时效，及时提出本企业价格调整的建议，确保企业在市场竞争中的优势。

(6)熟练掌握结算业务。各汽车维修企业可根据本企业管理的方法采用各自结算程序，但维修价格结算工作的内容万变不离其宗，都离不开对汽车维修过程中所发生的费用进行审核、统计、确定费用并向托修方收费。传统的方法是把各工种的派工单、材料单收集起来进行审核统计，这种方法存在着工作效率低下，劳动强度大，容易出错等缺陷。为提高价格结算的准确性和工作效率，目前部分汽车维修企业已采用了先进的计算机管理软件进行价格结算工作，从而使企业的业务受理、车间调度、配件信息、竣工结算以及客户资料等方面的管理实现了高效、准时、精确。其中，汽车维修费用的结算是这些计算机管理软件的主要功能之一。

因此，在已经使用计算机管理的汽车维修企业，要求每一个汽车维修价格结算员都要熟练本企业使用的计算机管理系统、操作系统，熟练基本操作技能，同时学会简单的维护工作，保证计算机系统的正常运行。

第二节　维修费用预算与结算

维修接待员在业务接待过程中，通常要对客户报修项目的维修费用进行预算。因此，维修接待员要了解汽车维修相关费用的制定依据，熟悉企业的收费规范，对维修费用进行预估，对维修项目的收费进行解释，减少或避免价格争议，进而提高客户满意度。

维修价格预算是汽车维修价格结算的前期工作。依据维修企业管理规定，托修方在接受维修服务之前有权知道该次维修的价格范围。能够准确预算维修费用，是汽车维修接待员业务素质的具体体现。

所谓维修价格预算，是指汽车维修企业作为承修方与托修方在签订汽车维修合同之前，根据汽车维修前技术状况的鉴定，对所列出的维修项目进行维修费用的估算。

一 汽车维修价格预算的流程和依据

进行汽车维修价格预算时，先由汽车维修企业的维修业务接待员或专职检验员对待修车的进厂检验和检测工作，认真听取托修方对车况的陈述，并做必要检验和不解体检测。

接待人员根据必要的维修知识及检测结论，制订合理的维修方案并向客户介绍，与托修方共同确定维修项目，再根据所列项目清单，确定维修时所牵涉的工种，预计所需更换的材料费和加工费，然后根据维修工时定额规范及本企业收费标准，计算出将发生的维修总费用，并向送修人说明，由送修人确定是否维修。

二 汽车维修价格预算对维修业务的影响

(1)如果维修价格预算费用严重超过实际维修的费用，托修方就会考虑找别的厂家，维修企业就会失去该项业务。

(2)如果维修价格预算费用比实际维修的费用少很多，在维修过程中也没有正当理由去向托修方解释，托修方在维修结算时就会产生意见，造成承托双方的价格纠纷。

因此，最好在第一时间一次性向客户报价。因为汽修企业切实做好报价工作是企业迈向诚信的关键一步，这是因为：

其一，汽修企业可以按照自身类别，根据当地物价部门规定，制订尽可能详细的维修分类价目表，并将其张贴或悬挂在前台醒目位置，让客户一进店门就能看到，消除其来店维修车辆会遭遇“黑价”的顾忌。

其二，业务接待员接车后，要在“第一时间”向客户通报车辆的换件费用、工时费用。所更换的配件必须是在汽配市场最低的正厂价采购回来，附加行业规定的手续费，并把这两者开列在接车清单上，让客户签字认可。对车辆维修多的项目，或一时难以确定维修价和需更换多少配件的费用，也要合理估算两者价格，通报给客户，使客户“心知肚明”。为客户按维修价格“买单”做好思想准备。

其三，业务接待员要熟悉各种车辆维修价格和配件费用。在接待客户时，一旦确定维修和需更换的配件价格，要一次性向客户报价，为企业树立一个诚信的良好形象。切实避免反复报价。否则，以免给客户留下企业不诚实的顾虑。

其四，业务接待员既然要做到在“第一时间”“一次性”报价，就要诚恳耐心“谢绝”客户“折扣”的要求，共同遵守企业“公示价目表”，不可以打折来变相降价。这样既保障了企业“一口价”的利益，又使客户相信企业的报价是负责任的。

总之，只要汽修企业能做好公示价目表，并在第一时间和尽可能一次性全面、公平、合理地向客户报出维修车辆的价格，无疑也节约了客户来企业维修车辆的时间，使客户感受到该企业维修车辆“不食价”、“不炒价”、“不宰客”，从而和企业建立起诚信的维修车辆关系，企业自然能受到更多客户的拥戴和推介。

第三节　汽车维修价格结算依据

为了加强对汽车维修企业价格结算工作的管理，规范汽车维修企业价格结算行为，保护汽车维修承托双方的合法权益，在进行维修价格结算时，必须遵照交通行政管理部门的规定，把以下单据作为结算工作的依据：

(1)汽车维修合同文本；

(2)汽车维修施工单(或称派工单)；

(3)汽车维修工时定额收费标准；

(4)《汽车摩托车维修用户专用发票工时费结算明细表》；

(5)仓库出料单(材料费用)；

(6)《汽车摩托车维修用户专用发票材料费结算明细表》；

(7)《汽车摩托车维修业户专用发票》(小规模纳税人用)；

(8)《增值税专用发票》(增值税一般纳税人用)。

一　汽车维修合同

1. 汽车维修合同的特征与作用

(1)汽车维修合同概念。汽车维修合同是托修方和承修方为协同其汽车维修活动，达到按规定标准和约定条件维修汽车的目的，而协商签订的相互制约的法律性契约。

(2)汽车维修合同特征。汽车维修合同是一种法律文书，其目的在于明确承修、托修双方设定、变更、终止权利义务的一种法律关系。通过合同条款来确定当事人之间的权利义务。签订汽车维修合同是承修、托修双方意思表示一致的法律行为。“意思表示一致”是合同成立的条件，意思表示不一致，合同不成立。在合同关系中，承修、托修双方当事人的地位是独立的、平等的、有偿的、互利的。

(3)汽车维修合同的作用。承修、托修双方所签订的汽车维修合同具有以下作用：

①维护汽车维修市场秩序。合同明确了承修、托修双方的权利义务，可以保障当事人的权益。因为依法订立的合同受法律保护，使当事人维修活动行为纳入法制轨道，使合法的维修活动受到法律保护，并防止或制裁了不法维修活动，从而维护维修市场的正常秩序。

②促进汽车维修企业向专业化、联合化方向发展。实行合同制，使各部门、各环节、各单位通过合同明确相互的权利、义务和责任，便于相互监督、相互协作，从而有利于企业发挥各自优势，实行专业化，促进横向经济联合。

③有利于汽车维修企业改进经营管理。实行合同制，企业要按照合同要求来组织生产经营活动，企业的生产经营状况与合同的订立和履行情况紧密联系在一起。企业只有改进经营管理，努力提高维修质量，才能保证履行合同。只有这样企业才能有信用，也才能有市场，不断改善经营条件，才能获得更好的经济效益和社会效益。

随着汽车保有量的日益增加，汽车维修需求不断增长，各类汽车维修纠纷以及矛盾逐渐显现出来，因此各地维修管理部门对汽车维修行业管理规范中提出了明确的维修合同要求。各个地方目前纷纷推出规范的汽车维修合同的样本。

2. 汽车维修合同主要内容

汽车维修合同主要有以下内容：

(1)承修、托修双方的名称及签字。

(2)签订日期及地点。

(3)合同编号。

(4)送修车辆的车种车型、牌照号、发动机型号(编号)、底盘号。

(5)维修类别及项目。

(6)送修日期、地点、方式。

(7)交车日期、地点、方式。

(8)预计维修费用。

(9)托修方所提供材料的规格、数量、质量及费用结算原则。

(10)质量保证期。

(11)验收标准和方式。

(12)结算方式和期限。

(13)违约责任和金额。明确承修、托修双方的违约责任,汽车维修合同的违约责任,是汽车维修合同内容的核心,是其法律约束力的具体体现。当事人必须根据法律规定或双方约定明确各自的违约责任。否则,合同就失去了约束力,不利于全面、严肃地履行汽车维修合同。

(14)解决合同纠纷的方式。遵守国家法律、行政法规和政策规定　汽车维修合同从形式到内容,都必须符合国家法律、行政法规和现行政策的规定。承修、托修双方不得签订违反国家利益和社会公共利益的汽车维修合同。

(15)明确材料提供方式。车辆维修所需的原材料和零配件,原则上应由承修方负责提供。如合同约定由托修方提供原材料或零配件,托修方应按合同规定的品种、规格、数量、质量、时间提供,承修方对托修方提供的原材料或零配件应及时检验,不符合要求的立即通知托修方调换或补齐。因托修方责任延误,维修期限由托修方负责。承修方对托修方提供的原材料和零配件不得擅自更换,不得偷换车辆原有的零配件。擅自调换托修方提供的原材料、零配件或车辆原有的零配件,托修方有权拒收,承修方应当赔偿托修方因此蒙受的损失。

(16)双方商定的其他条款。

汽车维修合同示范文本由国家工商行政管理局和交通运输部发布,该文本由各省、市工商行政管理机关监制和监督,由交通主管部门印制和发放。

3. 汽车维修合同的使用

(1)汽车维修合同的签订。

①合同签订的原则。汽车维修合同必须按照平等互利、协商一致、等价有偿的原则依法签订,承修、托修双方签章后生效。

②合同签订的范围。凡属下列汽车维修作业范围,承修、托修双方必须签订维修合同:汽车大修、主要总成大修、二级维护及维修费在1000元以上的。

③合同签订的形式。汽车维修合同的签订形式分两种:第一种是长期合同,即最长在1年之内使用的合同;第二种是即时合同,即一次使用的合同。承修、托修双方根据需要也可签订单车或成批车辆的维修合同,也可签订一定期限的包修合同。如果是代签合同必须要有委托

单位的证明,根据授权范围,以委托单位的名义签订,对委托单位直接产生权利和义务。

(2)汽车维修合同的履行。汽车维修合同的履行是指承修、托修双方按照合同规定的内容全面完成各自承担的义务,实现合同规定的权利。

汽车维修合同的履行是双方的法律行为。但是,若双方当事人中有一方没有履行自己的义务在前,另一方有权拒绝履行其义务。

①托修方的义务:

a. 按合同规定的时间送修车辆和接收竣工车辆;

b. 提供送修车辆的有关情况(包括送修车辆的基础技术资料、技术档案等);

c. 如果提供原材料,必须是质量合格的原材料;

d. 按合同规定的方式和期限交纳维修费用。

②承修方的义务:

a. 按合同规定的时间交付修竣车辆;

b. 按照有关汽车修理技术标准(条件)修理车辆,保证维修质量,向托修方提供竣工出厂合格证,在保证期内应尽保修义务;

c. 建立承修车辆维修技术档案,并向托修方提供维修车辆的有关资料及使用的注意事项;

d. 按规定收取维修费用,并向托修方提供票据及维修工时、材料明细表。

(3)汽车维修合同的变更和解除。

①变更和解除的含义:变更是指合同未履行或完全履行之前,由双方当事人依照法律规定的条件和程序,对原合同条款进行修改或补充;解除是指合同在没有履行或没有完全履行之前,当事人依照法律规定的条件和程序,解除合同确定的权利义务关系,终止合同的法律效力。

②合同变更、解除的条件。

a. 双方协定变更、解除维修合同的条件:必须双方当事人协商同意;必须不因此损害国家或集体利益;影响国家指令性计划的执行。

b. 单方协定变更、解除维修合同的条件:发生不可抗力;企业关闭、停业、转产、破产;严重违约。

c. 除双方协商和单方决定变更、解除合同的法定条件之外,任何一方不得擅自变更或解除合同。发生承办人或法定代表人变动,当事人一方发生合并或分立,均不得变更或解除维修合同。

③变更、解除维修合同的程序及法律后果。

a. 汽车维修合同签订后,当事人一方要求变更或解除维修合同时,应及时以书面形式通知对方,提出变更或解除合同的建议,并取得对方的答复,同时协商签订变更或解除合同的协议。

b. 因一方未按程序变更或解除合同,使另一方遭受损失的,除依法可以免除责任外,责任方应负责赔偿。

4. 汽车维修合同的鉴证及仲裁

(1)汽车维修合同的鉴证。鉴证是汽车维修合同管理的一项主要内容。通过鉴证,可以证明维修合同的真实性,使合同内容和形式都符合法律规定,可以增强合同的严肃性,有利于承修、托修双方当事人认真履行;便于合同管理机关的监督检查。

汽车维修合同鉴证实行自愿原则。在承修、托修双方当事人请求之下进行鉴证,约定鉴证的合同只有经过鉴证程序,合同才能成立。

经审查符合鉴证要求的，国家工商行政管理机关予以鉴证，鉴证应制作维修合同鉴证书。

（2）汽车维修合同纠纷的调解。汽车维修合同发生纠纷，承修、托修双方当事人应及时协商解决。协商不成，可向当地交通运输部门申请调解。由主诉方填写申请书，交通运输部门通过调查取证，作出调解意见书，并监督双方当事人执行。当事人一方或双方对调解不服的，可向国家工商行政管理部门及国家规定的仲裁委员会申请调解或仲裁，也可直接向人民法院起诉。纠纷费用原则上由责任方负担，应根据承修、托修双方责任的大小分别负担。

（3）汽车维修合同的仲裁。当合同纠纷调解失败后，当事人可采用仲裁方式解决。双方当事人应当自愿达成仲裁协议。仲裁协议包括合同订立的条款和以其他书面方式在纠纷发生前或者纠纷发生后达到的请求。没有书面仲裁协议，一方申请，仲裁委员会不予受理。如果达成仲裁协议后，一方向人民法院提出起诉，人民法院将不予受理，但仲裁协议无效的除外。

仲裁委员会应由当事人协议选定。仲裁委员会应根据事实，按照法律规定，公平合理地解决纠纷。

仲裁不实行级别和地域管辖。仲裁依法独立进行，不受行政机关、社会团体和个人的干涉。

仲裁实行一裁终局制。裁决作出后，当事人就同一纠纷再申请仲裁或向人民法院起诉的，仲裁委员会或者人民法院不予受理。裁决被人民法院依法裁定撤销或者不予执行的，当事人就该纠纷可以根据双方重新达成的仲裁协议申请仲裁，也可向人民法院起诉。

当事人对仲裁协议效力有异议的，可以请求仲裁委员会作出决定或者请求人民法院作出裁定。一方请求仲裁委员会作出决定，另一方请求人民法院作出裁定的，由人民法院裁定。

仲裁委员会认为需要鉴定的，可交由当事人约定的鉴定部门鉴定，也可由仲裁庭指定的鉴定部门鉴定。经仲裁委员会仲裁，仲裁委员会应向双方当事人下达裁决书。

裁决当事人申请撤销裁决的，应当自收到裁决书之日起6个月内提出。人民法院应当在受理撤销裁决申请之日起2个月内作出撤销裁决或者驳回申请的裁决。

当事人应当履行裁决，一方当事人不履行的，另一方当事人可以依照《中华人民共和国民事诉讼法》的有关规定向人民法院申请执行，受申请的人民法院应当强制执行。

仲裁费用原则上由败诉方承担，但在实践中考虑各种因素可由当事人分摊仲裁费。

二 施工单

由业务部门根据维修合同中的“维修类别及项目”一栏开出实施维修工作的单据，施工单上记录车辆的维修情况，是维修车间进行维修工作的依据。

业务人员填写施工单时，必须依据维修合同的“维修类别及项目”。施工单中的维修项目必须符合维修合同的“维修类别及项目”，不能超出维修合同所规定的维修范围。

施工单在车辆维修过程中随车一起流动。维修人员若在维修过程中发现新问题需增加维修项目时，必须反映给接车的业务人员。新增维修项目由业务人员与车主取得联系，经车主同意后方可增加，否则，进行该项目所发生的工时费、材料费等一切费用在结算时无法律效力。施工单随着车辆维修竣工，最后返回业务部门。价格结算员进行工时费计算时，按施工单和维修合同，对照施工单中的维修项目是否超出维修合同中“维修类别与项目”一栏中所列范围，作出工时结算。

施工单上标明的施工单号、车辆信息、维修项目等应当与维修合同及维修估价单内容一致。并注明接交车时间，完成的施工单应当有维修施工人员签字、质检人员签字及接待人员签字确认。

三 工时定额及收费标准

为加强对维修行业的管理，规范各维修业户的经营行为，维护维修业的承托双方的合法权益，由交通行政管理部门和物价部门监督和管理维修收费。收费管理应当遵循如下原则：

(1)规定的工时定额和收费标准为最高限额。各业户在执行中只许下浮，不得上浮，否则视为违章。根据优质优价原则，部分维修质量好、技术水平高的业户如需提高收费标准，需报请当地交通管理部门、物价局批准方可执行。

(2)汽车维修企业在承修作业过程中，应严格按照国家或交通管理部门制定的工艺规范和技术标准作业，不弄虚作假，不偷工减料，如发现有新的需修项目或超出预算的，必须在征得托修方同意后方可继续作业。

汽车维修收费标准关系到维修业户的经济效益和客户利益，也是汽车维修市场最敏感的问题。无论对外(客户)计核，还是对内(作业班组或技工个人)核算都容易引发各种争议。因此，工时费计核采用什么方法，是维修企业经营、管理及价格结算人员必须搞清楚的一个问题。

工时费就是维修工人完成一项作业所需的费用，每个工时的费用，各个厂家都不同，甚至相差很多。

1. 汽车维修工时费计核特点

目前，我国各地均颁布了地方性的汽车维修工时定额及收费标准(以下简称《定额标准》)，或者维修企业自定的维修定额，并且已经在维修管理部门备案，在维修场所公示(表6-1)。虽其工时单价与工时定额各有差异，但其计核方法与遇到的普遍问题则是基本一致的。

比亚迪轿车在4S店公示的工时济南地区定额表(2013年)　　表6-1

序号	常规维修项目	工时价格(元)		
		F3R	F3	F6
1	更换机油、机滤	30	30	40
2	更换空气滤芯	10	10	10
3	更换汽油滤芯	20	20	20
4	更换手动变速器油	30	30	40
5	更换自动变速器油及滤网	80	80	100
6	更换前制动片	50	50	60
7	更换后制动片(盘式/鼓式)	50/60	50/60	60
8	更换空调滤芯	20	20	20
9	更换防冻液	30	30	40
10	更换助力转向液	40	40	50
11	更换制动液	50	50	80
12	更换刮水片	10	10	10
13	更换蓄电池	15	15	20
14	更换喇叭	15	15	20

续上表

序号	常规维修项目	工时价格(元)		
		F3R	F3	F6
15	更换火花塞(每个)	15	15	15
16	更换发动机传动带/水泵传动带	45	45	50/70
17	更换空调/助力泵传动带	45	45	50
18	更换正时链条/传动带	240/220	240/220	240/360
19	轮胎换位(每个)	10	10	10
20	轮胎动平衡(每个)	15	15	15
21	更换轮胎(每个)	15	15	15
22	四轮定位	120	120	150
23	更换半轴油封	55	55	60
24	清洗节气门、步进电动机拆洗	60	60	100
25	清洗喷油嘴拆洗	200	200	200
26	抽真空加制冷剂(含检查)	120	120	150
27	拆装前保险杠	50	50	80
28	拆装后保险杠	50	50	80
29	更换点火线圈(每个)	20	20	20
30	更换前减振器支柱总成/芯	50/70	50/70	120
31	更换后减振器/芯	50/60	50/60	120

(1)工时费计价公式。目前,在各地普遍采用的工时费计价公式是:

工时费 = 工时定额 × 工时单价 × 车型技术复杂系数

工时单价:指核定的汽车维修每一工时的收费标准。其单位为“元/小时”。工时单价的确定以汽车维修和生产中的工时成本为依据。

(2)工时及工时定额收费内涵。目前,维修企业对外多以工时定额及单价与维修客户计费的;对内则多以完成的定额工时作为班组或技工个人计核提成收入的依据。因此,对工时及工时定额收费含义的理解与剖析,从经营管理的角度来说,具有重要意义。对于4S店,通常执行厂家统一公布并推荐的工时定额,工时费用计算精确。综合性维修部门则多依据行业协会公布的工时定额标准执行。无论是厂家统一工时还是行业协会工时,执行时都可有一定浮动,但浮动结果不能高于报备的工时或行业协会推荐的工时。

值得注意的是,随着技术发展和车型更新,工时定额也是在不断修订和变化的。因此估价人员应及时掌握最新的工时定额变更情况。

(3)工时所包含的内容。要正确理解工时定额,首先应该认识到:工时不等于施工时间。按照可靠性理论中对维修时间的定义,维修时间应由以下几个时间组合构成:

①维修准备时间(包括业务接洽,生产计划、调度,生产场地、工具、配件准备等工作时间);

②车辆故障诊断时间(含维修前检测、诊断时间);

③实际施工时间;

④试验、调试时间;

⑤场地清理时间。

在车辆维修时,经常会碰到这样的情况:在开放式维修作业区域,客户在车辆竣工结算时,会提出对工时数的计核异议,因为他们对完成该车维修仅用了多少时间是亲眼所见,而计费却远远高出这个数字。维修企业结算人员往往不能圆满解释计核工时的来历,仅告知用户是从《定额标准》中查出的。虽然客户也查看了《定额标准》,但总感不服,其症结就在于客户把维修时间中的"实际施工时间"当成了维修工作总时间,对此应向客户解释、说明。

(4)工时费所包含的内容。在对内计核工时费提成时,也常常遇到基层班组或技工对工时结构与工时费的误解。作为企业管理人员,应当向班组或技工解释清楚,说明他所施工完成的工时构成部分(实际施工时间那一部分)和工时费所包含的内容。无论工时单价法定多少,工时费都应包含以下内容:

①上缴给国家和地方税务部门的税金;

②经营、生产与管理的固定成本;

③经营、生产及管理费用;

④应完成的利润。

企业应按上述项目所占比例,计算出合理的工时提成比例,并作出说明,以使员工心服。

2. 工时费基本计核方法

(1)整车大修。目前各企业经常使用的计核方法主要有三种,可视具体情况选用。

①定额制。即完全按企业所在地颁布的《定额标准》中该车型整车大修定额计核,所涉及的配件、材料费另行加计。

②合同制。即采用各工种、工序的工时与配件、材料包干,限额计费,具体内容由企业和送修方协商确认后,在维修合同中写明。

③混合制。即一些工种(如发动机、底盘各总成与电气系统的维修)按地方颁布的工时定额计核,另一些工种和作业项目(如车身钣金修复、车身涂装、蓬垫、内外装饰修复等)按合同制包干计核。混合制计核方法适应了不同修复难度和不同涂装用料、工艺要求的具体情况,故应用较为普遍。

(2)总成大修。一般均按定额制计核工时费,但有两点须予以注意。

①因目前不解体检测、诊断技术尚不完善,还无法在修前检测中精确判定总成内部零件的磨损或损坏程度,故在客户报修确定维修作业项目,签订合同时应留有余地。即应说明总成解体,进行零件检验、分类后,方能最后确定零件(特别是曲轴、汽缸体等重要部件)的更换方案;到时应请车主到企业现场确认后,共同认定零件更换方案,并在合同中予以明确。这不但是对客户的尊重,同时也避免了结算时发生不必要的纠纷。

②属正常大修中的一些加工(如发动机总成大修时的镗磨汽缸、磨修曲轴等),有的企业缺乏加工设备而采用外协加工,这笔加工费已包含在总成大修工时费中了,虽然企业支付了这笔加工费,但不应向客户另外计收。

(3)汽车维护。一般均按定额计核工时费,但在维护过程中应注意划清维护与附加小修(含故障排除)作业项目的界限,在维护中发现了故障、隐患,须作小修处理的,应及时通知客户,共同确认小修作业项目。

(4)汽车小修。汽车小修的工时计核较前面的维修项目更为复杂,故应首先进行分类。按照专业特点,把小修工时计核方法分为以下三类:

①直接计核法。此方法直接、简单,客户所报小修项目单纯、直接,可从《定额标准》中直

接查找到定额工时,比如:换火花塞;换制动片;换某灯灯泡;换传动带等。

②综合作业法。用户报修更换某一总成、零部件或解决某一明显故障,但要完成此项作业,必须涉及周边一个或多个零部件的拆装与调试。此项任务看似简单,实则施工复杂,且因车型档次、结构不一,虽工序相差不大,但计费差异却大,处理不好,极易引起客户与基层班组、技工个人的不满。如解决曲轴后油封漏油、更换变速器或主减速器某轴承、更换离合器片或分离轴承等。奥拓轿车与雷克萨斯 L400 更换水泵,其工序数、工作量相差无几,但如按《定额标准》计费收费较高,使得奥拓车客户感到难以承受,但雷克萨斯客户则少有怨言。

这类小修工时计核最易发生争议的是,客户只计报修处的工时所耗,而忽略周边零部件的拆装与调整所涉及的材料费,如换曲轴后油封,需吊、装发动机,拆装空调管路,装配后需重加制冷剂等。对制冷剂的材料费,客户则因难以理解而常持异议。而从作业班组或技工角度来说,他们却认为此项作业费工费时,而工时计核不足,致使承担这类管理工作的员工"两头受气",颇感为难。

这类小修工时核计的基本方法是:将更换零件或排除故障所相关的其他零部件拆装、调校工序排出,查出每道工序所规定的工时数,然后累加,得出所需总工时数。当上述工时一一对应明确列出后,应及时与客户沟通,征得其认同,使双方都能"心中有数",避免修后的计价疑虑,同时也可使企业在客户中树立"坦诚相待、明码实价"的形象。另外,此统计资料亦可作为该小修项目内部核算的基本原始依据。

③故障诊断法。此类计费方法较前面两类难度更大。因为客户报修时,所报小修项目并非直接是《定额标准》上所列项目,而绝大多数是以故障现象报修的。如检修发动机温度高、发动机异响、发动机油耗高、燃烧不好、发动机运行中易熄火、自动变速器换挡迟缓、方向跑偏,等等。因为产生故障的成因各异,十分复杂,随机因素很多,故各地在制定《定额标准》时,难以将故障现象的对应修理工时列出。但故障的排除,最后仍是更换、修理或调试某个零部件。所以,为达到明确计核工时的目的,就存在一个转换问题,即如何把客户所报的故障现象转换为修理、更换或调试引起故障的零部件检修作业上来。而这个"转换"的唯一手段就是修前检测诊断。因此,对这类小修的工时计核,核心问题是故障检测、诊断水平。

由于各企业用于故障检测诊断的设备、仪器、资料不同,加之检测人员的理论、实践水平不一,故同一故障诊断,各企业所投入的精力、时间和设备也就各异。但总体来看,对这类小修,企业在故障诊断上的技术、劳动投入是最多的,而排除故障的施工,在多数情况下与技术分析的投入比较要少得多,有的甚至仅占极少工时。因此,这类小修的工时计核应分为两部分:第1 部分为故障诊断工时;第 2 部分为故障排除工时。第 2 部分的工时计核有标准可查,而第 1 部分的随机因素甚多,难以确定。可参考的方法,一是按单项检测、诊断计费;二是按实耗工时计费。因故障诊断在汽车维修中技术含量大,采用第二种方法时需与客户协商,取得认同,即采取合同认定的形式解决。

3. 工时计费程序及对有关人员要求

由于各维修企业的管理机构、人员设置不同,也带来了维修费用计核难易程度的差异。业内人士大都有这样一个感觉,即报修较顺利,结算时客户不满和争执就较多,加之结算人员多为财会专业出身,缺乏汽车维修相关知识和实践,让他们给客户逐项解释清楚计核依据,的确是难为他们了,这是许多维修企业普遍存在的一个矛盾。

参考中国港、台地区及国外经验和一些先进维修企业的管理模式,合理的计费程序应当是:由业务部门接车、检测,确定维修项目,并以此为据作出维修费用预算,经客户认可后签订合同;车辆维修竣工后,经质检部门检验合格,签发合格证后将车辆移交业务部门;业务部门按合同规定验收,同时也按合同条款审查计费清单,在审查无误后,再交客户验车和审查计费清单;客户如有疑问,应由主管该车的业务人员作出解释、说明,直到客户满意;客户确认后,由客户到财务部门结算、出厂。这样,使矛盾解决在相关部门,把一些不必要的冲突化解在事前。因此,对计核费用人员来说,其知识面应相当宽、实践经验丰富,并能做好计价结构的科学组合,另外,还应具备较强的客户接待能力与谈判技巧。

四 工时费结算明细表

价格结算员根据合同规定的维修项目,施工单的工作项目、工时收费标准、核准后填写用于工时费结算的表格。

结算单应注明车辆信息、施工编号、作业项目、配件名称及品牌、维修施工人签字、接待员签字以及客户签字(表 6-2)。

维修计价结算单范例 表 6-2

维修项目清单				
班组名称	维修项目	索赔	维修工	工时费
机电一组	发动机表面清洁	☐	505	0.00
机电一组	发动机内部清洗	☐	505	0.00
机电一组	更换方向助力油	☐	505	60.00
机电一组	更换火花塞	☐	505	40.00
机电一组	更换机油及机油格	☐	505	50.00
机电一组	更换汽油格	☐	505	60.00
机电一组	更换制动液[两年或40000km 换一次]	☐	505	120.00
机电一组	更换自动波箱油[两年或40000km 换一次]	☐	505	100.00
机电一组	清洗空调进气格	☐	505	20.00
机电一组	清洗喷油嘴	☐	505	160.00
机电一组	全车检测[发动机,变速器,底盘悬架 ABS 等]	☐	505	30.00
工时费总计:640.00	索赔工时费合计:	0.00	客户应付工时费合计:	640.00

材料配件清单					
材料名称	数量	单位	单价	总金额	索赔
机油(发动机专用油)	1		83.00	83.00	☐
机油格(机油滤清器总成)	1		17.00	17.00	☐
火花塞总成	4		45.00	180.00	☐
汽油格(燃油滤清器总成)	1		108.00	108.00	☐
自动变速器油	5		51.00	255.00	☐
助力转向油	1		35.00	35.00	☐
制动液	1		41.00	41.00	☐
清洗剂	2		20.00	40.00	☐
内部清洗剂	1	瓶	188.00	188.00	☐
强效润滑油精	1	瓶	188.00	188.00	☐
材料费总计:1135.00	索赔材料费总计:0.00		客户应付材料费总计:1135.00		

续上表

<table>
<tr><td colspan="6">附加费用清单</td></tr>
<tr><td>年检费</td><td></td><td>拖车费</td><td></td><td>外加工费</td><td></td></tr>
<tr><td colspan="6">费用清单</td></tr>
<tr><td colspan="2">工时费合计:640.00　折扣 0.80</td><td colspan="2">实收工时费:512.00</td><td colspan="2">辅料费合计:0.00</td></tr>
<tr><td colspan="2">材料费合计:1135.00</td><td colspan="2">实收材料费:1135.00</td><td colspan="2">其他费合计:0.00</td></tr>
<tr><td colspan="2">管理费合计:0.00</td><td colspan="2">实收管理费:0.00</td><td colspan="2">附加费合计:0.00</td></tr>
<tr><td colspan="2">费用合计:1775.00</td><td colspan="2"></td><td colspan="2">优惠合计:128.00</td></tr>
<tr><td colspan="3">应收金额合计(人民币):壹仟陆佰肆拾柒元</td><td colspan="3">￥1647.00</td></tr>
<tr><td colspan="3">实收金额合计(人民币):壹仟陆佰肆拾柒元</td><td colspan="3">￥1647.00</td></tr>
<tr><td colspan="6">客户满意度:　满意 □;　一般 □;　不满意 □;
是否需要回访:　是 □;　否 □;　回访方式:　短信 □;　手机 □;　固话 □;</td></tr>
</table>

五 材料费用

在汽车维修费用结算中,零部件费用比重较高(占 60% ~70%),该部分费用明细是客户关注的重点,也是矛盾点。因此,要求结算员详细了解零部件费用结算知识,并掌握零部件使用情况,及时与客户、施工人员、配件管理人员进行沟通。此项费用通常包括如下内容。

1. 材料费

材料费是指材料的实际购进价加上企业在材料购进过程中付出的劳动成本、合理的利润、企业管理费及根据税率需要缴纳的各种税费。

所谓材料是指维修过程中合理消耗的物品,包括汽车维修过程中需要更换的零部件、辅助材料、生产用燃油,润滑油等。计费标准应按交通主管部门和物价部门规定进行。汽车维修材料费一般分为三类:配件费、辅助材料费、油料费。

2. 其他费用

其他费用就是指上述费用以外、在汽车维修过程中按规定发生的费用,主要包括采购运输费、外协加工费、技术鉴定及技术咨询费用、救援费用、托运管理费用等。

3. 材料出库单

在汽车维修过程中,需更换或消耗一些零配件及工时费,包括原材料、辅助材料以及外协加工等。使用时需开具仓库出料单,仓库出料单是汽车维修材料费结算的依据,包括以下栏目:

(1)序号:本出料单顺序号;

(2)工作单号:本次承、托修合同编号;

(3)车主:车主姓名或单位名称;

(4)车牌号:托修车辆车牌号;

(5)车型:托修车辆型号;

(6)日期:领料日期;

(7)材料名称;

(8)单位:材料计算单位;

(9)数量:领出材料数量;
(10)单价:领出材料单价;
(11)材料费:领出材料费;
(12)备注;
(13)领料:由领料人签名;
(14)出料:仓库发料人签名。

第四节 常规维修业务价格结算程序与实例

一 常规维修业务车辆维修流程

在维修企业,根据维修性质,将车辆分为快速维护、常规维修、索赔保修以及事故车维修等几类。相对于车辆快速维护来说,常规维修涉及故障诊断、总成等零部件的修理和更换,涉及的过程长、环节多。下面就常规维修结算流程(图6-1)进行说明。所涉及的岗位及人员如图6-2所示。价格结算人员通常应从以下几个方面进行准备。

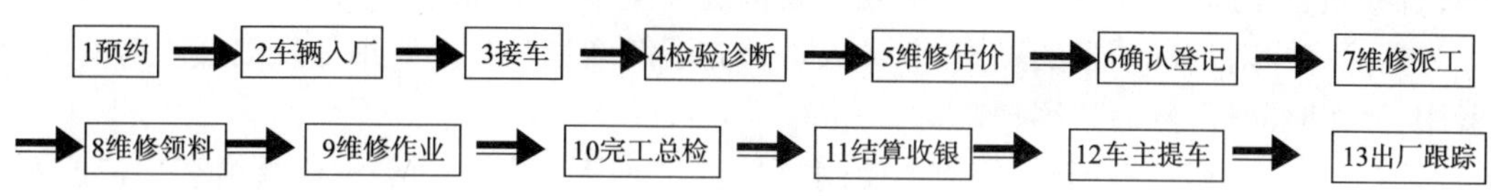

图6-1 维修业务管理流程的13个步骤

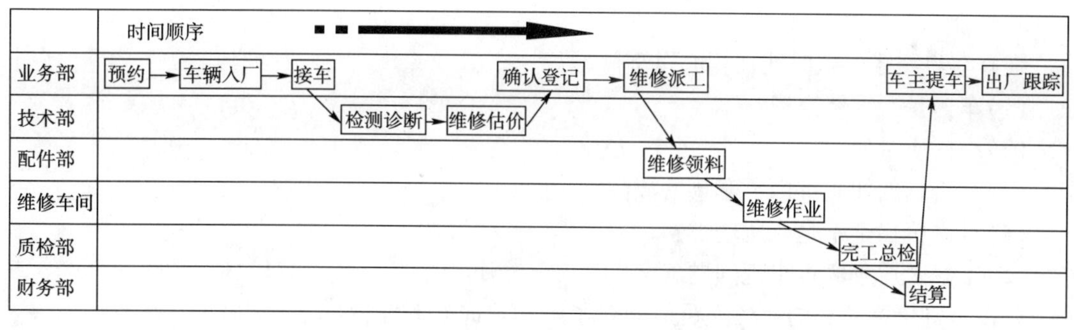

图6-2 维修作业流程与责任部门

1. 接车估价

汽修企业普遍存在的问题是维修价格没有标准,随意性较大,造成客户不信任,也造成企业管理的漏洞。如果是4S店或专修厂,在维修价格管理上还比较简单,因为维修的车型有限,而且主机厂也会制定出一套维修价格作为参考。但如果经营的是一个普通修理厂,那就面临着一个难题:维修车型及项目都很多,定价工作量非常之大。

为解决这一难题,可先从制定一种标准车型的维修项目价格作为基础,再自动计算不同档次车型的维修项目价格,这样就可用很快的速度制定一套合理的维修工时和工时单价。

在有些维修企业，往往尽可能多的将一些基本维修项目定价适当放低，使其富有竞争力。然后，通过各种媒体向社会公示，保证基本维修项目价格的透明性，吸引车主尤其是私家车主前来维修。

因此，维修业务人员在接车环节中应做到准确合理的价格预算，做到收费合理透明。价格结算时应从以下环节考虑：

(1)认真听取托修方对车况的陈述，并作出必要的检验和不解体检测。

(2)介绍初步检测方案，征得客户同意后安排初步诊断与测量。此过程应由汽车维修企业的业务员或专职检验员进行待修车的进厂检验和检测工作。

(3)根据检测、诊断结果，汇总维修人员意见，核定维修方案，制定维修项目清单。

(4)向托修方介绍维修方案，或者与托修方共同确定维修项目，再制定项目清单。

(5)核定维修时间以及维修全部费用。

(6)向托修方解释说明费用细目。在托修方对维修方案了解、维修费用清楚的情况下，由托修方签字确认，制作施工单，转交车间。

2. 维修沟通

汽车维修施工中经常会牵涉到预估之外的维修项目，有些项目是客户认为有必要要求添加的；有些项目是施工过程中维修人员发现新情况提醒客户添加的。

为消除客户对增修项目的疑虑，业务人员首先了解增加项目的详细信息以及工时费用、材料费用、操作时间等，然后让客户确认。

对追加项目向客户解释时，要避免使用“可能”、“差不多”等字眼，这样会给客户造成不信任的感觉；也不必以“问题严重”、“危害较大”等“吓唬”客户。这会让客户以后不再来了。最好是以事实或数据去说明，以理服人。另外，追加项目要一次到位，不可反复追加。

3. 检验及确认

维修客户结账付款时往往担心以下问题：

(1)车辆是否维修完毕？

(2)维修质量如何？

(3)是否真的如实维修了车辆的故障？

(4)维修价格是不是有所增加？

(5)维修之后车辆再出现问题怎么办？

所以负责价格结算的业务人员应同时了解和掌握如下信息：

(1)质量检查。车辆维修完毕，交付客户之前要进行必要的质量检验。在质量检查环节，维修接待员要安排试车员试车，试完以后把车放在交车区。如果试车结果良好，写出试车报告；如果试车结果有问题，维修接待员应通知有关车间负责人和维修工进行补救。

有时维修补救作业会导致交车时间延迟，因此要更新工作控制牌，并及时通知客户。

(2)对全车进行检查。维修接待员在通知客户取车前，要最后检查一下应该做的工作是不是已经做完，更换下来的零件放在哪里，所有应该更换的零件是否都更换了，车内外是否清洗、打扫干净，这些都是维修接待员要做的最后一项检查工作。

最后，维修接待员要在维修单上签名，然后标上“质量检查完毕”的标志。

4. 交流与解释

交车是一个与客户接触的很重要瞬间。在这个环节,维修接待员要尽量做到使客户满意:

(1)通知客户交车以后,必须开出费用清单。

(2)当客户来取车时,维修接待员热情欢迎客户。

(3)向客户详细解释工作完成情况。如我们做了些什么工作,哪些是免费的,都要和客户说明,还要说明已经进行了全面质量检查。

(4)要向客户指出车辆依然存在的问题。指出这辆车以后还有什么毛病必须修理,只是现在不是很紧急,可以留到下一次修理,下一次的维护时间应该是什么时候。此时,也是维修接待员与客户产生新预约的时机。

(5)引导客户到收银台交费。感谢客户对你工作的关照,告诉收银台工作人员,如果客户有什么问题,请及时沟通。

5. 跟踪回访

跟踪回访环节要在完成维修后 2 ~5 个工作日内,给客户打个追踪电话,以了解客户对本次维修是否满意。

跟踪回访的主要目的,是在客户满意的情况下再争取产生一个新的预约。当然,如果客户不满意,甚至要投诉的时候,也可以了解客户不满意的原因,并协调解决。

当发现客户不满意时,必须把档案交给维修部经理,让其判断由谁去解决这个问题。

在预约时,应了解清楚客户什么时间方便接听电话。特别要提到的是,做跟踪回访以前,必须预备好客户的维修档案、维修资料,然后才能打电话,这样才能知道自己要问些什么。

打电话给客户时,询问的问题主要是车的总体状况。

二 常规维修费用结算实例

在常规维修项目中,汽车维修价格结算是在承修车辆维修竣工交付使用时进行的。由承修方对车辆维修作业所发生的全部工时费用、配件材料费、外加工费以及其他各种费用统计计算出来,向托修方列明,并结算的过程。

案例 1 某市汽车维修中心,是一类一级维修企业,为一般纳税人,该市经交通管理部门与物价部门核定每个工时单价定额为 10 元(含税)。

材料管理费加价率为 17%。常用耗材按照工时费用的 5% 来计算。该厂对一辆长安之星Ⅱ代小客车发动机总成进行大修。经结算员预估统计,耗用总工时为 107h;材料费累计为 1100.8 元(含税),外协加工费用 240(含税)元。该车总维修费用计算过程如下。

根据省、市有关规定,首先按公式计算出总工时费、总材料费和其他费用:

总工时费 = 10 元 × 107 = 1070 元

总材料费 = 1100.8 元 × (1 + 17%) = 1287.9 元

低值易耗材料费 = 1070 元 × 5% = 53.5 元

外协加工费 = 240 元 × (1 + 17%) = 280.8 元

总维修费用 = 1070 元 + 1287.9 元 + 53.5 元 + 280.8 元 = 2692.2 元

该车维修总费用为 2692.2 元

案例2 一辆尼桑天籁轿车在某市4S店进行定期维护,作业项目为更换机油、机油滤清器、空气滤清器及空调滤清器。

工时费用:更换机油、机油滤清器、空气滤清器合计1.6h,更换空调滤清器0.2h。其中工时单价为100元/h。工时费=(1.6+0.2)×100元=180元

材料费用:某品牌半合成机油4L,260(含税)元;某品牌半合成机油1L装,68(含税)元;机油滤清器35元;空调过滤芯167(含税)元。总材料费=(260+68+35+167)元=550元

总计维修费用=工时费用+材料费用=180元+550元=730元

案例3 2006年出产的一辆凯越车型,在某二线城市通用别克4S店维修,作业项目为更换正时传动带、常规维护。作业项目及收费情况如下:

工时费用:因在更换正时传动带操作过程中涉及张紧轮、导向轮、发电机传动带等拆装,在计算工时时,因更换正时传动带作业包含拆装发电机传动带,所以此处采用复合工时计算,不再对更换发电机传动带另行计算工时,仍然按照更换正时传动带计算。

查阅工时手册得知,该项目需3.0h;更换机油及三滤为0.5h。工时单价执行报备的数额为100元/h。

工时费用=(3.0+0.5)×100元=350元

材料费用(含税):机油滤清器20元,某品牌机油156元,正时传动带364元,正时传动带张紧轮700元,发电机传动带143元,导向器转子2只714元,油底壳垫圈2元,汽油滤清器67元,空气滤清器66元。总材料费=(20+156+364+700+143+714+2+67+66)元=2232元。

总计维修费用=工时费用+材料费用=350元+2232元=2582元

案例4 在某二线城市一类维修资质的维修企业,对一辆轻型双排座庆铃1.5T车进行发动机大修,并对部分车身项目进行专项维修。

根据当地公布的《工时手册》规定,发动机大修总工时:柴油发动机大修增加(226×30%)67h、双排座货车厢及驾驶室大修增加(210×30%)63h。该车本次维修的工时定额是226+210+67+63=566h。

据此与客户签订维修合同,接待人员协调车间主管,开始对该车辆进行维修作业。5天后,施工作业全部完毕。经车间技术检验人员进行修竣工试车检测合格,车辆交接至维修接待人员处,进入维修收费结算程序。价格结算员需完成如下操作:

(1)核验施工项目及完成情况。审核施工单是否有超出全车大修范围的项目,如是否有加装设备、车厢篷架等非原车装备的项目和修复旧料如电镀或修复;曲轴、缸体、壳体等是否按照维修合同约定进行更换或修复。如有则另附加工时。并且审核是否有漏修的总成与项目。由于该车不存在上述情况,故工时费结算可维持原合同签订的工时额。

(2)核验材料费。核对材料及外协加工费;审核材料仓库出料单中是否有属各工种低值易耗物资;审核换用总成件是否有事先与车主取得确认,并减去核算工时费用过程中该总成件占的修理工时,同时更改补充上总成装卸工时。比如原计划对发动机进行大修,但拆解过程中,与驾驶员协商改为更换发动机中缸,或换用新起动机总成等;外协加工费中是否有超过价格估算的范围。有超过部分可附加计算,比如座椅皮套、车内附加装饰等。

(3)经审核扣填写工时及材料结算明细表。

(4)按前述的总收费结算方法计算及发票填写和办理最后的结算手续。

第五节 事故车辆维修结算程序与实例

一 事故车辆价格估算特点及要求

通常汽车维修企业有专门的保险事故车辆维修接待人员。作为事故车维修及理赔的业务接待员,不仅要熟练掌握保险理赔的基本流程和相关规定,而且也需掌握必要的保险公司结算知识客户沟通协调能力。因为客户出现交通事故后有一系列手续要办理,只有按照保险公司的规定办理,造成的损失才能获得赔付。客户手续齐全了,维修企业才能帮助客户索赔。

1. 事故车维修接待人员职责

事故车辆维修涉及项目、部件繁多,损伤程度、损伤类型各异,为准确估算价格、合理安排施工、保证维修进度和维修效果,事故车辆维修接待人员应熟悉维修过程,同时具备较强的沟通协调能力。具体职责如下:

(1)负责事故车辆维修的接待、协助保险公司定损、进行维修成本控制、车间零部件协调、了解维修进度等。

(2)如需协助定损,接待人员负责协调车间及零部件管理员。

(3)维修结束后,检验维修质量,整理相关单据,与客户及保险公司沟通。

2. 事故车辆维修接待流程

相对于常规维修业务接待及结算,事故车辆维修接待及结算内容更复杂,所需专业知识更综合,4S店通常委派专人负责事故车辆的接待及结算工作。

为保证保险事故车辆的维修工作进度和质量,事故车业务接待员要严格按照企业的保险车辆维修流程,对事故车维修整个过程进行跟进。

(1)事故车辆进店接待。按正常流程接待登记(里程、车架号、外观、油表及行李舱内贵重物品等相关手续);注意车辆外观、内饰、玻璃;给客户留下自己的名片,以便客户联系。

事故车辆进厂后应确定是否需保险公司进行受损车辆损伤的鉴定,若需要,由事故组业务接待员负责联系保险公司鉴定。切不可不经保险公司而直接拆卸,以免引起争议。

(2)接洽保险公司。询问客户是否需要索赔,若需索赔,联系保险公司对车辆查勘、定损。

(3)拆检及定损。为避免不必要争议,拆检及定损时应由保险公司、客户、事故车接待专员三方在场。

(4)报价及审核。接待人员开完维修任务委托书后,将定损单所列材料按次序填入报价单,报价单必须注明车号、车型、单位、底盘号,然后与配件管理人员确定配件价格,并转给备件主管审查。

接待人员在备件主管确定备件价格、数量、项目后,向保险公司报价,并负责价格的回返。

接待人员将保险公司返回价格交给主管审核,如价格有较大出入,由业务经理同保险公司协调。业务接待员将协调后的回价单复印后转主管。对于定损时没发现的车辆损失,由业务接待员协调保险公司,由保险公司进行二次查勘定损。

(5)维修及检验。接待人员打印派工单,根据备件库存和车间维修量确认准确交车时间;客户如有自费项目,应征得客户同意,另开具一张维修任务委托书并注明,然后将维修任务委托书交由车间主管安排生产。

(6)交车与结算。保险车辆维修完毕后经检验,确认维修质量状况。接待人员协同维修车间将旧件整理好,以便保险公司或客户检查。检验合格后,维修任务委托书转业务接待员审核,注明客户自费项目,审核后转结算处。

结算员结算前将所有单据准备好,由业务接待员通知客户结账,并负责车辆结账解释工作。

①在系统上审查该车维修项目、工时、备件出库情况等是否正确无误,车辆清洗后,通知客户提车。

②客户来店提车时由事故专员陪同客户检查车辆维修部位以及维修后的效果。

③客户满意离店,整理车辆派工单、结算单和验损单,并存档。

(7)跟踪回访。客户提车3日后,对客户进行回访,并作记录。

二 损伤评估及维修工时核定

在事故车辆修复工时的确定上,各部门大多数凭经验进行大致估算。由于事故车辆碰撞轻重不同,各部位变形程度也千差万别,很难有统一的标准。

因此,要根据事故车辆的实际损伤程度和范围,对事故车辆进行合理估价,定损是业务接待人员及结算人员的一项重要能力。

这就要求核损估价人员不但要精通汽车维修技术,而且要熟悉事故车辆修复的整个工艺流程,还要掌握各种汽车零部件的维修标准和检验技术及修复方法。由此才能对事故车辆维修工时费用、材料费用进行精确估算,并向客户及保险公司进行有效解释,对维修过程中存在的争议进行沟通。合格的车辆损伤定损人员应当掌握如下知识:车身结构;;撞击效应;车身材料;车身维修的相关技巧(钣金/喷漆/常规维修);事故车的定损技巧;工时费率/市场价格。

事故车辆修理工时的确定,一般按工种分类来确定,所涉及的工种包括机修、电气、喷漆、钣金、塑料件焊接、铝制品焊接、皮革件修复以及外协加工等。但在修理厂及4S店,基本将涉及的工种分为四大类:钣金维修工时、钣金更换工时、机修、喷漆。每一小类又包含若干小项,如整形、四轮定位等。除个别大型事故外,在各工种所占比重中,钣金、喷漆所占工时较多,因此在事故车辆工时核定时,应认真做好钣金、喷漆的工时核定。

1. 估价基本方法

(1)检查同一维修区域的钣金、喷漆作业项目是否已被计算在内,避免漏项或错算。

(2)在维修损伤区域,对一些未损伤而需拆装的零部件的拆装工时避免漏算。

(3)对所有作业项目的工时费进行计算。

(4)详细描述损伤区域维修情况,确认相关维修项目及费用的合理性。

(5)对不符合保险理赔的维修作业项目,告知客户自行承担费用。

(6)核实是否包含了辅料费用。

2. 机电工时核定

按车类、车型进行分类工时核定,与常规维修基本相同。

3. 钣金工时核定

钣金工时的核定,应按照受损级别核定。特大事故和严重事故车辆,应由钣金工、机电工对车辆进行拆解,然后对需更换的部件实施更换,对需校正修理的部位进行矫正修复。

修复过程中，对于车身结构件及钣金件，通过使用车身校正设备对车身及受损部位进行矫正，要基本恢复原来的几何形状，尺寸基本恢复后，需多次进行装配检验，通过微量调整达到装配的精度要求。所以钣金工时的核定首先核定拆装，然后核定恢复形体的工时及局部平修和检验装配的工时。

一般事故和轻微车损不需校正的，只核定局部平修及拆装工时。拆装工时包括拆卸和装配两项工时。在实际工作过程中，估损人员往往参照车型工时手册标明的工时，笼统给出总的拆装工时，不再细分为拆卸和装配工时。如果该项工时没有对应的工时手册可以参考，估损人员可参考拆卸所需工时来估算整个拆装过程所需工时。但需注意，拆和装所花费的时间不一定对等，如发动机的拆卸和安装，拆卸一般为3～4h，而安装则需5～6h；但钣金结构件的拆装，拆卸要比焊装更费时。这些环节定损人员应充分考虑。

但有些工时的核定也不是一成不变的，因为有些修理厂的维修设备、工具、工艺较为先进，而另外一些修理厂的设备、工具较为陈旧，工艺也较落后，所以损伤较为接近的车损按同样工时核定时，会导致有的修理企业毛利润很高，而有的企业则毛利润很低。所以，在核定车损时既要秉持公平、公正原则，又要将被保险人、修理企业、保险公司三方利益平衡好，使三方之间的利益均能得到必要的维护。

在部分综合型维修企业，往往不具备厂方维修工时手册的查询条件，这时可以根据车辆价值进行分类评估（表6-3）。

小型客车轻微碰撞常用拆装工时费用参照（单位：元） 表6-3

序号	项　目	A类	B类	C类	D类	E类
1	拆装前（后）风窗玻璃	500	250	200	150～200	拉胶60～80，贴胶100～150
2	拆装前发动机罩	200	150	100	80	50
3	拆装前刮水器及导水槽饰板	100	80	50	30	20
4	拆装中网	100	60	40	30	20
5	拆装前照灯	100	80	60	40	30
6	拆装前保险杠总成	250	150	100	80	60
7	拆装前翼子板	200	100	100	80	60
8	拆装前翼子板内衬胶	100	40	30	20	10
9	拆装轮胎及气门嘴	60	40	30	20	10
10	拆拼装前（后）门总成	450	250	150	150	100
11	拆装前（后）门附件	250	150	100	80	60
12	拆装散热器	100	100	80	80	60
13	拆装冷凝网	100	100	80	80	60
14	拆装空气格总成	100	60～80	50	30	20
15	拆装发电机、方向助力泵、冷气泵	150	100	80	60	50
16	拆装室内天花饰板	300	200	150	150	100
17	拆装前座椅（张）	200	150	100	60	40
18	拆装后排座椅总成	250	150	100	80	单：30；双：50
19	拆装仪表板总成	500	200～300	200	200	150

续上表

序号	项　目	A类	B类	C类	D类	E类
20	拆装尾灯	60	40	30	20	10
21	拆装后行李舱盖总成	300	150～100	150～100	100	100
22	拆装行李舱内饰件	200	100	80	80	50
23	拆装油箱	300	150	100	100	80
24	拆装排气管(全车,不含歧管)	300	100～200	100～150	100	80
25	拆装后悬架(边)	300	200	150	100	80
26	拆装后平台支撑板	200	100	80	80	60
27	拆换车顶沙板	2000	1500	1000	800	600
28	拆换前翼子板内骨架钢板	600	450	400	350	250
29	拆换龙门架(铁)	500	300	300	200	150
30	拆换侧身下裙外板	800	350	250	200	150
31	拆换后翼子板外板	800	450	350	300	250
32	拆换后围外板	500	200～300	200～250	200	180
33	检修冷气系统、加制冷剂(含制冷剂)	500	350	250	200	160
34	检修制动系统	350	250	200	150	80
35	较正四轮定位	450	200～300	200～250	200	150
备注	由于车型、种类繁多,表中所列价格均为参照某类车型的基准价格,评估人员可以根据实际评估车辆的项目多或少、新车或旧车等情况;评估人员根据实际经验和评估原则可自行调整,调整浮动可考虑在10%～20%。					
车型说明:						
A类	豪华车型(如奔驰、宝马、富豪S80、雷克萨斯LS、林肯、奥迪A8、大众途锐、辉腾、凯迪拉克等)					
B类	中高档车型(如皇冠3.0、佳美2.4、风雅、奥迪A6、里程、天籁、别克荣御等)					
C类	中档车型(如花冠、宝来、帕萨特、蓝鸟、中华尊驰、骏捷、东风本田思域等)					
D类	中低档车型(如波罗、悦达千里马、奇瑞风云系列、派利奥、西耶那、新雅途、赛欧、夏利2000等)					
E类	经济型车(如哈飞中意、民意、五菱、昌河、奥托、长安之星、夏利N3等)					

4S店工时费是按主机厂规定的每个施工作业具体工时定额,去除重复项目后进行收费的,费用明细清晰,所以按照实际工作量核定工时较为合理。这样就需鉴定、估价人员熟知各工种工作量及各种肇事车辆的拆解修理工艺流程,合理计算工时。

保险公司因承保车型多,车辆状况复杂,内部对车辆钣金喷漆费用按车型及车辆价值进行划分。某保险公司事故轿车钣金修复工时参考如图6-3所示。

4. 喷漆工时核定

喷漆分为整车喷漆、单部件喷漆、多部位喷漆以及局部喷漆(半喷)。一般将工时和喷漆材料成本合并计算。如一部金属漆捷达全车喷漆4S店报价为4000元,一条前杠报价为450元,单个车门报价为450元,一块翼子板报价为350元。多面积喷涂时,在单面积费用的基础上扣除相应的工时重叠部分。

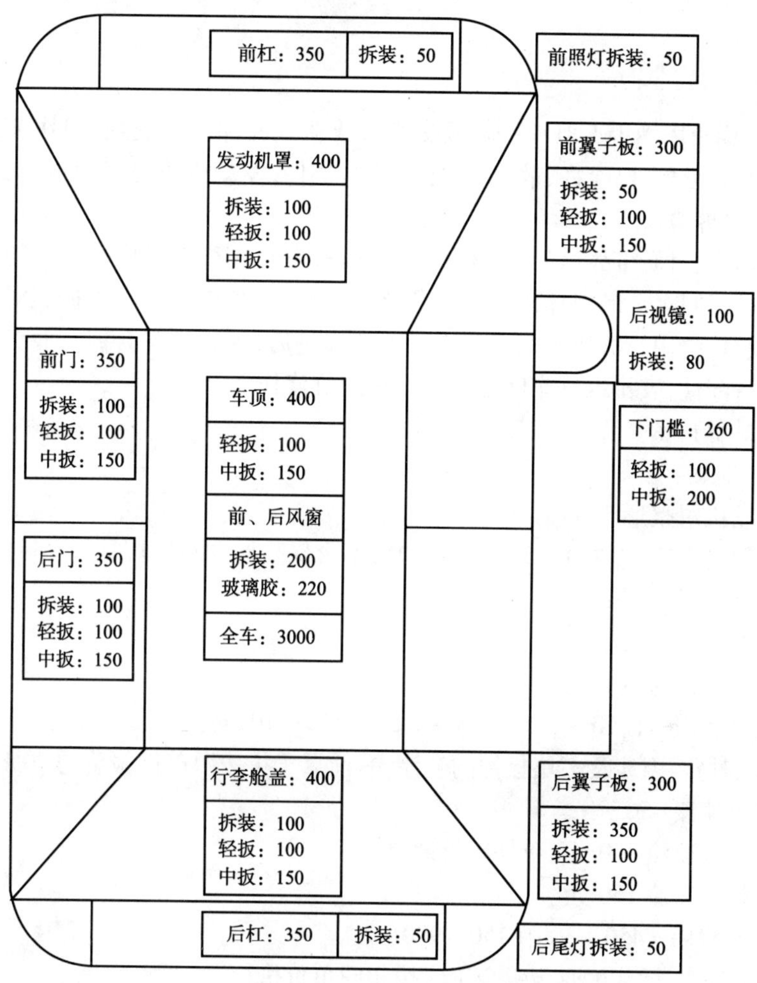

图 6-3　某保险公司事故轿车钣金修复工时参考

下面以前保险杠单件金属漆为例计算喷漆成本：

（1）面漆及其他辅料 75 元（消耗 150g，市价 500 元/kg）；

（2）底漆 25 元（消耗 250g，市价 100 元/kg）；

（3）其他材料：原子灰、填眼灰、橡胶水、胶带、柔软剂、粘尘布、砂纸、遮蔽物等合计成本 40 元；

（4）烤漆房使用一小时消耗的水、电、油成本约为 100 元；

（5）人工成本 100 元，合计 340 元。

该保险杠喷涂费用报价为450元，则喷涂一条前杠的毛利为32.4%。此为单件计算。当多件喷漆时，相应的面漆、底漆和辅料成本增加，而烤房成本只计算一次，所以计算多件喷漆时以一件为基数减30%的费用，即为成本。(第二种计算方法：增加第一件递减10%；第二件递减20%；第三件递减30%，其余部件一律按单件的70%计算)。

一名合格的定损人员，要在损失核定后能计算出维修企业修理此车的毛利率是否控制在30%～35%。

三 结算实例

案例5 一辆桑塔纳JVl.8L轿车，因交通事故造成前部严重受损，损伤部位涉及发动机罩、前照灯、右前翼子板、保险杠、散热器、冷凝器等部件，发动机正时机构也受到挤压，存在损伤的可能性，需要拆检及定损。

分析：该维修项目属事故修复型，车辆进厂修理之前，接待人员应会同车间主管、车主、保险公司定损人员一同对车辆损坏情况进行了核定，确定了维修方案。根据工时定额及工时单价，估算维修项目、费用及等待时间。待保险审核通过后，签订维修合同。业务接待人员安排配件供应部准备配件，安排维修车间准备进行相应维修作业。

1. 维修工时费预算

(1)钣金工时费：

①修复发动机罩整形3.0h；

②修复前照灯支座(左右)1.5h(钣金工时，不含保险杠、中网、灯具等部件的拆装)；

③修复前翼子板1.8h；

④修复前龙门架3.5h；

⑤钣金工时单价为105元。

⑥钣金工时费用=(3.0+1.5+1.8+3.5)×105=1029(元)。

(2)喷漆工时费：因涉及多块板件的喷涂，右前翼子板按照单件报价的90%定价。

①发动机罩喷漆450元；

②右前叶子板喷漆300元(单件定价的90%)；

③散热器框架喷漆150元。

④喷漆工时费用=450+300+150=900(元)。

(3)拆装工时费：拆装工时与钣金工时按相同单价执行。

①拆换灯具0.2h；

②拆换前中网0.2h；

③拆装冷凝器、散热器0.7h；

④拆换前保险杠0.3h；

⑤更换电子风扇0.00h(包含拆装散热器工时项目中)。

⑥拆装工时费用=(0.2+0.2+0.7+0.3+0.00)×105=147(元)。

(4)机电工时费：该公司报备的机电工时费为80元/h。

①检修发动机1.0h；

②检修空调4.0h；

③机电工时费用 =(1.0+4.0)×80=400(元)。

工时费用合计:(1029+900+147+400)元 =2476 元。

2. 维修材料预算

(1)两前照灯总:370 元 ×2 =740 元;

(2)右前雾灯:65 元;

(3)中网:95 元;

(4)前保险杠:385 元

(5)制冷剂;100 元;

(6)发动机传动带:50 元;

(7)电子风扇:350 元;

(8)前照灯下方饰条:2×25 元 =50 元;

(9)冷凝器:370 元;

(10)散热器:430 元。

材料费合计 =(740+65+95+385+100+50+350+50+370+430)元 =2635 元。

总计维修费用 = 工时费 + 材料费 =2476 元 +2635 元 =5111 元。

3. 按上述费用额签订维修合同

4. 结算审核

进入维修工按作业程序竣工后结算时,审核派工单及仓库出料单。

5. 填写明细表

审核派工单与维修工时费预算 2476 元,基本无误可填入维修工时结算明细表,作为维修工时费结算依据。

6. 填写材料结算明细表

审核仓库出料单有无疏漏错误。对于追加项目应单独列出,一并列入保险费用结算资料中。客户自费项目应单独列出、并注明,与事故保险结算单分开汇总。本案例无追加项目及客户自费项目,仅将保险公司初次定损项目列出,作为维修材料费结算依据。

7. 填写发票与结算

根据增值税类型计算税额,填写发票及由客户结清款项。

案例 6　一辆丰田卡罗拉轿车,右下裙边在行驶过程中被挤压损伤,引起局部漆面损坏,且金属板件变形,需对裙边进行钣金修理及重新喷漆。请核算其维修费。

1. 确认受损面积大小

用一汽丰田专用面积测算纸量(一小格为 $100cm^2$,受损面积为一个拳头左右)受损面积为 $600cm^2$。

2. 确认修复难易程度

根据丰田公司《外钢板修理标准工时表》(表 6-4)对该部位的损伤程度进行判定。该车下裙板损伤面积约为 $600cm^2$,综合各种损伤情况确定修理难度为 C 级,对应工时为 2.1。

3. 喷漆工时计算

根据维修经验,该处门槛板需全部喷涂,且为单件喷涂。查阅喷漆工时分配表为 1.7h(表 6-5)。

车身变形量及对应难度划分 表6-4

面积数(cm^2) \ 修复难度	A	B	C
1	0.6	0.8	0.9
2	0.8	1.0	1.4
3	0.9	1.3	1.7
4	—	1.4	1.9
5~6	—	1.5	2.1
7~8	—	1.7	2.3
9~10	—	1.9	2.5
11~14	—	2.1	2.8
15~1s	—	2.3	3.0
19~22	—	2.0	3.3
23~26	—	2.6	3.5
27~30	—	2.8	3.7
31~40	—	3.1	4.1
外板钣金难度的3个标准			
1	轻微损伤(没有深凹痕、延展、或扭曲并且面积小于300cm^2)		
2	不影响棱线或钢板边缘的损伤		
3	可以用锤子和手顶铁修理的损伤		

注:三个条件都满足为A;有两个满足为B;都不满足为C。

喷涂部位工时查询表(单位:h) 表6-5

工件	新工件		修补1/1		修补1/2		修补1/3	
	单	多	单	多	单	多	单	多
发动机罩	3.0	2.2	4.4	4.0	3.3	2.0	2.8	2.4
前翼子板	1.8	1.3	2.5	2.1	2.0	1.6	1.8	1.4
前门	2.6	1.9	3.4	3.0	2.5	2.1	2.2	1.8
后门	2.4	1.7	3.2	2.8	2.4	2.0	2.1	1.7
后翼子板	3.5	2.8	3.6	3.2	2.7	2.3	2.3	1.9
行李舱盖	2.4	1.8	3.3	2.9	2.4	2.0	2.1	1.7
后围板	1.7	1.3	2.0	1.6	1.7	1.3	1.7	1.3
车顶	6.4	4.8	6.0	5.6	4.6	4.2	0.9	0.5
车门槛板	1.6	1.4	1.7	1.3	—	—	—	—
车厢后栏板	2.4	1.7	2.0	1.6	2.4	2.0	2.1	1.7

因该车为双工序金属漆,且本次损伤仅涉及下裙边一处,应按单件喷涂查询。由油漆调配工时表(表6-6)得到,此项作业为2.8h。另外烤漆房用电、过滤、防护等耗材统一按照0.5h计算。

油漆调配工时查询表(单位:h)　　表6-6

调色(金属件)	1件	2件	3件	4件	5件
纯色漆 S	1.5	1.5	1.5	1.5	1.5
金属/2P	2.8	2.9	3.0	3.1	3.1

4. 费用计算

钣金工时总计为2.1,因当地钣金工时费定额为105元,则钣金收费为:2.1×105元=221元;

喷漆工时总计为:1.7h+2.8h+0.5h=5h,因当地喷漆工时费定额为125元,则喷漆收费为:5×125元=625元;

总工时费为:钣金工时费+喷漆工时费,即221元+625元=846元;

【综合训练题目】

一、单项选择题

1. 维修价格预算是指汽车维修企业作为承修方与托修方在签订汽车维修合同之前,根据(　　)鉴定,对所列出的维修项目进行维修费用的估算。

A. 汽车维修前技术状况　　B. 价格高低
C. 客户专业程度　　D. 接待员个人喜好

2. 汽车维修合同发生纠纷,承修、托修双方当事人应及时协商解决。协商不成,可向(　　)申请调解。

A. 工商部门　　B. 税务部分　　C. 当地交通运输部门　　D. 交警部门

3. 价格结算时,(　　)上记录车辆的维修情况,是维修车间进行维修工作的依据。

A. 提车单　　B. 施工单　　C. 接车点　　D. 发票

4. 目前,在各地普遍采用的工时费计价公式是:工时费=(　　)。

A. 管理费+人工费　　B. 管理费+耗材
C. 人工费+材料费　　D. 工时定额×工时单价

5. (　　)即完全按企业所在地颁布的《定额标准》中该车型的整车大修定额计核,所涉及的配件、材料费用另行加计。

A. 协商制　　B. 合同制　　C. 混合制　　D. 定额制

6. 汽车维修业务流程主要包括业务接待、(　　)、配件管理和客户档案管理和财务结算。

A. 生产调度　　B. 安全管理　　C. 车辆买卖　　D. 车辆保险

7. 汽车维修合同在《合同法》中属于(　　)规范的范畴。

A. 运输合同　　B. 委托合同　　C. 技术合同　　D. 承揽合同

8. 用(　　)规范指导汽车二级维护作业和竣工质量检验。

A.《汽车维护、检测、诊断技术规范》　　B.《机动车维修业开业条件》
C.《汽车安全运行技术条件》　　D.《发动机大修技术条件》

9. 汽车维修质量检验按维修工艺过程分类可分为(　　)。

A. 进厂检验、过程检验和竣工检验　　B. 进厂检验、专职检验、竣工检验

C. 自检、互检、专职检验　　　　D. 自检、专职检验、竣工检验

10. 维修前的仪器检测、诊断费由__________承担。

A. 托修方　　B. 承修方　　C. 管理部门　　D. 检测站

二、多项选择题

1. 工时单价由承修方依据(　　)等自行制定。

A. 企业的资质、规模、技术等级　　B. 维修及服务质量

C. 市场需求　　D. 人工成本

2. 汽车维修合同示范文本内容有以下内容(　　)。

A. 合同争议处理的方式　　B. 维修项目

C. 质量保证期　　D. 收费标准及预计维修费用

3. 下列哪些收费项目必须到价格、维修行业主管部门备案(　　)。

A. 工时单价　　B. 材料进销差率

C. 执行维修工时定额　　D. 配件价格

4. 汽车维修经营企业应当诚实守信、合法公平地进行价格竞争,凡有(　　)行为的,由价格部门进行查处。

A. 串通,操纵市场价格,损害其他经营者

B. 以虚假广告或使人误解的价格手段

C. 虚报维修项目或维修配件

D. 提虚假资料

5. 汽车维修经营者虚报汽车维修项目、维修工时、诊断、加工、检测费用以及材料费用的,由县级以上道路运输管理机构责令改正,处以(　　)。

A. 处以规定数额的罚款　　B. 视情况暂扣汽车维修经营许可证

C. 吊销营业执照　　D. 在行业内进行通报

6. 在进行维修价格结算工作时,必须遵照交通行政管理部门的规定,把以下单据作为结算工作的依据(　　)。

A. 施工单　　B. 仓库出料单

C. 营业执照　　D. 维修人员资质证明

7. 按《消费者权益保护法》,向托修方提供(　　)等是对汽车维修消费者权益保护的体现。

A. 发票　　B. 维护提醒卡　　C. 工时清单　　D. 材料清单

8. 结算清单中对配件应注明(　　)。

A. 编号　　B. 配件品牌　　C. 技术参数　　D. 检验报告

9. 汽车维修价格预算不准确,对维修服务业务的影响有(　　)。

A. 影响维修进度　　B. 客户流失　　C. 价格纠纷　　D. 维修不准确

10. 价格结算员相应的岗位职责为如下(　　):

A. 工时的审核　　B. 项目审核　　C. 材料费审核　　D. 收银

三、判断题(以下各题,说法正确的请在括号内打"√",说法错误的请在括号内打"×")

1. 凡应委托方要求为抛锚车、事故车等提供的现场排障、施救、牵引服务的,承修方可以按

相关规定收取服务费用。（　）

2. 值得注意的是，随着技术的发展和车型的不断更新变化，工时定额是不断修订和变化的。因此估价人员应当及时掌握最新的工时定额变更情况。（　）

3. 汽车维修工时定额可按各省汽车维修协会等行业中介组织统一制定的标准执行，也可按汽车维修经营者报所在地道路运输管理机构备案后的标准执行，也可按汽车生产厂家公布的标准执行当上述标准不一致时，优先适用汽车生产厂家公布的标准。（　）

4. 根据规定的工时定额和收费标准，各业户在执行中可以上下浮动。（　）

5. 汽车维修经营者不按规定出具汽车维修记录或结算清单，情节严重的，由县级以上道路运输管理机构处以500元以上2000元以下的罚款。（　）

6. 按《汽车维修管理规定》要求，配件材料明码标价仅指：汽车维修经营者在结算材料费用时，应将原厂配件、副厂配件和修复配件在材料清单上分别标示。（　）

7.《汽车维修管理规定》中规定，汽车维修经营者未在经营场所公布收费项目、工时定额和工时单价，由县级以上道路运输管理机构责令其停止经营。（　）

8. 在质量保证期和承诺的质量保证期内，因维修质量原因造成汽车无法正常使用且承修方在7日内不能或者无法提供因非维修原因而造成汽车无法使用的相关证据的汽车维修经营者应当及时无偿返修，不得故意拖延或者无理拒绝。（　）

9. 车辆维修竣工后，经质检部门检验合格，签发合格证后将车辆移交业务部门。（　）

10. 综合作业法：用户报修更换某一总成、零部件或解决某一明显故障，但要完成此项作业，必须涉及周边一个或多个零部件的拆装与调试。（　）

11. 从事道路运输经营以及道路运输相关业务，应当遵循依法经营，诚实信用，公平竞争三项基本要求。（　）

12. 汽车维修经营者应当公布汽车维修工时定额和收费标准，合理收取费用。（　）

13. 汽车维修业务接待员必须经过交通运输管理部门培训、考核并取得从业资格证，方可上岗。（　）

14. 二级维护以上作业的维修车辆，实行竣工出厂合格证制度。（　）

15. 维修企业整体服务水平和服务信誉，其主要标志是汽车维修竣工出厂质量监督抽查一次合格率、返修率以及维修质量纠纷和质量事故的发生频率。（　）

16. 汽车维修质量纠纷发生的时间为质量保证期或合同约定期内。（　）

17. 汽车维修合同签订的范围是总成大修和汽车大修。（　）

18. 汽车维修质量检验按维修工艺过程分类可分为自检、互检和专职检验。（　）

19. 维修结算费用由材料费、工时费、加工费组成。（　）

20. 参加质量调解纠纷双方当事人均有举证责任，并对举证事实负责。（　）

四、简答题

1. 汽车维修价格估算的作用和意义？

2. 维修接待过程维修价格估算的程序和方法有哪些？

3. 事故车辆维修时，价格估算的要点是哪些？

4. 常规维修的接、交车的流程有哪些？

5. 维修合同争议处理的渠道有哪些？

综合训练题目参考答案

第一章 参考答案

一、单项选择题

1. A　2. C　3. B　4. D　5. A　6. C　7. D　8. C　9. B　10. C
11. D　12. D　13. C　14. A　15. D　16. A　17. A　18. B　19. C　20. C

二、多项选择题

1. ABCDE　2. ABD　3. ACDE　4. ABE　5. ABCDE
6. ABCD　7. ABCE　8. ABCD　9. ABCD　10. AE

三、判断题

1. √　2. √　3. ×　4. √　5. ×　6. ×　7. ×　8. √　9. ×　10. ×
11. ×　12. √　13. ×　14. √　15. ×　16. √　17. √　18. √　19. √　20. √

四、简答题

（略）

第二章 参考答案

一、单项选择题

1. A　2. B　3. C　4. B　5. C　6. C　7. D　8. C　9. B　10. B
11. A

二、多项选择题

1. BCD　2. ABD　3. ACD　4. ACD　5. ABC
6. ABCD　7. ABC　8. AB　9. BC　10. ABCD
11. ACD　12. ABCD

三、判断题

1. √　2. √　3. √　4. √　5. ×　6. ×　7. ×　8. √　9. √　10. ×

四、简答题

（略）

第三章 参考答案

一、单项选择题

1. A　2. B　3. D　4. B　5. A　6. D　7. D　8. C　9. D　10. A
11. B　12. C　13. B　14. D　15. A　16. A　17. C　18. D　19. D　20. C

二、多项选择题

1. ABCDE　2. BC　3. ABCDE　4. BCD　5. BCE
6. ABC　7. ABC　8. CDE　9. ABCDE　10. ABC

三、判断题

1. × 2. √ 3. × 4. × 5. √ 6. × 7. √ 8. × 9. √ 10. √
11. √ 12. √ 13. × 14. × 15. × 16. √ 17. × 18. √ 19. √ 20. √

四、简答题

(略)

第四章 参考答案

一、单项选择题

1. B 2. C 3. C 4. A 5. C 6. B 7. D

二、多项选择题

1. ABD 2. AB 3. ABD 4. ABD 5. AB
6. BC

三、判断题

1. × 2. √ 3. × 4. × 5. √ 6. √ 7. √ 8. ×

四、复习思考题

(略)

第五章 参考答案

一、单项选择题

1. C 2. A 3. A 4. A 5. B 6. C 7. B 8. C 9. B 10. B

二、多项选择题

1. ABCD 2. ABC 3. ABCD 4. ABD 5. CD

三、判断题

1. × 2. √ 3. × 4. √ 5. √ 6. × 7. √ 8. √ 9. √ 10. ×

四、简答题

(略)

第六章 参考答案

一、单项选择题

1. A 2. C 3. B 4. D 5. D 6. A 7. D 8. A 9. A 10. A

二、多项选择题

1. AB 2. ABCD 3. ABC 4. ABCD 5. ABCD
6. AB 7. ACD 8. AB 9. AB 10. ABC

三、判断题

1. √ 2. √ 3. × 4. × 5. √ 6. √ 7. √ 8. √ 9. × 10. √
11. √ 12. √ 13. √ 14. √ 15. × 16. √ 17. × 18. × 19. × 20. √

四、简答题

(略)

参考文献

[1] 机动车维修检测人员从业资格考试指南委员会. 机动车维修企业业务接待员从业资格考试指南[M]. 北京:人民交通出版社,2013.

[2] 贾逵钧,莫远. 如何做好汽车维修业务接待[M]. 3 版. 北京:机械工业出版社,2013.

[3] 李景芝,郭荣春. 汽车文化[M]. 北京机械工业出版社,2011.

[4] 范瑞亭,苗泽青. 汽车维修行业管理指南[M]. 北京:人民交通出版社,2005.

[5] 高延龄. 汽车运用工程[M]. 北京:人民交通出版社,2006.

[6] 储江伟. 汽车维修工程[M]. 2 版. 北京:人民交通出版社,2013.

[7] 张柱庭,陈晖. 机动车检测维修专业技术人员职业水平考试用书—公共基础知识[M]. 北京:人民交通出版社,2012.

[8] 刘革. 机动车维修行业必备知识[M]. 北京:人民交通出版社,2007.

[9] 鲍贤俊. 汽车维修业务管理[M]. 2 版. 北京:人民交通出版社,2012.

[10] 李晓峰,等. 机动车维修企业价格结算员从业资格考试指南[M]. 北京:人民交通出版社,2012.

[11] 姚震虞,等. 维修检验技术[M]. 北京:人民交通出版社,2008.

[12] 许前. 汽车维修服务质量评价与服务认证[M]. 北京:中国标准出版社, 2010.

[13] 卢圣春. 汽车 4S 店经营与管理培训教程[M]. 北京:化学工业出版,2009.